JN055753

女子大生のための コンピュータ教科書

学生生活と就職活動のためのICT能力育成

大妻女子大学
齊藤 豊

電気書院

はじめに

本書は、主に大妻女子大学人間関係学部、比較文化学部等の学生を対象にして行われる講義『コンピュータ基礎A』『コンピュータ基礎B』『コンピュータ応用』の教科書の最新版です。大学の設備更新によってMicrosoft Office 2016に変更されたことを機に内容を見直し、新たな出版社から新しい本として出版することになりました。大妻女子大学の学生のみならず、文系の女子大生が学校で必要になるコンピュータの使い方を主に解説しています。これらの学生が就活や入社後に必要になる内容もできるだけ多く含ませました。また、現在の大学や企業ではOffice2016、2019、365とさまざまなバージョンのMicrosoft Officeが混在して使用されています。本書はバージョンが異なっても使用できるように配慮しました。

本書の文体は、読み手に語りかけるようになっています。コンピュータの基礎を学ぶというだけでも難解なのに、さらに教科書が理解しづらいものであったらコンピュータ嫌いの学生が増えてしまいます。本書では、専門用語を極力排し、なるべく平易な言葉を使って執筆しました。

本書に含まれている内容は、『コンピュータ基礎A』『コンピュータ基礎B』『コンピュータ応用』の各講義で学び、演習する内容ですが、それだけではなく、専門科目やゼミなどを受講する際に使用するコンピュータ関連のテクニックなどが含まれています。学生時代の4年間は常に脇に置き、コンピュータ関連でわからないことがあったらすぐに参照してください。コンピュータを使う能力というのは特殊なものではありません。そのほとんどが、反復学習によって身に付くのです。自転車やスキーなどと一緒です。

本書の中では、PC操作を「▼」を使って表しています。たとえば「スタートボタン▼すべてのプログラム」と書かれていたらPCの画面左下の「スタートボタン」をクリック（マウスの左ボタンを押す）してメニューを出し「すべてのプログラム」という項目が見えるようにすることを指しています。▼があったら「クリックする（マウスの左ボタンを押す）」ということを覚えておいてください。

幸か不幸か、みなさんが大学を卒業した後に待っている社会ではコンピュータがいたるところで使われています。PC が使えないばかりに就職の機会を逃すこともあるかもしれません。そうならないように本書で PC の使用法を学んでください。

本書の原点である『コンピュータ基礎と応用』の初版の執筆を開始した 2010 年から現在までに 3 度の改訂があり、今回、電気書院で本書を出版するまで、株式会社日本教育訓練センターの久保田勝信様に大変ご尽力いただきました。いままでどうもありがとうございました。

また、本書の校正を手伝ってくれた妻に感謝します。

2020 年 4 月　著者

目　次

第1章

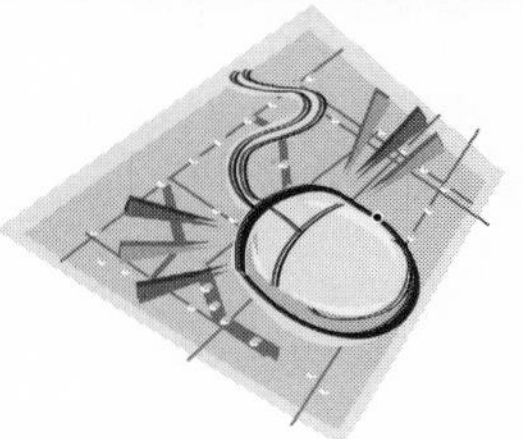

コンピュータを取り巻く環境

(1) 大妻女子大学の情報処理学習環境

① 情報処理実習室

人間関係学部が授業で使用する情報処理実習室は、7号館2階（7217、7237）、もしくは、6号館2階（6215）です。授業はいずれかの教室で行われますので時間割で確認してください。

各棟情報処理実習室は、授業時間が行われていない時間帯は自習室として開放されており、学生のみなさんは自由に利用することができます。3号館には情報処理自習室があります。

情報処理実習室は、ひとり1台のPC環境になっています。ほとんどの座席は2人掛けで、PCが2台設置されています。2台のPCの中央にはセンターモニターがあり、授業中は教卓のPC等の画像が映ります。教員がPC操作を説明し、学生がセンターモニターをみて同じ動きをすることや説明資料の表示などに使いま

図1–1：情報処理実習室

す。コンピュータを用いた情報処理系科目以外に統計学や語学などの科目でも情報処理実習室を使います。

授業の出席を出席管理システムによって行う場合は、情報処理実習室入り口付近にある読み取り機に学生カードをかざして行います。出席確認の方法は担当教員によって異なりますので、必ず初回の授業で確認してください。

情報処理実習室の使用方法については「多摩キャンパス情報処理実習室ホームページ」などを参照してください。自習時間にトラブルがあった場合は、教室内の張り紙や教卓の内線電話付近にあるマニュアルを参照してください。なお、情報処理実習室では貴重品の管理に気を付けてください。PC操作に気をとられて貴重品の紛失や盗難が起きる場合があります。情報処理実習室には教室内を撮影するビデオカメラが据え付けられていますが各自、貴重品の管理には気を付けてください。

②　PC

7号館および6号館の情報処理実習室のPC（ピーシー：パーソナル・コンピュータ）は、本体の電源を入れるとWindows 10というOSが立ち上がります。OS（オーエス：オペレーティング・システム）というのは、たくさんの電子部品からできたPCを動かすための最も基本的なソフトウェアです。OSがな

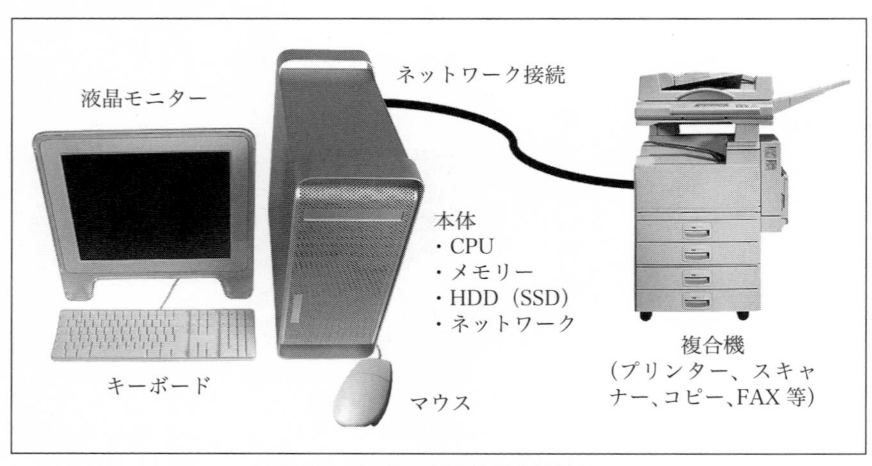

図1–2：PCと周辺機器の接続例

ければPCは動きません。WindowsやLinux、Mac OS X、iOS、Androidという名前のソフトウェアがOSです。みなさんがPCを購入するとMicrosoft社製OSのWindows10が一緒についてくることが多いと思います。iPhoneで人気のApple社はMac OS XというOSを搭載したコンピュータを発売しています。最近のMacの操作方法はWindowsに似ています。Microsoft Officeを使った場合等ファイルの互換性も非常に高いので、使用している学生や社会人も多いです。

情報処理実習室のPCはみなさんの足元にある本体、目の前にあるモニター、机の中にあるキーボードとマウスから構成されているデスクトップPCと呼ばれるものです。

PCの本体には、PCの心臓と頭脳を兼ね備えたCPU（中央演算装置）、情報を一時的に蓄えるメモリ、情報を記録するHDD（ハード・ディスク・ドライブ）もしくはSSD（ソリッド・ステート・ドライブ）、インターネットなどと接続するためのネットワーク・カード、交流電流を直流電流に変える電源装置などが入っています。

PC本体にカメラやプリンターなど、さまざまな周辺機器を接続して使うこともできます。PC本体には、周辺機器接続ケーブルや電源コード、ネットワーク・ケーブルなどのさまざまなケーブルがつながります。ケーブルの形状にはいくつか規格があります。接続するときは、同じ規格のオス・メスを結合します。近年では、USBでほぼすべての接続ができるようになっています。USBには、USB、ミニUSB、マイクロUSB、USB Type-Cなどがあります。スマホなどはマイクロUSBを使うことが多いです。

PCは，光回線やWi-Fiなどの外部ネットワークと接続しなければ、インターネットの閲覧やEメールの送受信ができません。一般家庭では電話線もしくはケーブルTVの回線やWi-Fiなどを利用してインターネットと接続します。インターネットを使用するためにこれらのネットワークと接続をする場合は、電話会社やISPベンダーなどとインターネット回線使用のための契約を行わなくてはいけません。インターネットの使用契約では、毎月1～5千円程度の定額利用料を支払うことが一般的です。契約を締結するとPCと電話線などの間にモデムという装置を接続します。モデムはPCのデータをインターネットでやり取りできるように変換する装置です。家で2台以上のPCとインターネットを接続する

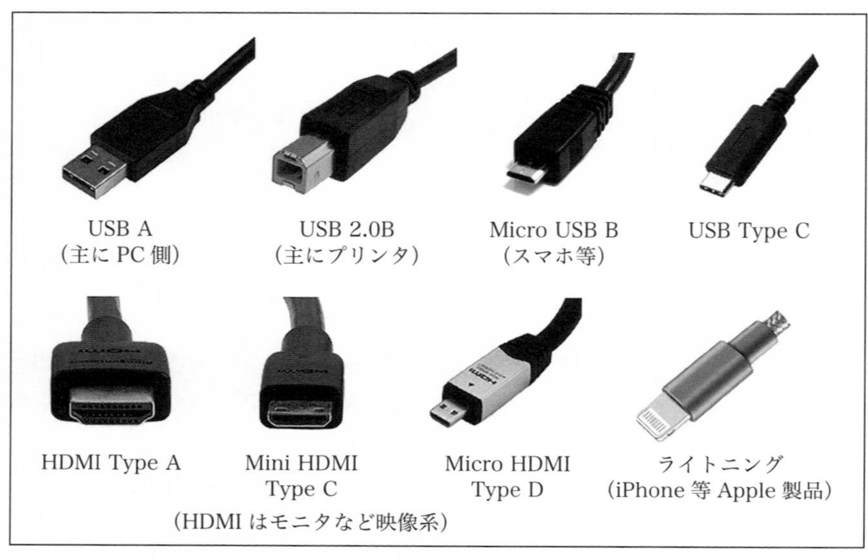

図1–3：PCと周辺機器をつなぐケーブル類

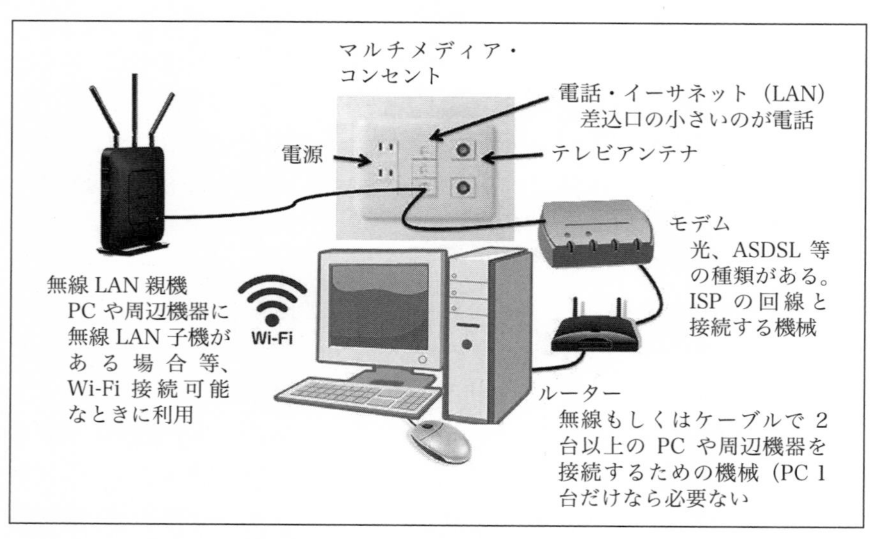

図1–4：インターネット接続

場合は、ルーターという装置も必要になります。ルーターを使うとインターネット回線がひとつだけでも複数台のPCでインターネットを使うことができます。最近では、無線LAN親機を使うことで、PCとスマホ、プリンタなどWi-Fi対応機器を接続できるようになりました。スマホ回線を利用できるSIMを差し込めるPCが登場しており、利便性が増しています。一人暮らしの女子大生では、iPhoneやAndroidなどのスマホのテザリング機能を使ってPCに接続している人も多いです。

PCの電源ボタンは、|に○のマークです。|の上の部分が○から飛び出ています。人によってはこの電源マークは、リンゴに見えたり、時計に見えたりします。

図 1–5：電源ボタンのマーク

電源ボタンを押すと電源が入ります。本体からモーターなどが動き出す音がし、モニターにも電源が入ります。Windows PCのひとつの欠点は、起動に時間がかかることです。電源を入れてから使えるようになるまで1分以上かかることが多くあります。テレビや電話などの家電製品が電源ボタンを押してすぐ使えるのとは大きく異なります。この起動時間にイライラする人が多いのですが、ここはゆったりまったりと起動を待ちましょう。

情報処理実習室のPCは、Windowsが立ち上がるとユーザー・ログイン画面になります。学校のように多くの人がPCを利用する環境では、それぞれの人がIDとパスワードを持ち、PC利用の度にIDとパスワードを入力することでPC上に個人の環境を再現することができます。みなさんが入学時に入手したIDとパスワードは個人のものですので、なくさないように気をつけましょう。IDとパスワードを忘れた場合、PCを使うことができません。つまり、授業も受けられないのです。絶対に忘れないでください。

情報処理実習室では、Windows10にログインすると図1–6のような画面になります。情報処理実習室は飲食物持ち込み禁止です。必ず守ってください。

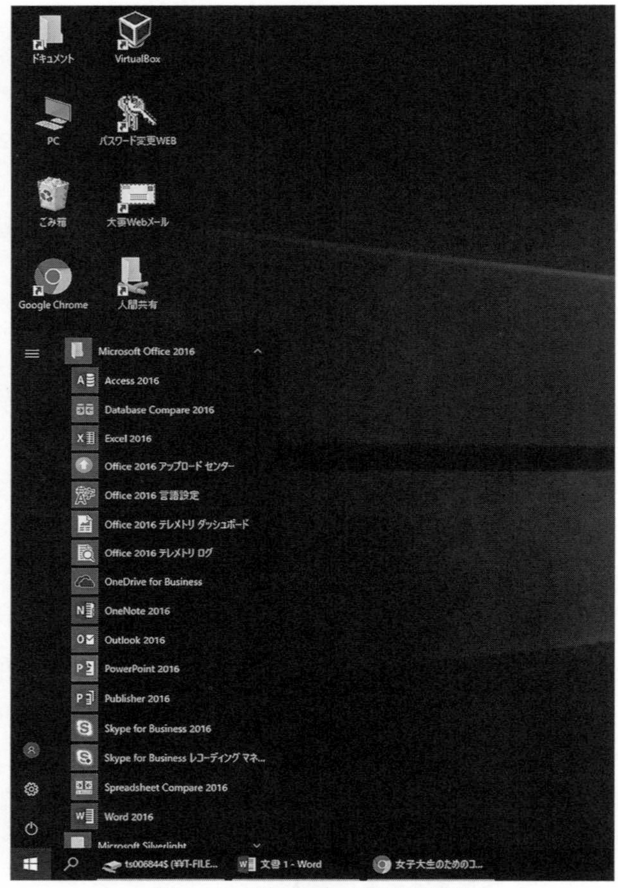

図 1–6：Windows 10 初期画面

Windows 10 などの OS は PC を動かすための基本的な機能しか持っていませんので、さまざまな機能を持ったアプリケーション・ソフトウェアが必要になります。『コンピュータ基礎 A』の授業では、Microsoft Office 製品（Word、Excel、PowerPoint）を中心にその操作方法を学んでいきます。ちなみに Word はレポート作成、Excel は表やグラフの作成、PowerPoint は発表（プレゼンテーション用）資料作成に利用します。

アプリケーション・ソフトウェアは、PC にインストールしないと使えません。

大学の環境ではすでにインストールされたソフトウェアしか使うことができません。PC にインストールされたソフトウェアは、スタートボタンから使うことができます。スタートボタンは画面左下にあります。みなさんがよく使うソフトウェアの Microsoft Office Word、Excel、PowerPoint は、デスクトップ画面の左側にアイコンとして出ていますが、スタートボタンを押し、現れたメニューの Microsoft Office 2016 をクリックして現れたメニューから選ぶこともできます。すべてのプログラムを押し、Microsoft Office フォルダを押して出てくるメニュー(スタートボタン▼Microsoft Office2016)から選ぶことができます。なお、この教科書では、今後、PC 操作に関して「マウスで選んで押す」ときに▼記号を使います。

PC に情報を入力するには、キーボードとマウスを使用します。キーボードは、おもに文字を入力するのに使います。情報処理実習室にあるデスクトップ PC の場合、キーボードは「英数字かな」を入力する左側の部分と数字を入力する右側

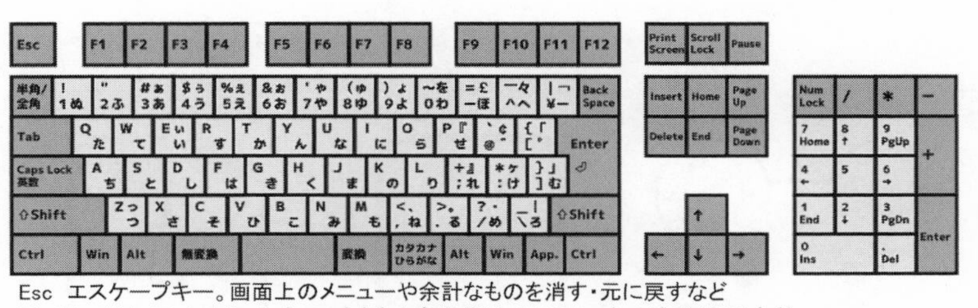

Esc　エスケープキー。画面上のメニューや余計なものを消す・元に戻すなど
F1、F2…F12、ファンクションキー。カタカナ表示(F7)、アルファベット表示(F10)など
Print Screen　スクリーンショットの撮影。このキーを押してから貼付けを行う
半角/全角　日本語の全角と半角の切り替え。ローマ字入力の切り替えなど
Back Space　バックスペースキー。カーソルの前の文字を消す
Delete　デリートキー。カーソルの後ろの文字を消す
Insert　インサートキー。文字の挿入/上書きの切り替え
Num Locks　テンキー(キーボード右側の数字のキー)で数字を出す
Tab　タブキー。文字を揃えるときなど
Caps Lock　シフトキーを押しながらこのキーを押すとアルファベットの大文字に固定する
Shift　シフトキー。アルファベットの大文字を出すときなど
Ctrl　コントロールキー。ショートカットキーの組合せで、コピーやカット、貼付けなど
Alt　オルトキー。ショートカットキーの組合せで一定の動作を起こす
変換　漢字変換。変換のやり直しにも使う
カタカナひらがな　日本語の切り替えなど

図 1–7：キーボード（例）

※キーボードにはさまざまな配置がある

の部分（テンキー）が一体となっています。ノート PC では省スペースの関係でテンキーがついていないものが主流です。

キーボードを見ないでキー入力する方法をブラインド・タッチ、もしくは、タッチ・タイピングと呼びます。ブラインド・タッチを習得すると 1 分間に 250 〜 300 文字の入力が可能になります。情報処理実習室の PC にはブラインド・タッチ練習用ソフトウェアがインストールされていますので、みなさんも大いに活用しましょう。ブラインド・タッチは、2 週間程度集中して練習すれば習得可能です。一度習得できれば、一生忘れることはありません。自転車やスキーと一緒です。ブラインド・タッチができない人は、卒業までに習得しましょう。社会人として大きなアドバンテージになります。（第 1 章で実習します）

マウスは、画面上で矢印（マウス・ポインタ）を動かしてポイントし、左ボタンを 1 回押したり（クリック）、左ボタンを 2 回押したり（ダブル・クリック）することによって文字や図形を選択したり、アプリケーション・ソフトウェアを起動したりすることができます。

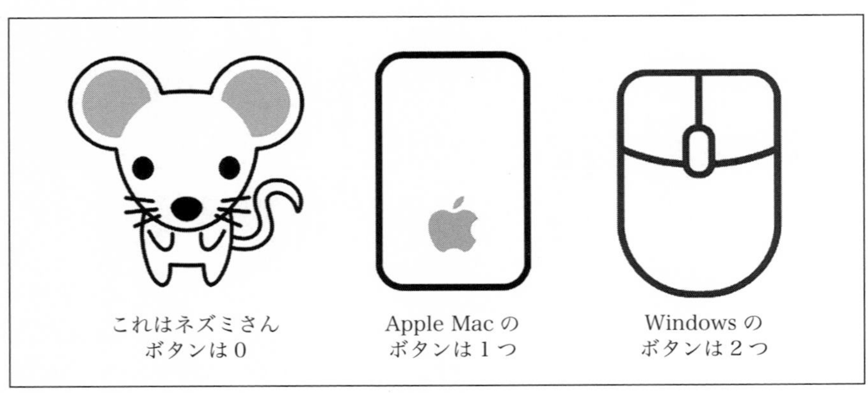

図 1–8：マウスの種類

マウスの右ボタンを 1 回押すとそのときに使える動作のメニューが出てきます。マウスの左ボタンを押したまま動かす（ドラッグ）ことで文字列の範囲指定をしたり、図形を動かしたりすることができます。左ボタンと右ボタンの間に車輪が付いている場合は、その車輪を回すことで画面を上下に動かす（スクロールする）ことができます。ノート PC の場合は、キーボードの中央下についているタッチパッドがマウス代りをします。タッチパッドを指でなでることで、画面上のマウス・ポインタが動きます。タッチパッドを 1 回たたくとクリック、2 回たたくとダブル・クリックになります。タッチパッドの右端や下端をなでると縦・横スクロールします。

マウスの形状には種類があります。ボタンがひとつならそれは Apple 社のマッキントッシュ PC 用、ボタンが 2 つなら Windows もしくは Linux PC 用、3 つなら Unix マシン用です。

PC の電源を切る場合は、電源ボタンではなく、Windows のスタートボタン▼シャットダウンを押します。Windows などの OS は、終了処理があり、すぐに電源を切ることができないのです。面倒くさいですが、電源が切れるまで PC を見守って下さい。PC は終わりに時間のかかるだらしないやつなのです。

情報処理教室の PC モニターは、タッチスクリーンになっていますので、マウスやキーボードを使わなくても情報を入力したり、操作したりできます。

情報処理実習室には複数台のプリンターがあります。プリンターは PC から指示を出して紙に印刷をする装置です。報告書やレポート、論文の作成などプリンターを使う機会はたくさんあります。ほとんどのアプリケーション・ソフトウェアには印刷機能があり、通常は使用しているアプリケーション・ソフトウェアの印刷機能を使って印刷を行います。

情報処理実習室で印刷をする場合、自分が使っている PC のモニターにプリンター番号（「プリンター 1」など）の書かれたシールが貼られていますので、印刷時には、そのプリンターまで印刷した紙を取りに行ってください。もし、他のプリンターに印刷したい場合は、PC 上の印刷ダイアログボックスでそのプリンター名を選択します。

印刷ダイアログボックスでは、プリンターの選択のほか、印刷部数、印刷範囲などの指定ができます。また、印刷ダイアログボックスの「詳細設定」や「オプション」を使うことで、プリンター固有の機能を使うことができます。

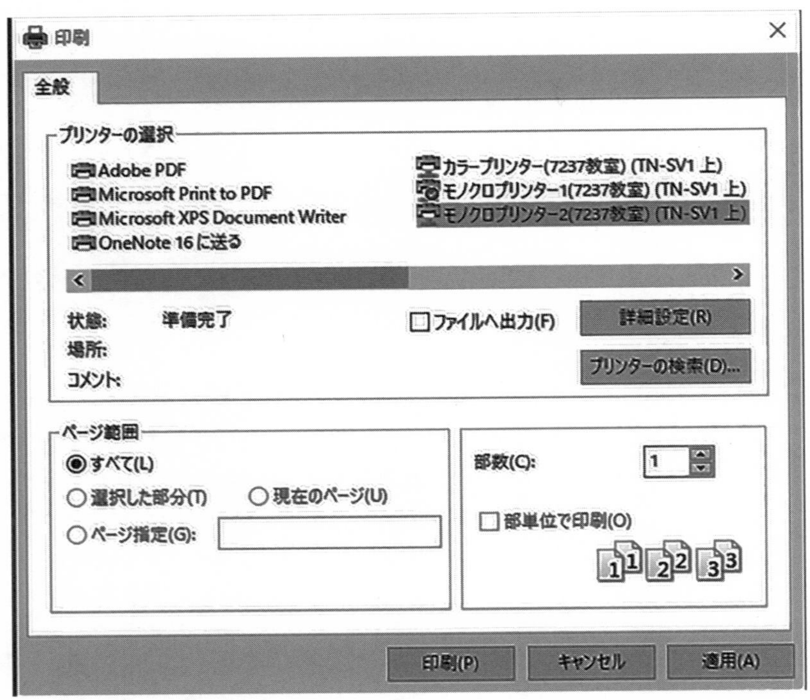

図 1–9：印刷ダイアログボックス（メモ帳の印刷ダイアログボックス）

学校と家などで異なるプリンターを使用する場合に気をつけなければいけないことがあります。それは、プリンターによって印刷範囲が異なるということです。学校ではきちんと印刷できたのに同じデータを家で印刷したら、紙からはみ出したということはよくあります。異なるプリンターで印刷する場合は、必ず印刷プレビュー機能を使って、印刷後のイメージを見て、きちんと印刷できるか確認しましょう。そうしないと、紙を無駄にすることがあります。

自習時間に情報処理実習室で印刷する場合は、自分で紙を持ってこなくてはいけません。使用できる紙は A4 のほか、A3、B4、B5 の印刷（コピー）用紙になります。ノートの切れはしとか、一度印刷した紙は使えません。これらの紙はプリンターの紙詰まりの原因になることが多くあります。プリンターが紙詰まりを起こした場合は、プリンター付近に書かれている対処方法を行ってください。

情報処理実習室には、スキャナーがあります。スキャナーは紙に印刷されたものを PC のデータとして読み込む装置です。紙に印刷された絵や写真などを PC の中で使う場合にスキャナーを使います。

スキャナーを使う場合には、読み込む図柄の著作権に気をつけてください。アイドル写真などをスキャナーで読み込み、インターネット上に公開するだけで肖像権の侵害で訴えられることがあります。

スキャナーで文字を読み込む場合ですが、PC の中で文字として認識するように設定する方法と、形は文字なのだけど図形や写真と同じ扱いで認識する方法の 2 つがあります。スキャナーで読み込んだ文字を文字として認識させる場合、誤った文字に変換されてしまうことがあります。文字として認識させるには OCR ソフトウェアが必要になります。

その他、情報処理実習室にはデジタルカメラやデジタルビデオカメラがあり、授業などで使用することができます。

③ ネットワーク

情報処理実習室の PC は、インターネットと KOTAKA-net と呼ばれる学内ネットワークの 2 つが接続されています。インターネットの閲覧や E メールの送受信などを行うことができます。音が出るコンテンツを見る場合は、ヘッドフォンを使用してください。学内ネットワークについては、教員フォルダの項目で説明します。

多摩キャンパスでは 7 号館などで KOTAKA-WiFi（学内無線 LAN）が利用できます。KOTAKA-WiFi には、みなさんの所持しているスマホなどを接続することができます。

④ ファイルの共有方法

a. ドキュメント・フォルダ

みなさんが情報処理実習室で PC にログインすると PC はサーバー上にある各個人の環境設定をその PC に適用します。この機能のおかげでみなさんは学内のどの PC からログインしてもいつも自分のデスクトップ環境を今使っている PC に再現できるのです。具体的には、みなさんがドキュメント・フォルダに保存したファイルが学内の別々の PC でいつでも同じように使えるのです。

少し話しが難しいですか？　まず、ファイルというのは、みなさんが PC を使ったときに「ここで作ったデータは保存しておきたいな」と思って「保存」ボタンを押してドキュメント・フォルダにデータを格納したときにできる成果物です。データの保存時にファイルには名前をつけますが、これはあとからドキュメント・フォルダでその名前をみて、そのファイルの中に何が入っていたかを思い出すためです。

授業中、データを保存する場合は、教員の指示した命名規則でファイル名をつけてください。「自分の氏名に今日の日付をつけて、ファイル名として下さい」と言われたら、ファイル名は、漢字で自分の氏名を入れ、そのあとに西暦で日付を入れてください。たとえば「大妻花子 20200415」とします。教員がファイル名を指定するときは、そのファイルを提出させ、成績をつけることを考えている場合があります。ファイル名を間違えてつけてしまうと減点もしくは０点ということになりかねませんので、ファイル名のつけ方は注意してください。

授業中や自習中に情報処理実習室の PC で作業をして、その成果としてファイルができるのです。そのファイルをドキュメント・フォルダに保存すると、それは、みなさんの目の前の PC の中のハードディスクではなく、そのままネットワークを経由してサーバー上のみなさんの個人領域（例：TN-FILESV\n1120199 フォルダ）に格納されます。この領域には他人のデータは入りませんし、他人が中身を見ることもできません。こうして、サーバー上のドキュメント・フォルダに格納されたデータは誰にも使われずに次回、あなたがログインしたときに PC 上のドキュメント・フォルダの中身として使うことができるのです。不思議ですか？

ちなみにサーバー上の個人領域は、Windows のコンピュータから見ることができます。コンピュータ上のネットワークドライブの中の S ドライブとして自分のログイン ID（コタカ ID）がついたフォルダがあると思いますが、それがサーバー上の個人領域です。この個人領域の容量は 100 MB しかありませんので動画や音楽などの大きなファイルを保存すると容量不足になることがあるので気をつけましょう。なお、ログイン ID は、学内ではコタカ ID と呼ばれ、自分の学籍番号の頭二桁をアルファベットの “n” に代えます。たとえば、学籍番号 141121199 であれば、n1121199 がログイン ID となります。ちなみに学籍番号の頭二桁の 14 は人間関係学部を表し、次の一桁が学科（人間関係学科なら 1、人間福祉学科なら 2）、その次の一桁が専攻（社会学専攻 1、社会・臨床心理学専攻 2、専攻なし 0）、その次の二桁が入学年（2021 年入学なら 21）、その次の一桁がクラス（A クラスなら 1、B クラスなら 2）、その次の二桁が個人番号です。

情報処理実習室の PC にはセルフメンテナンスシステムが導入されており、電源を切ると初期状態に戻ってしまいます。このとき、ドキュメント・フォルダだけはサーバー上の個人領域に退避しているので次回ログイン時に復元することができますが、ダウンロード・フォルダやデスクトップ等のドキュメント・フォルダ以外に保存したファイルは消去されてしまいます。気をつけましょう。また、情報処理実習室の PC には、最新のアンチウィルス・ソフトウェアが導入されていますが、ゼミ室や大学院生室などの PC には最新のアンチウィルス・ソフトウェアが導入されていないことがあります。知らず知らずのうちにウィルス感染した USB メモリを持ち込み、これらの PC にウィルス感染させることが無いように気をつけましょう。

データを簡単に持ち運べる機器として USB メモリがあります。USB メモリは小さなポストイット位の大きさで、4 GB ～ 2 TB 程度の大容量があります。PC の USB ポートに差し込むと PC 上でハードディスクと同じように使うことができます。USB メモリの中身はコンピュータなどで見ることができます。手ごろな容量の USB メモリが千円程度で購入できますので、1 本購入して持っておくと便利でしょう。その他、大妻 Web メールや Gmail で自分宛にファイルを添付したメールを送付することでも学外でファイルを使うことができます。iCloud や Dropbox などのクラウド系データ・ストレージ・サービスを利用するのも良いでしょう。

b. 教員フォルダ

コンピュータでフォルダ表示を行うと画面中央下ぐらいにみなさんの個人領域のある S ドライブが表示され、その上に R ドライブが表示されます。R ドライブは、ネットワーク・パスと共に「TN-FILESV.ad.otsuma.ac.jp\public$(R:)」などと表記されています。

この R ドライブをクリックすると教員名がたくさん現れます。この教員名の中から自分の授業の担当教員の名前（たとえば、齊藤豊）をクリックすると提出フォルダと配布フォルダが現れます。

提出フォルダはみなさんが課題などで作成したファイルを提出する場所です。みなさんは、自分が提出したファイルをさわる（削除したり、実行したりする）

ことができないので、提出は慎重に行ってください。どうしても提出済みのファイルをさわりたい場合は、教員に相談してください。

ドキュメント・フォルダにあるファイルを教員の提出フォルダに提出する場合は、以下のように行うと簡単にできます。

まず、デスクトップ画面左側にあるドキュメント・フォルダをダブル・クリックし、ドキュメント・フォルダを表示します。ドキュメント・フォルダに自分がこれから提出するファイルがあるのを確認します。画面の左側にフォルダ一覧を示したナビゲーション・ウィンドウが表示されていなければ、ドキュメント・フォルダ画面の左上にある整理▼レイアウト▼ナビゲーション ウィンドウを開きます。

ナビゲーション・ウィンドウに表示されたフォルダ一覧の中からコンピュータを見つけ、コンピュータの左側にある△ボタンを押します。けっしてコンピュータをクリックして開かないでください。開いてしまうと画面右側の内容が変わってしまいますので、ドキュメント・フォルダをもう1回表示するところから始めてください。△ボタンを押すと画面右側はドキュメント・フォルダの中身が表示されたまま、左側のフォルダ一覧だけが展開されます。フォルダ一覧から提出先の教員名を探します。教員名が見つかったら、その教員名の左側にある△ボタンを押してさらに展開します。そうすると提出フォルダと配布フォルダが出てきますので、画面右側のドキュメント・フォルダの中から提出するファイルをドラッグ（マウスの左ボタンを押してつかんで、ボタンを押したままの状態）して、提出フォルダの上までポインタを動かし、そのまま、ボタンを離します。そうするとファイルが提出フォルダにコピーされます。

提出を確認するには、提出フォルダを開いて提出フォルダの更新日時という文字をクリックして最新のファイルが上部に表示されるようにして、自分のファイルがあるかどうかを確認します。更新日時をクリックすると日付の古い順、新しい順とクリックした数だけ交互に表示されます。

⑤　大妻 Web メール

a. 概　要

大妻 Web メールは大妻女子大学の学生専用のメーリング・システムです。入学時にメールアドレスが付与されます。各自のログイン ID の後ろに @cst.

otsuma.ac.jp などをつけたものになります。

大妻女子大学の Web サイト（http://www.gakuin.otsuma.ac.jp/）の最下部に「大妻 Web メール」の表示がありますので、ここをクリックします。

大妻 Web メールの初期画面が現れますので、ユーザー ID（メールアドレス）とパスワードを入力します。入学時に付与されたパスワードはすぐに変更しましょう。情報処理実習室の PC で IE を立ち上げて現れる大妻女子大学多摩キャンパス情報処理教室ホームページの右上にパスワード変更用のボタンがありますのでこれを押して、指示に従って変更してください。パスワードは他人が推理できないもので自分が忘れないものにしましょう。たとえば、ペットの名前とか、好きな本のタイトルなどと数字を組み合わせましょう。

b. メールの受信・新規作成・返信・転送

メールの送受信は Gmail など一般的な Web メールと同様の操作をします。届いたメールを読むにはメール受信タブ、だれかにメールを送るならメール作成タブをクリックします。よくメールを送る相手のアドレスをあらかじめ登録するならアドレス帳を見ます。ツール・タブでは各種設定が行えます。

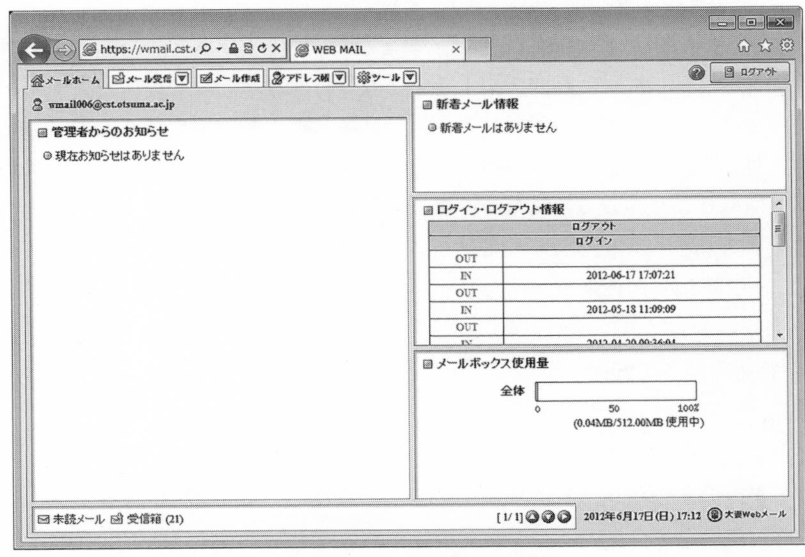

図 1–10：メールホーム画面

図 1–11：メール作成画面

メール作成画面でメールを作成して送信するには「送信前プレビュー」ボタンを押します。プレビュー画面が出てきますので、内容に間違いがないか、確認してから送付します。大学のアドレスは主に就職活動に使いますが、就職活動では企業に対して誤字脱字や体裁の整っていないメールを送るとその企業に採用されることはありませんので、気をつけてください。

ビジネス・メールの書き方に関しては、この教科書の第５章に載っていて「コンピュータ応用」の授業で学習します。

c. 携帯電話への転送

授業、テスト、成績などの学校からの連絡は、入学時に学校からもらったメールアドレスに届きます。大妻 Web メールをこまめにチェックしていないと見逃してしまうことになり、数々の問題が起きますので、携帯電話を持っている人は必ず携帯電話にメールの転送をしましょう。メール転送の仕方は、以下の通りです。

図 1–12：携帯電話へのメール転送設定画面

まず、ツール・タブをクリックし、現れたメニューから転送を選択します。

次に転送リストの「操作を選択」の右側にある新規作成ボタンを押します。転送の新規作成画面になりますので、設定名を「ケータイ転送」とし、条件設定の「全てのメールを転送」を選びます。転送設定の「アクションを設定」から「次のアドレスに転送」を選択し、転送先に携帯電話のメールアドレスを入力し、OK ボタンを押します。Web メール側の設定はこれで終了ですが、携帯電話側で大妻 Web メールからの転送メールの受け取り（PC メールの受け取りやドメイン指定の解除など）を設定してください。携帯電話から大妻 Web メールの自分のアドレスにメールを送信し、携帯電話に転送されてくるかどうか、確かめましょう。

携帯電話のブラウザーからモバイル大妻 Web メールを使うこともできます。URL は、https://wmail.cst.otsuma.ac.jp/m/ です。

⑥ manaba

双方向授業支援システムの manaba は、授業において使用するアプリケーションです。自分が履修している授業すべてで利用できますが、授業の担当教員によ

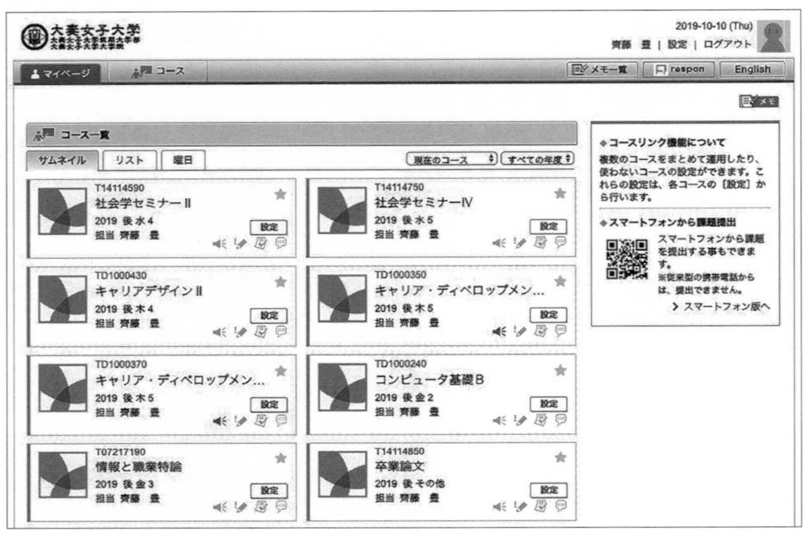

図 1–13：manaba マイページ画面

り使用するかどうかが決まります。自分が履修している授業で使用するかどうかは、担当教員に聞いてください。manaba は、主に授業内でのレポート課題の出題および提出、アンケートや小テストで利用されます。

manaba は、教員によって使い方が違います。資料の配布のみ使う教員やレポート課題の出題および提出のみ使う教員が多いですが、教員によっては各回の授業のコンテンツを作成し、e-Learning（イー・ラーニング）を行っています。グループワークが可能なプロジェクト機能もあります。

掲示板にコメントを投稿して教員や履修学生に情報を届けることができますが、manaba を使用しない教員も多いので、その場合、掲示板などで教員にアピールしてもそれが届かないことになります。

manaba は、自宅など学外からもアクセス可能です。manaba には、PC のブックマークや大妻女子大学 Web サイトの在校生メニューから入ることができます。ポートフォリオには、あなたが提出したレポートやプロジェクト課題などが保存されます。自分の提出物を確認したいときなどに使用します。

その他の使い方は、manaba のページにあるマニュアルを参照してください。

URL：https：//otsuma.manaba.jp/ct/doc_student

⑦ Universal Passport（UNIPA）

みなさんが履修する授業の登録や各自の時間割の確認、教室の確認、出席の確認などをするアプリケーションが大妻女子大学ポータルサイトの Universal Passport（ユニバーサル・パスポート 略称 UNIPA：ユニパ）です。PC での利用が推奨されていますが、スマートフォンでも利用できます。

UNIPA にログインすると掲示・ポータル画面になります。大学からの連絡事項が Web 掲示板に表示されます。なお、多摩キャンパス内に大学キャンパス内掲示板があり、Web 掲示板に掲示されない情報が掲示されることがありますので、どちらの掲示板も必ず確認しましょう。

ポータル機能を利用して、スケジュール管理をすることができます。カレンダーからスケジュールを選択し、スケジュールを設定したい日の鉛筆マークを選び、スケジュール設定日、開始時刻、終了時刻、内容を入力し、確定を押します。

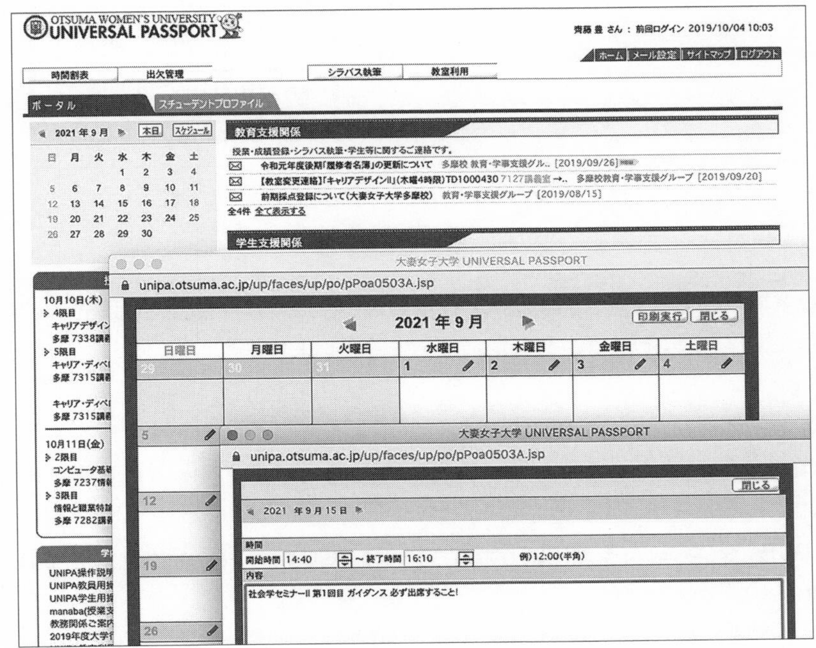

図 1-14：Universal Passport スケジュール設定画面

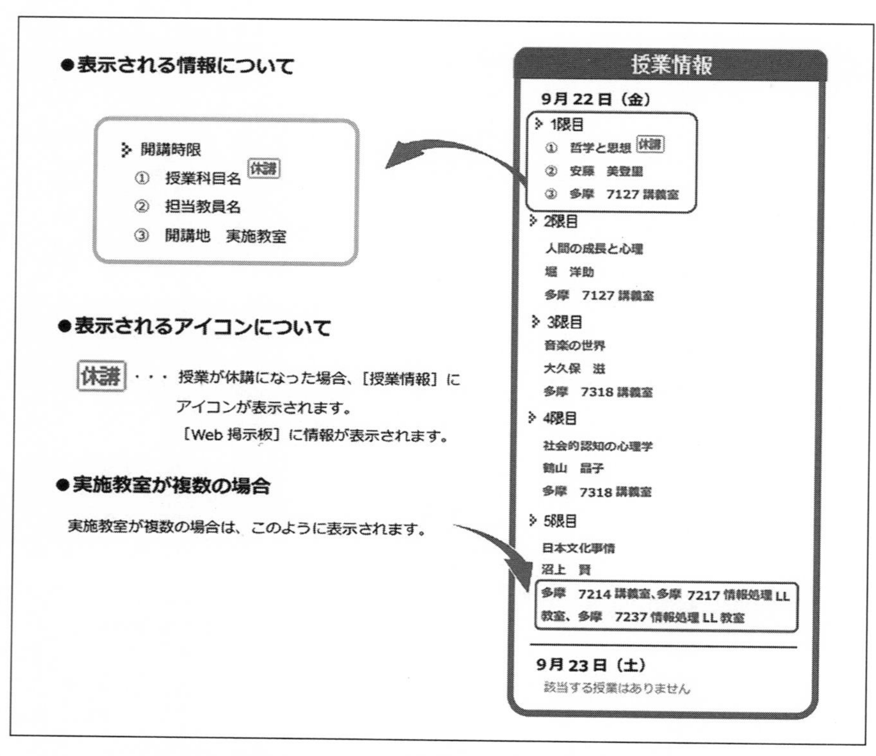

図 1–15：Universal Passport 授業情報画面の解説

授業情報の確認では、開講時限、授業科目名、担当教員名、実施教室、休講の有無などが表示されます。授業前には必ず確認しましょう。

各学年の最初には、1 年間の履修登録をする必要があります。履修登録は、UNIPA を使って行います。使い方は、入学時に学びますが、2 年時以降は、UNIPA のマニュアルを参照してください。

UNIPA マニュアル URL：https://unipa.otsuma.ac.jp/up/faces/link/up_manual_student.pdf

⑵ デジタル社会

① インターネット

まずは、女子大生の一般教養として、現在のインターネットを中心とした情報社会について、その歴史を簡単に振り返っておきましょう。1990年にアメリカ国防総省の高等研究計画局が導入したコンピュータネットワークのARPANETが終了し、そのパケット交換によるデータ通信の仕組みを利用して、インターネットの商用利用が開始されました。1991年には、ティム・バーナーズ・リーによってワールドワイドウェブ（WWW）が開発されました。今、皆さんがスマホやPCで普通に見ているWebサイトは、このWWWです。Webサイトを閲覧するソフトウェアはWebブラウザーといい、chrome（クローム）、IE（アイイー：インターネット・エクスプローラー）、Firefoxなどがあります。これらのソフトウェアをネットワーク接続されたPCやスマホにインストールし、起動することで、インターネットを閲覧することができます。

Webサイトは、http://から始まるURL(ユーアールエル:ユニバーサル・リソース・ロケーター）によって識別されます。いわば、URLが住所なのです。非常にたくさんのURLがあり、それぞれが長いので、URLを記憶するのは非常に難しいです。通常は、検索サイトを使って必要なWebサイトを閲覧します。検索サイトとは、キーワードを入れて、そのキーワードにヒットするWebサイトを表示してくれるサイトで、Google（グーグル）やYahoo（ヤフー）が有名です。

1992年にMicrosoft社がPC用のOS（基本ソフトウェア）であるWindows3.1を発売し、その後、次々とバージョンアップを繰り返し、現在、皆さんが使っているWindows10に至っています。Windowsはこの後も進化を続けていくでしょう。1993年には、WWWをPCでみるためのWWWブラウザーのモザイクがアメリカの学生グループによって開発され、この後、1994年には、ネットスケープ・コミュニケーションズ社が設立され、Webブラウザーは進化していきます。1995年には、歴史に残る出来事が起きます。Microsoft社からWindows95が発売されたのです。複数のプログラムを同時に実行できる完全なマルチタスクが実装され、新しいGUIを実装し、スタートメニューとタスクバーが登場しました。その後、Windows XPやWindows Vista、Windows 7で若干の変更が入りましたが、基本的な操作体系は変わっていません。さらにWebブラウザーのインターネット・エクスプローラ 1.0 が公開されました。

1996 年には、ヤフー・ジャパン社が日本でディレクトリ型キーワード検索サービスを開始します。1997 年には、インターネット・エクスプローラー 4.0 が公開され、インフォシーク・ジャパン、goo、エキサイト・ジャパンなどのロボット収集型キーワード検索サービスが続々と始まり、さらに Google もサービスを開始しました。インターネットショッピングモールの楽天市場もサービスを開始しました。

1998 年にアップル・コンピュータ社が「iMac」を発表しました。この頃から、インターネットを意味する小文字の i を冠した製品・サービスの発表が相次ぐようになります。松井証券が日本で初めて本格的なネット株取引サービスを開始したのもこの年の出来事です。1999 年には、NTT ドコモが i モードサービスを開始し、携帯電話によるインターネット利用が加速しました。インターネットは 1995 年の登場からわずか 5 年で社会生活になくてはならない存在となりました。

インターネット利用者が増えたことで、インターネット上で悪さを働く者も増えてきました。2000 年に日本の中央省庁の Web 改ざんが相次ぎ、不正アクセス禁止法が施行されました。2 ちゃんねるに犯行予告を書き込んだ西鉄バスジャック事件が起きました。リアルな社会とバーチャルなインターネットは密接につながるようになりました。同年には、フレッツ ADSL の本格提供開始、インスタントメッセンジャーの Yahoo！メッセンジャーがリリースされます。今、多くの人が使っている LINE はこのインスタントメッセンジャーという部類のアプリケーションになります。EC サイトの Amazon.co.jp がサービスを開始し、インターネットを使った通販が成長を始めました。コンピュータ 2000 年問題（Y2K）が無事終息しました。

Y2K 問題は、当時高価だったメモリを節約するためにコンピュータ上で西暦を表すときに下 2 桁のみを使っていたことに由来します。プログラムの中で日付の大小チェックを行う際に 1999 年 1 月 1 日と 2000 年 1 月 1 日を比べようとすると下 2 桁では、99 と 00 の比較になり、2000 年 1 月 1 日のほうが小さいと判断することによって誤動作を起こすことが問題となりました。すでにたくさんのプログラムが動いていたアメリカでは、すべてのプログラムをチェックし、修正しなくてはならなくなり、自国のエンジニアだけでは作業が間に合わなかったので、インドからインド人エンジニアをアメリカに呼んで、プログラムのチェックと修正にあたらせました。これによってインド人エンジニアの優秀さが証明されて、ソフトウェア・アプリケーションなどのアウトソーシング企業がインドに設立され、インドに発展をもたらせました。(筆者はこのインド人エンジニアの頭脳循環について研究していますので、興味のある人は聞いてください)

2001年にアメリカでITバブルがはじけて不景気になりました。しかし、この後、現在までにインターネットとデジタル環境は発展を続け、2004年にmixiとFacebookが誕生し、ソーシャル・ネットワーキング・サービス（SNS）が産声をあげました。現在、グローバル社会の基盤と呼ばれるGAFA（Google Amazon Facebook Apple）の4社が出揃いました。この時までにこれら4社の株式を少しでも買って、今まで持っていれば、大金持ちになっていたのですけど、この時は、これらの企業が世界を牛耳るとは誰も思っていませんでした。

2005年にYouTube、2006年にTwitterが登場し、SNSがますます盛り上がります。2008年にiPhone3Gがソフトバンク社から発売され、日本にもiPhoneブームがやってきます。2009年にアンドロイド端末が日本で発売され、iPhoneとAndroidによるスマホの時代が始まりました。

2010年にインスタグラム、2011年にはLINEがサービスを開始し、2013年に6秒動画のVineが、2016年にTikTokが、それぞれ登場して、SNSの主流は、文字から写真・動画に移ってきました。写真・動画がスムーズに動くように大容量通信ネットワークが光通信技術やWi-Fi（ワイファイ）によって提供されています。スマホの通信に使うSIM（シム）を実装できるノートPCやタブレットPCも増えてきました。データ通信専用の格安SIMを利用すると大容量ネットワークを安価で利用できるようにもなりました。

このように1995年から始まったインターネット時代は、わずか25年で社会生活に欠かせないものになりました。皆さんが大学を卒業した後に勤める企業や団体などでもコンピュータやインターネットは日常業務で利用されています。どのような職についてもコンピュータの操作から逃れることはできないのです。特に文系女子が就く仕事では、キーボードを使って、文字を入力したり、表を作ってグラフにしたり、という業務が数多く発生します。大学にいるうちにまずはタッチタイピングによるキーボード入力を習得し、Microsoft社のWord、Excel、PowerPointを自在に使えるようになりましょう。

②　情報セキュリティ

インターネットはみなさんの願いを叶えてくれる魔法の箱ではありません。YouTubeの動画やGoogleの検索によってみなさんの役に立っているのは間違いありませんが、同時に暗闇が潜んでいるのです。迷惑メールやウィルス感染などはかわいいものです。詐欺などの犯罪の温床でもあります。インターネットの中は、みなさんが暮らしている実社会と同じだと認識してください。みなさんは新宿駅のホームで自分の本名を叫んだりしませんよね。インターネット上でむやみやたらと本名を出すというのは、新宿駅のホームで自分の本名を叫んでいるのと同じだと認識してください。どんな犯罪に巻き込まれるかわかりません。犯罪までいかなくても「晒(さら)される」かもしれません。みなさんが、TwitterやInstagram、Line、Facebookなどで発言したことが２ちゃんねるなどのWebサイトで大々的に取り上げられることを「晒す」といいます。大妻女子大学でも炎上はよく起きます。Twitter上で発言した大妻女子大学の学生が２ちゃんねるに晒され、本名、家族、友達の写真が公開され、父親のビジネスまで明らかにされた事件もありました。これはみなさんの身近で起きた事件です。みなさんも一歩間違えば同じ目にあうのです。気を付けましょう。インターネット上では、以下のことに気を付けましょう。

・本名を出すことに慎重になる
・他人を誹謗中傷しない
・自分や家族、友達の写真をインターネット上でむやみに公開しない
・インターネットのセキュリティを信じない（簡単に破られる）
・法律違反を自慢しない（未成年の飲酒、喫煙やスピード違反自慢など）

プライバシーを守るための法律の整備は遅れています。インターネット上でみなさんを守ってくれません。

情報セキュリティが重要になっています。インターネットやコンピュータを安心して使い続けられるように、大切な情報が外部に漏れたり、ウイルスに感染してデータが壊されたり、普段使っているサービスが急に使えなくなったりしないように、必要な対策をすることが、学校、企業、団体などの組織のみならず、個人にも求められています。インターネット上の脅威といえば、ネットワークを通してPCを破壊しようとするウイルスやPCの中にある情報を入手しようとする

不正アクセスが思い浮かびますが、それだけではありません。最近では、詐欺に気をつけなくてはいけません。偽物のWebサイトを作ってIDやパスワードを盗む犯罪や電子メールを使った架空請求のワンクリック詐欺や中古品などの通販サイトに架空出品をして金銭をだまし取る行為などがあります。違法薬物を販売するサイトもあります。

さらに女子大生が気をつけなくてはいけないのは、出会い系サイトです。マッチングアプリといったほうがいいかもしれませんが、オンライン上で異性と出会うアプリが流行っています。恋人をマッチングアプリで見つけたという話を学生からよく聞くようになりました。良い人と出会うなら問題はないのですが、インターネットは暗闇の洞窟と同じです。良い人を装ってあなたを騙そうとする人々が残念ながら少なからずいるのがインターネットです。マッチングアプリで出会った人から性的な暴力を受けたり、高額な商品を買わされて借金を背負わされたり、その借金の支払いのために風俗で働くように強制されたりする事案も少なくありません。

デジタル・タトゥーという言葉もよく聞くようになりました。タトゥーは、刺青（いれずみ）のことです。皮膚に入れる刺青は、綺麗に消すことができません。それと同じで、インターネット上に一度でも公開された写真や動画などの情報は消すことができないのです。たとえば、大好きな恋人から決して誰にも見せないから裸の写真が見たいとか、性行為を動画に撮りたいなどと言われて許してしまい、その恋人と別れた後にそれらの写真や動画が嫌がらせ目的や金品をゆする目的でインターネットに公開されることがあります。一度公開されたこれらの情報は、誰もが簡単にダウンロードすることができ、削除依頼を出して消えたとしても、誰かがまたその写真や動画をインターネットにアップロードすることでずっと残ってしまうのです。たった一度の過ちが自分の将来に影響してしまうこともおきますので、被害者にならないように注意しましょう。

最後にもうひとつ怖いことを言っておきます。

「就活時、企業はあなたに内定を出す前にインターネットであなたの氏名を検索します。もし、このとき、あなたにとって不利な情報がインターネット上にあったら、企業は決してあなたに内定を出しません」

③　ビッグデータ

総務省の平成 29 年度版『情報通信白書』によれば、ビッグデータの定義は、デジタル化の更なる進展やネットワークの高度化、またスマートフォンやセンサー等 IoT（Internet of Things：モノのインターネット）関連機器の小型化・低コスト化による IoT の進展により、スマートフォン等を通じた位置情報や行動履歴、インターネットやテレビでの視聴・消費行動等に関する情報、また小型化したセンサー等から得られる膨大なデータ、となっています。もっと簡単に言えば、世の中の出来事全てをデータ化することができ、それらのデータの集合体をビッグデータというのです。たとえば、ほとんどの人が持っているスマホの位置情報を解析して地図上に示せば、人の集まっている場所がわかり、その場所にタクシーを配車すれば効率的に乗客を捕まえられる、などということが可能になり、一見、価値のなさそうな事象でも数値化してデータ化すれば、それを利用してお金儲けをすることが可能になります。

このビッグデータを収集・解析して、社会や個人の役に立つようにしよう、もしくは、それによって儲けよう、ということが可能になりました。総務省はビッグデータを以下の４つに分類していて、こうしたさまざまなデータを組み合わせることで、従来は想定し得なかった新たな課題解決のためのソリューションの実現につなげること、またそのソリューションの実現において異なる領域のプレーヤーが連携したイノベーションの実現が期待されます。データ流通・利活用の促進において重要と考えられるのは多量かつ多様なデータが生成されることだけではなく、これらのデータをその提供者・利用者・受益者となる個人・企業・政府等の間で円滑かつ適正に循環させていくことで、イノベーションを加速させ、経済成長への貢献を高めていくことになると考えています。

1)　政府：国や地方公共団体が提供する「オープンデータ」
（「オープンデータ」とは、『官民データ活用推進基本法』を踏まえ、政府や地方公共団体などが保有する公共情報）

2)　企業：暗黙知（ノウハウ）をデジタル化・構造化したデータ（「知のデジタル化」と呼ぶ）
（「知のデジタル化」とは、農業やインフラ管理からビジネス等に至る産業や企業が持ちうるパーソナルデータ以外のデータ）

3)　企業：M2M（Machine to Machine）から吐き出されるストリーミングデー

タ（「M2M データ」と呼ぶ）

（M2M データは、たとえば工場等の生産現場における IoT 機器から収集されるデータ、橋梁に設置された IoT 機器からのセンシングデータ（歪み、振動、通行車両の形式・重量など）等）

4) 個人：個人の属性に係る「パーソナルデータ」

（「パーソナルデータ」は、個人の属性情報、移動・行動・購買履歴、ウェアラブル機器から収集された個人情報。通常は匿名化する）

④ AI（人工知能）と RPA（ロボティクス・プロセス・オートメーション）

総務省の平成 30 年度版『情報通信白書』によれば、コンピュータの処理速度が加速度的に進化するのに伴い、人工知能（AI）、モノのインターネット（IoT）、ロボットによる業務自動化の技術が急速に向上していて、AI、IoT、ロボット等の社会実装の進展に伴い、業務が自動化し、働き方も大きく変化することがさまざまな文献やニュースで指摘されていて、すでに、さまざまな企業で業務の自動化や現状の可視化、分析などを目的として AI の導入が進んでおり、業務が効率化したなどの成果も出てきています。コールセンター業務など、顧客の問い合わせ対応において、AI による回答候補の提示やチャットボットなどによる自動応答など、AI による業務の効率化の取り組みが進んでいます。コールセンターやチャットボットについては、すでに市場として確立しつつあります。

同著では、日本、アメリカ、ドイツ、イギリスでのアンケート調査において、有職者に AI 導入によって自動化してほしいと思う業務について尋ねていて、各国とも定型的な一般事務（例：伝票入力、請求書等の定型文書作成）、定型的な会計事務（例：経費申請のチェック、計算）、簡単な手作業の生産工程（例：単純加工、単純組立）との回答が 20％台～ 40％台であり、非定型業務は定型業務よりも自動化してほしいとの回答率が少なく、特になしという回答が 30％前後を占めていました。

定型業務は AI を用いて省力化し、そこで空いた人員を非定型業務に回すという有識者の考えが透けて見えます。これは、かつて銀行において ATM が導入され始めた頃に「銀行員がいらなくなる」と言われましたが、実際には ATM が導入されて支店の運営コストが下がったことで、従来以上に支店を開設することができるようになり、銀行員はいらなくなるどころか、その数を大幅に増したという事象に由来しているかもしれません。確かにATMによって窓口で預金の預け入れや払い出しのみを行う銀行員はいなくなりましたが、その銀行員が窓口で顧客に金融商品をセールスする機会を持つようになったのです。近年、AIによって多くの職業が消えると言われていますが、その大半は事実ではないでしょう。定型業務を行う役目をAIが、非定型業務を行う役目を従業員が、それぞれ行うことで企業の収益性をより向上させるようになっていくのでしょう。

総務省では､働き方改革を成功させるための仕掛けとしてRPA（ロボティクス・プロセス・オートメーション）を用いた業務自動化による生産性向上を考えています。RPAはこれまで人間が行ってきた定型的なパソコン操作をソフトウェアのロボットにより自動化するものです。具体的には、ユーザー・インターフェース上の操作を認識する技術とワークフロー実行を組み合わせ、表計算ソフトやメールソフト、ERP（基幹業務システム）など複数のアプリケーションを使用する業務プロセスをオートメーション化します。難しい言葉が並びましたが、簡単に言うと、今までは、人が用意したデータをコンピュータが処理し、処理結果を人が取り出して、別のプログラムに入れて実行する、という人＝プログラム＝人＝プラグラム…という業務体系だったのが、プログラム＝プログラム＝プログラム、と人を介在しないで全自動で行うようになった、ということです。

RPAは煩雑で定型的な事務業務が多い金融業界で先行して導入され、高い効果を発揮したことから業種を問わず多くの企業・団体に導入されつつあります。たとえば、大手都市銀行では、煩雑な事務処理作業にRPAを用いています。RPAの導入により、業務の効率化により、事務を担当していた社員が他の重要な業務に稼動をあてられるようになり、複数のシステムを使う事務処理に適用することで､システム連携による業務の単純化も視野に入るようになったそうです。その結果、年間で8,000時間（1人1日8時間労働で計算すると約1,000日分）事務処理作業を削減できたそうです。大手都市銀行の平均年収は約750万円で、1日8時間、1ヶ月20日間働くとすると時給は約3,900円になります。8,000時間では､31,200,000円になり､従業員約４人分の年収と同じレベルになります。

⑶　コンピュータリテラシー

①　ICTマナー

コンピュータやインターネットを使う上で気をつけることはどんなことでしょ

うか。以前は、ネチケットというインターネット上のマナーが問われましたが、インターネットが日常の生活に浸透した現在では、リアルな社会で行動するのと同じマナーがバーチャルなインターネット社会で求められます。たとえば、みなさんは、他人の悪口を言うことがマナー違反だと知っていますよね。このように日常生活においてマナー違反であることは、ネットの世界でもマナー違反なのです。2ちゃんねるやMixiで他人の悪口を書くことはやめましょう。

インターネット社会では匿名による誹謗中傷が問題となっています。身分を明かす必要のないインターネットカフェにいって、そこのPCからある人の実名を挙げて誹謗中傷をする人たちがいます。こういったことは、マナー違反だけでなく、犯罪になることもあります。みなさんが実社会で行わないことは、インターネット上でも行わないようにしましょう。

犯罪に巻き込まれないようにするのも社会人としてのICTマナーのひとつです。最近では実社会の犯罪検挙率が下がってきていますが、インターネット上での犯罪も増えています。詐欺や恐喝などが日常茶飯事なのです。

インターネット上での犯罪が多い理由のひとつは、法律が追いついていないということが挙げられます。インターネットなどの日進月歩の技術で作り上げられた社会での犯罪は法律の一歩先どころか、何歩も先にいってしまっているのです。なので、実社会よりも注意深くしなくてはいけません。たとえば、迷惑メールに書かれた架空請求はとことん無視しましょう。一度、返事をしてしまうと迷惑メールの数が増えます。迷惑メールというのは、あなたのメールアドレスがわかっていて送られる場合よりも適当なアドレスを数百、数千とつくって、そこに送る場合のほうが多いのです。だから、もし、あなたが、その迷惑メールに返信してしまうと、送信者はそのメールアドレスが実際に使えるものだということがわかり、その情報を売買するのです。そうして、あなたのメールアドレスにはたくさんの迷惑メールが送られることになります。また、迷惑メールを開いただけでメールアドレスが存在しているということがわかる仕組みもあります。興味本位で迷惑メールは開かないようにしましょう。

社会人としてのICTマナーで最も重要なことは公私の区別をつけることです。みなさんは、大妻女子大学から付与されたメールアドレスを持っていると思いますが、企業に勤めるようになると企業からメールアドレスをもらいます。このアドレスは公的なアドレスです。プライベートな用件で使ってはいけません。公的なアドレスでは、本名を使うのが原則です。そして、メールの本文には必ず本名を書きます。その他、宛先の書き方などビジネス・レターと同じマナーがビジネス・メールでも必要になります。

②　就職活動

就職活動では、企業説明会の申し込み、エントリーシートの提出などのさまざまな場面でインターネットを使います。ここでは学生といえども社会人としてのマナーを求められます。企業に送るメールはビジネス・メールの体裁を整えていなくてはいけません。件名を書くことや本文の最初に宛先、最後に自分の名前を書くことに始まり、さまざまな暗黙のルールを守らなくてはいけません。企業は学校とは違います。成績が良いだけの学生はいらないのです。面接官は、あなたと一緒に仕事ができるかどうか、を見ているのです。自分の隣の席にあなたが座っていたら仕事がうまくいくか、ということを考えています。

企業は、インターネットを通じたやり取りや短い時間の面接であなたを見極め、採用・不採用を決めます。みなさんは、３年生の３月に始まる就活までにその準備をしなくてはいけません。

では、大学卒業時までにどれくらいICTのことを知っておくべきでしょうか。以下に私が企業で新入社員教育を行った経験から得たキーポイントを列挙します。

＊PC、情報システム、インターネットの基本的な知識があり、なんとなく操作できる（わからないことを的確に質問できる）

＊ブラインド・タッチがまあまあできる（1分間に200～250文字程度の入力）

＊Microsoft Office WordとExcelで定型書類が作成できる

＊Eメールの送受信が行え、その宛先、件名、内容が社会常識を守っている

大妻女子大学の講義では、これらの内容を『コンピュータ基礎A』でほとんどカバーしています。さらに『コンピュータ応用』を受講すると『コンピュータ基礎A』で習った内容の復習および「デキる社会人」に必要なICTスキルを身につけることができます。『コンピュータ基礎B』は、Excelを使ったデータ管理を中心に行います。『コンピュータ基礎B』の内容は社会に出てから役に立つのはもちろんですが、主に学生時代の専門科目で必要なデータ管理技術を身につけ

ることを目的としています。データを分析することで論理的な思考を身につけ、論文を書くための基本的な知識が習得できます。

就職するまでには、Microsoft Office Word/Excel/PowerPoint をきちんと使える能力を養いましょう。入社後の第一印象で「今度の新人は使える」と思わせることで、入社後３年間は居心地良く過ごせます。その上で、ビジネス・マナーに則ったコミュニケーションができるようにしましょう。具体的には、『コンピュータ基礎』や『コンピュータ応用』の授業でコンピュータ・リテラシーを鍛え、『キャリアデザイン』の授業で自分のこれからのキャリアを考えましょう。秘書検定をとることもお勧めします。英語やコンピュータの資格よりもまず秘書検定や簿記などの資格を取り、そのうえで、英語やコンピュータの資格を目指すと良いでしょう。

③ インターネット上での情報検索

インターネット上の情報を検索するための検索サイトには、グーグルやヤフーがあります。情報処理実習室の PC で IE を起動すると大妻女子大学多摩キャンパス情報処理実習室ホームページが表示されますが、画面左側にある「リンク集」をクリックすると検索サイトへのリンクが表示されます。この中からグーグル（Google）を選択するとグーグルの Web サイトが表示され、情報検索のキーワードを入れる窓（枠）が現れます。

一般的には、この画面からキーワードを入れて情報検索を行います。キーワードに「大妻女子大学」と入れて、検索をかけると大妻女子大学に関する情報が表示されます。表示された情報のうち、下線の引かれた情報は、ハイパーリンクを表しています。ハイパーリンクとは、クリックするとその情報の URL へ移動する機能です。

キーワードに関する情報の数は、画面上部に表示されますが「大妻女子大学」の場合、約 2,410,000 件の情報があると表示されます。情報の表示順序は、中立的なものではなく、グーグルが選んだ順番になります。

キーワードは、複数入力することができます。キーワードとキーワードの間は、通常、スペースで区切りますが、ダブル・クォーテーション（”）で複数のキーワードを囲んだ場合は、フレーズ検索となり、ダブル・クォーテーションで囲まれたフレーズと同じフレーズのある情報を探します。

半角のマイナス（–）をキーワードの先頭につけるとそのキーワードを除外した情報を探します。たとえば「日本銀行」で検索をかけると、検索された情報の 3 番目くらいにウィキペディア（Wikipedia）の情報が表示されますが、通常、ウィキペディアの情報は大学で作成するレポートや課題では使用しないので「日本銀行　–wiki」として検索を行うとウィキペディアの情報は表示されません。

半角のアスタリスク（*）は、ワイルドカードと呼ばれます。検索実行時にアスタリスクを任意の文字に変換して検索を行います。たとえば「Google　*」と入れて検索すると「Google Earth」や「Google Code」など Google 製品が検索されます。

半角で「or」と入れるとどちらかのキーワードに一致する情報を表示します。たとえば「就職情報 2020 or 2021」と入れると「就職情報 2020」と「就職情報 2021」の情報が検索されます。

Google には、Gmail という Web メールや Microsoft Office Word、Excel、PowerPoint と互換性のある Google アプリケーションというツールがあり、Google の初期画面上部からアクセスすることができます。これらは登録が必要ですが、無償で使うことができます。

Google を用いてさらに詳しい検索を行いたい場合は、Google 初期画面の検索窓の右側にある検索オプションをクリックすると詳細な検索に適した画面になります。

Google Map は、地図以外にその場所の衛星写真やストリート・ビューと呼ばれる街頭写真も表示されます。Google 初期画面の検索窓で、住所と「地図」をキーワードにすると Google Map が検索されます。たとえば「東京都多摩市唐木田 2-7-1」と入れ検索すると、大妻女子大学多摩キャンパス付近の地図が検索されます。

情報を検索するとよくウィキペディア（Wikipedia）に掲載された情報がリストされますが、大学の講義や研究で使う情報としては、ウィキペディアの情報は適していません。ウィキペディアに掲載された情報をコピー＆ペーストしてレポートに入れる学生が多くいますが、それを採点する教員はそのレポートには落第点をつけることが多いです。書籍として販売されている百科事典などは、出版社が掲載情報に責任を持つかたちで執筆者を選び、中立的な立場で公明正大に作

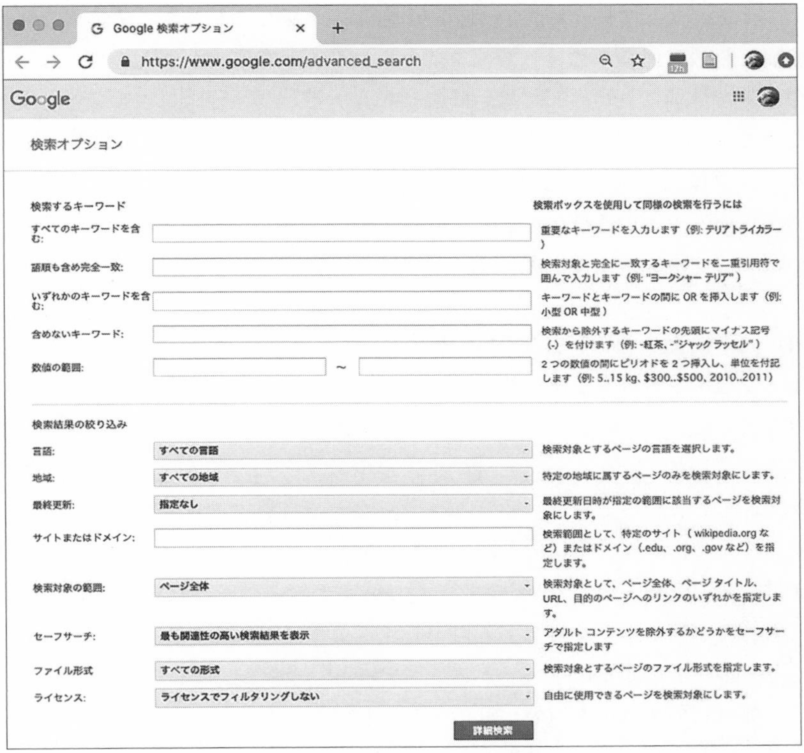

図 1–16：検索オプション画面

成するのです。しかし、ウィキペディアでは、ウィキペディアにアクセスできる誰もが、情報を掲載することができるのです。ウィキペディアの中には間違った情報や中立的でない情報が含まれています。これらの情報を鵜呑みにして使うことが学術的に間違っているということはみなさんにもわかるでしょう。

では、ウィキペディアをまったく使わないのでしょうか？　いいえ、それももったいないです。ウィキペディアには検証可能性というモノサシがあります。検証可能性とは、ウィキペディアに載っている情報が正しいことを示す「証拠」です。なので、授業のレポートなどを作成するときは、この検証可能性に示されている情報源を検索して原データを見つけ出し、原データをレポートに載せるのです。こうすれば、レポートを課した先生も納得するものに仕上がります。レポート課題がでたら、その課題のキーワードをインターネットで検索し、情報源を探します。ウィキペディアを含めたいくつかの情報源を探し出したら、それらの情報源を検討し、最も信頼のおける情報を使い、レポートを作成します。しかし、それらの情報を単純にコピペしてはいけません。引用した部分は、きちんと引用とわかる形で記述し、備考や欄外に引用元の情報（URL と引用した日にち）を掲載します。具体的には「○○は「XXX である」と述べているが、私は△△であると考えている」という風に記述し、備考や脚注で「○○の発言は、URL http://www.xxx.co.jp/xxx を 202X 年 XX 月 XX 日に参照した」と記述します。

⑷　タッチ・タイピングの習得

①　ブラインド・タッチ概要

みなさんは、PC を使うときにキーボードを見ずに文字や数字を入力することはできますか？　キーボードを見ずに文字や数字を入力することをブラインド・タッチ、もしくは、タッチ・タイピングといいます。ブラインド・タッチは PC を使う作業の生産性向上に最も関係があります。ブラインド・タッチができれば、1 分間に 250 ～ 300 文字程度の文字入力ができるようになります。慣れてくると反射的にキーボードから文字入力ができるようになります。それどころか、空中でキーボードを叩く仕草ができる「エアー・キーボード」もできるようになり、忘れた英単語のスペルを指先が覚えていたということも起きます。「エアー・キーボード」はともかくとして、思考を妨げないブラインド・タッチを覚えると勉強も仕事もはかどるようになります。

キーボード入力が鉛筆で文字を書くのより速くなれば、キーボード入力はストレスになりません。脳で考えたことが手からキーボードを通じて画面に表現されることで作業効率が上がります。

ここ数年、会社員や卒業生から新入社員がキーボードをうまく扱えなくて困る、という話をよく聞くようになりました。スマホが普及する前の学生はレポートの作成などで否応なくキーボードを使い、新入社員になる前にキーボード操作ができるようになっていたのですが、スマホが普及してからは、レポート作成をスマホを使ってフリック入力で行ってしまうようになり、キーボードの操作がおざなりになっています。

今、ブラインド・タッチができない人も卒業までには身につけましょう。２週間集中して練習すればブラインド・タッチは身につきます。そして、一度身につけば自転車の乗り方やスキーと同じように一生忘れません。

情報処理実習室のPCには、Keyboard Masterというブラインド・タッチ練習用ソフトウェアがインストールされています。自習時間に自由に使うことができます。ブラインド・タッチをマスターするには、まずは、ブラインド・タッチのメカニズムを理解することが重要です。ブラインド・タッチのメカニズムは3つだけです。

A) いつも一定の位置に指を置いて構える

B) 指を伸ばして目的のキーを打つ

C) 打った指を元の位置に戻し、ふたたび一定の位置に指を置いて構える

特に重要なのは、3番目の「指を元の位置に戻す」ところです。指を元に戻せれば、次の動作で目的のキーを打つことができます。間違いなく元に戻すには、入力に使う指以外もキーボードから浮かせない、というのが重要です。入力に使わないほうの手の親指、人差し指と小指は、キーボードにふれておきます。入力に使うほうの手も少なくとも人差し指か、小指のどちらかをキーボードにふれておきます。こうすることでキーを打った指を戻しやすくなります。

このメカニズムをまずは頭で理解し、続いて実際にキーボードを打って体得しましょう。

② Keyboard Masterでの練習

では、Keyboard Masterでブラインド・タッチの練習をしましょう。ブラインド・タッチのメカニズムにそった指の運びを体で覚えましょう。そして、普段使わない小指や薬指をスムーズに動かせるようにしましょう。

Keyboard Masterを使ったローマ字入力練習は、いくつかのRoundを段階的に行うことで進んでいきます。Round 1では、メカニズムにそった指の運びを身に付け、Round 2を繰り返し練習することで基本を身につけましょう。

ローマ字入力にはリズムがあります。子音と母音で奏でる基本リズムです。リズムを刻むことで入力しやすくなります。これらの練習では、表示されるアルファベットの順序の約90%は固定されており、残り10%がランダムに表示されます。4〜5回練習すればパターンを覚え、指が勝手に動くようになります。

この練習の過程で、Keyboard Masterはミスの多いキー（指）を判別し、集

中的に練習できるようにしています。

③　キーボード入力の前に

ブラインド・タッチを早く覚えるには、姿勢が重要になります。図 1-17 にあるように背筋を伸ばし、キーボードとモニターを正面に置きます。キーボードの位置は、机の端から 7 ～ 8cm 離します。これはキーボードの手間に手首か、腕を置くスペースを確保するためです。長時間キーボードを打つためには手首を机につけていたほうが楽に作業でき、肩こりを防ぐことができます。

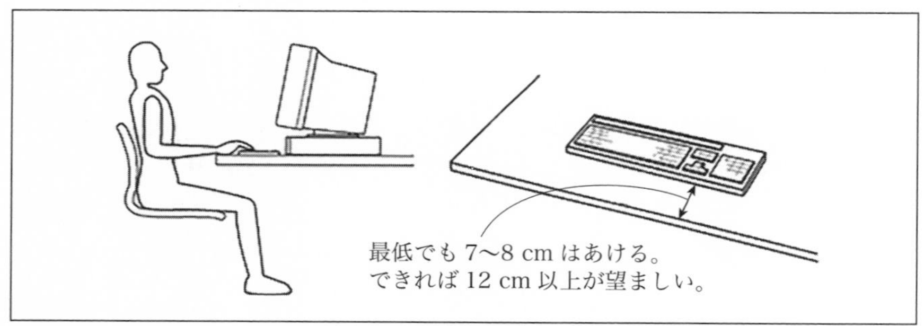

図 1–17：ブラインド・タッチの姿勢（出典：Keyboard Master）

手は、キーボードの手前に手首を置き、指をキーボードにのせます。机に余裕がある場合は腕も机にのせたほうが楽にキーボード入力ができます。手首を机にじかに置くと痛くなることがありますが、そういう場合は、キーボードパッドを使うと痛みが軽減されます。

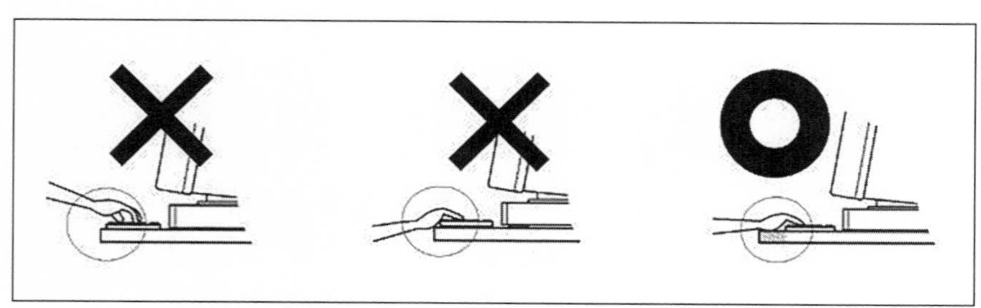

図 1–18：手の置き方（出典：Keyboard Master）

④ キーボード入力

それでは、キー入力を始めましょう。まず、ホーム・ポジションに指を置きます。左手の小指をA、薬指をS、中指をD、人差し指をFキーの上に軽くのせます。右手は小指を；(セミコロン)、薬指をL、中指をK、人差し指をJキーの上に軽くのせます。両手の親指はスペースキーの上に軽くのせます。これがホーム・ポジションです。

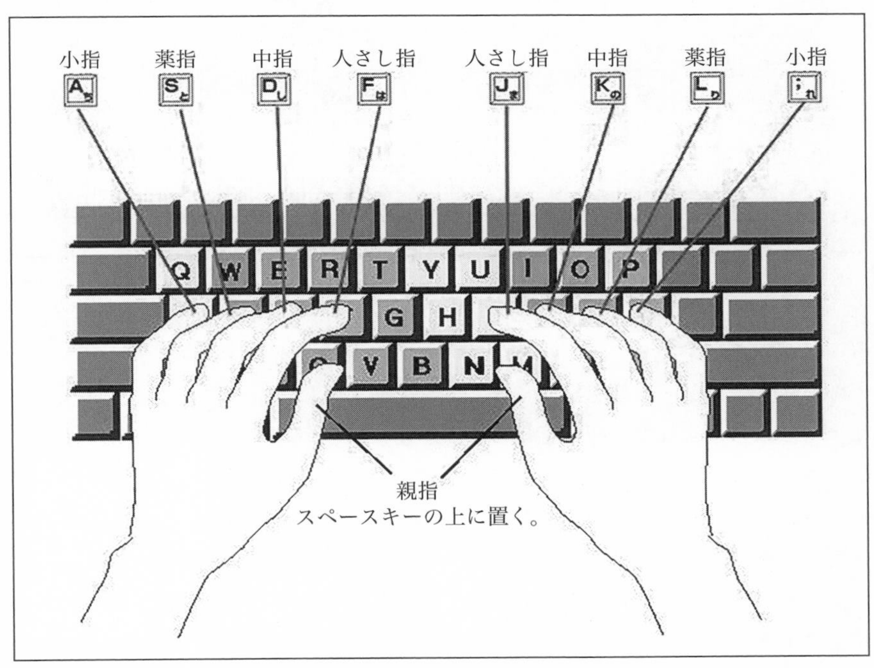

図1–19：ホーム・ポジション（出典：Keyboard Master）

次に10本の指がそれぞれ担当するキーを覚えましょう。図1-20が各指の担当キーです。

人差し指は2列、それ以外の指は1列を担当します。キーを入力しているうちにホーム・ポジションがわからなくなったら、人差し指でいくつかのキーをさわりましょう。FとJのキーには、わずかなでっぱりがありますので、このでっぱりを指先で感じましょう。こうすることでホーム・ポジションのずれを修正す

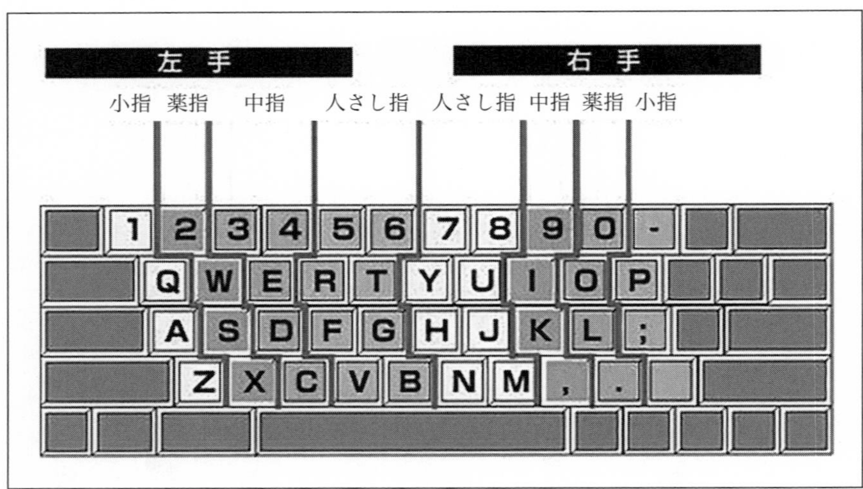

図 1–20：各指の担当キー（出典：Keyboard Master）

ることができます。

キー入力は、キー上部を指先で軽くトンと押す感じで打ちましょう。叩くというよりは、力を入れずに押す感じのほうが疲れにくいです。

メカニズムをもう一度確認しましょう。一定の位置（ホーム・ポジション）に手を置きましょう。そこから指を伸ばして目的のキーを打ちます。打ったら元の一定の位置（ホーム・ポジション）に指を戻しましょう。この繰り返しによってキーボードを見ずにモニターだけを見てキーを打ちましょう。このメカニズムのサイクルをスムーズに行うためには、キーを打った指を元の一定の位置（ホーム・ポジション）に戻すことを常に意識することが大切です。

キーを打つ指だけしか動かさないものと思い込んで、残りの指を一定位置(ホームポジション）にむりやり置いたまま打っている人がいますが、これは間違いです。キーを打つときに目的の指だけを動かしてキーを打とうとすると、指がつりそうになったり、腕や肩が凝る原因にもなったりします。目的の指だけ動かそうと思っても、どうしても他の指も動いてしまうものです。一定位置（ホーム・ポジション）から遠い位置にあるキーを小指、薬指または中指で打つときは、人差し指を一定位置（ホーム・ポジション）に、逆に人差し指で打つときは小指を一定位置（ホーム・ポジション）に残してキーを打ちます。そうすると、目的の キー

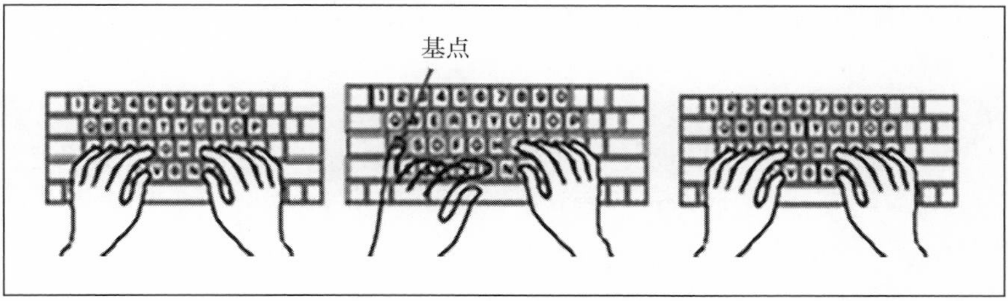

基点

図 1–21：ホームポジションをキープする（出典：Keyboard Master）

を打った後、残した指を基点にして正確に一定位置（ホームポジション）に指を戻すことができます。

何日か練習しているのに、なかなか上達しないと感じている方は、次の点をチェックしてみてください。

キー入力中にホーム・ポジションから指がずれていませんか？　タッチ・タイピングは、常に一定の位置（ホーム・ポジション）に指を置いて、そこからの相対的な指の動きを体で覚えてしまうテクニックなので、キー入力中に指がホーム・ポジションから離れていては、ブラインド・タッチはできません。

キーを見る癖がついていませんか？「練習の間は絶対、キーボードを見ない」という気持ちでレッスンしてください。打ち間違えをしたときなど、ついキーに目がいってしまいがちですが、キーを覚えるのは「目」ではなく「手」だということを忘れないでください。ミスをしないようにとキーボードに視線をやっていたのでは練習の意味がありません。キーを覚えるのは「手」なのですから。

ミスを恐がらないで、どんどん打ちましょう。ミスタイプをしないように必要以上に固くなってはいませんか？　画面の上では何度間違っても後から直せばいいのです。ミスタイプなんか全然気にしないで、積極的にキーボードにさわってください。

⑤　ローマ字

日本語の母音は「あ」「い」「う」「え」「お」ですが、ローマ字では、ＡＩＵＥＯ　で表します。ローマ字入力では、英字の大文字小文字は関係ありません。どちらでも使えます。

か行以降は、子音＋母音で表します。か行はＫ　さ行はＳ　た行はＴ　な行はＮ　は行はＨ　ま行はＭ　や行はＹ　ら行はＲ　わ行はＷ　です。KA なら「か」SA なら「さ」になります。「ん」は、Ｎまたは、NN です。

つまる音（小さい「っ」など）は次に来る最初の子音を２回打ちます。たとえば「かっこ」は、KAKKO　となります。

「ぎゃ」や「でぃ」などの拗音（ようおん）は、Ｙ　や　Ｈ　を入れて表します。「ぎゃ」なら GYA 「でぃ」なら　DHI　になります。

小さい「ぁ」「ぃ」「ぅ」「ぇ」「ぉ」「ゃ」「ゅ」「っ」を単独で入力する場合は、ＬまたはＸを頭につけます。「ぁ」なら　LA 「ゃ」なら　LYA　になります。

ローマ字は日本式でもヘボン式でも構いません。自分のわかるほうを使いましょう。ローマ字一覧表は、Keyboard Master の説明内にありますので参照してください。

さて、１年生のみなさんは、大学に入学したばかりで、就職活動といってもピンとこないかもしれません。就職活動の大まかな流れは、企業説明会に参加し、エントリーシートを書いて企業に提出し、あとは企業に呼ばれて、SPI などの試験をしたり、面接をしたりします。途中で同じ大学の先輩社員に呼ばれたり、自ら訪ねたりもします。就職が内定となるまで何度となく企業を訪れ、その度に新しい人と会うでしょう。あなたが内定をとれるかどうかは、学校の成績よりも初めて会った人の第一印象で決まるといっても過言ではないかもしれません。企業側の人間は多くの学生と会います。その中で、あなたの印象は残らないかもしれませんし、もしかしたら、悪い印象だけが残るかもしれません。

自分に自信があり、その自信が社会通念にそっている常識的なものであるなら、あなたの印象は非常に良いものになるでしょう。ここで、まず、自信を考えてみましょう。就職活動を行う際にあなたの自信となるのは、大学時代の活動です。専門分野の知識や部活・サークル活動、そして、コンピュータを操る能力です。現代の企業活動は、情報システムのかたまりです。日々の業務はコンピュータにコントロールされているといっても過言ではありません。ブラインド・タッチができて、Word や Excel が使える、というのは就職活動において、あなたの自信につながります。次に社会通念にそっている常識的とはどういうことか、考えてみましょう。

企業で働く人の社会は企業中心に広がっています。これらの人々の社会通念は企業内で培われることが多くなっています。つまり、みなさんが面接する社員は、企業文化に根差した社会通念にそって、常識・非常識を判断するのです。

これらの社員の第一印象を良くするには、その企業の文化を知ることです。それにはインターネットが活躍します。その企業の Web サイトを隅から隅まで読みましょう。もし、親会社や子会社があるなら、それらの企業の Web サイトも隅から隅まで読みましょう。そして、その企業にあなたが入ったらどういうことができるかを考えるのです。現代は情報化社会と呼ばれますが、就職活動においても情報収集能力および、分析能力が重要です。

⑸　練習問題１

①　デジタル社会

総務省の『情報通信白書の概要』を読んで感想を書きましょう。

http://www.soumu.go.jp/johotsusintokei/whitepaper/

②　コンピュータリテラシー

まずは、Web ブラウザーを立ち上げ、インターネット上の総務省スマートフォンの情報セキュリティページにアクセスし、掲載内容を確認しましょう。

http://www.soumu.go.jp/johotsusintokei/whitepaper/ja/h25/html/nc132240.html

③　タッチ・タイピング練習

Web ブラウザーを立ち上げ、インターネット上の e-typing（http://www.e-typing.ne.jp/）にアクセスし、腕試しレベルチェックを行いましょう。終了すると練習結果がでます。この中に WPM（Word Per Minute）という項目があります。1 分間に入力した文字数ですが、社会人として十分な WPM は 250 以上です。卒業までに WPM250 に到達するようにがんばりましょう。

④　大妻 Web メール練習

自分の大妻 Web メールのアドレスは覚えていますか。ここに書きましょう。また、パスワードを一度も変更していない人はこの場で変更してください。

メールアドレス：＿＿＿＿＿＿＿＿＿＿＿＿＿＿＿＿＿＿＿＿＿＿＿＿＿

パスワード変更：　　　　　した　　　　　／　　　　しない

次に大妻 Web メールの各自のアドレスから担当教員のアドレスへ以下のメールを送りましょう。

メール内容：

件名：出席確認

内容：

○○先生

いつもお世話になっております。

学籍番号：XXXXXXXX の（各自の氏名）です。

今後ともよろしくお願いします。

(各自の氏名)

第2章

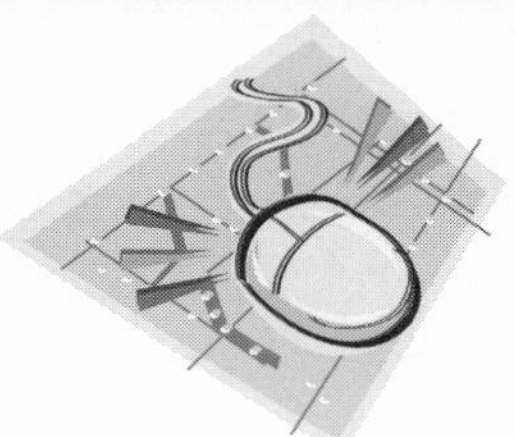

Microsoft Office Wordの基　礎

(1) 基礎知識

Microsoft Office（マイクロソフト オフィス）は、事務作業などを行うためのPC上のビジネス・アプリケーションです。WindowsとMac OSXの2つのPC系OSとAndroid、iOSなどのスマホ系OSをサポートしています。最新版のMicrosoft Officeはパッケージ版の「Office 2016」とサブスクリプション版の「Office 365」があります。大妻女子大学の学生は無償で「Office 365」を使うことができます。使用方法はメディアセンターなどの資料を読んでください。

最新版のOffice製品は、クラウドストレージに簡単に文書やワークシートなどのデータを保存できるようになり、リアルタイムでの共同作業が可能になっています。学内ではリアルタイムでの共同作業はあまりないかもしれませんが、企業に勤めるとリアルタイムでの共同作業を行うことが多くなるでしょう。また、タッチパネルでの利用にも最適化され、タッチ操作で簡単にドキュメントの閲覧や編集ができたり、デジタルインクを使ってメモを書いたり、注釈を加えたりすることも可能になりました。情報処理教室のPCもタッチパネルになっています。

Office製品は、2～3年に1回メジャーバージョンアップがありますが、基本的な機能が変更になることはなく、学生時代に習ったことをそのまま企業でも使うことができますので、「コンピュータ基礎A」「コンピュータ基礎B」「コンピュータ応用」の各授業で必要な操作を習得してください。

Microsoft Office Word（ワード）は、ワードプロセッサーです。ワードプロセッサーは文書をつくることを目的としたアプリケーション・ソフトウェアです。作成した文書は印刷して配布したり、PDFファイル化してWebに載せたりします。この教科書の原稿もWordで作られています。学生時代のレポートや卒論から企業における各種報告書、ビジネス・レター、チラシなどさまざまな書類を作成することができます。

Wordには、文章を作る以外にさまざまな便利な機能があります。レポートや論文作成をサポートする参考資料機能があり、脚注、参考文献、目次、図表の管理などができます。企業におけるダイレクトメールの作成をサポートする差し込み文書機能があり、Excelの住所録と連携して定型文書の中に顧客氏名や宛先などを差し込み、顧客別のダイレクトメールを簡単に作ることができます。

文字や文章の修飾機能も豊富にあり、これらの機能を使いこなすかどうかで作業の生産性が著しく異なります。Wordは、世界中で多くの人が使っています。企業内では従業員同士がWordで作成したファイルのやり取りをしながら業務を行っています。みなさんも卒業するまでにはWordを使いこなせるようになりましょう。

(2) 画面構成

Wordの画面は図2-1のようになっています。Wordは、スタート▼Microsoft Office▼Microsoft Office Wordを選択すると起動します。デスクトップ画面左側にWordのアイコンがある場合は、このアイコンをダブル・クリックして起動させることもできます。

Wordに限らずMicrosoft Office製品は同じような画面構成になっています。画面上部にタブメニューがあり、その下にはリボンと呼ばれるエリアを表示することができます。リボンはツールや機能の詳細メニューになっています。リボンは右端の ˆ をクリックすることで表示したり、隠したりすることができます。ˆ がない場合は、タブ名をクリックするか、表示メニューでリボンの出し入れの設定ができます。タブメニューは、「ホーム」「挿入」「描画」「デザイン」「レイアウト」「参照設定」「差し込み文書」「校閲」「表示」などから構成され、各タブをクリックすることでそれぞれのタブに用意されたリボンを表示できます。リボンにはツールが配置されています。ツールはグループにまとめられています。グループ名はリボンの下部に表示されています。グループ名の右側に表示されている「 と ↘（右下矢印）を組み合わせたマークは、このツール・グループにダイアログボックスがあることを示しています。この記号をクリックすることでダイアログボックスを表示させることができます。ツール・グループのダイアログ

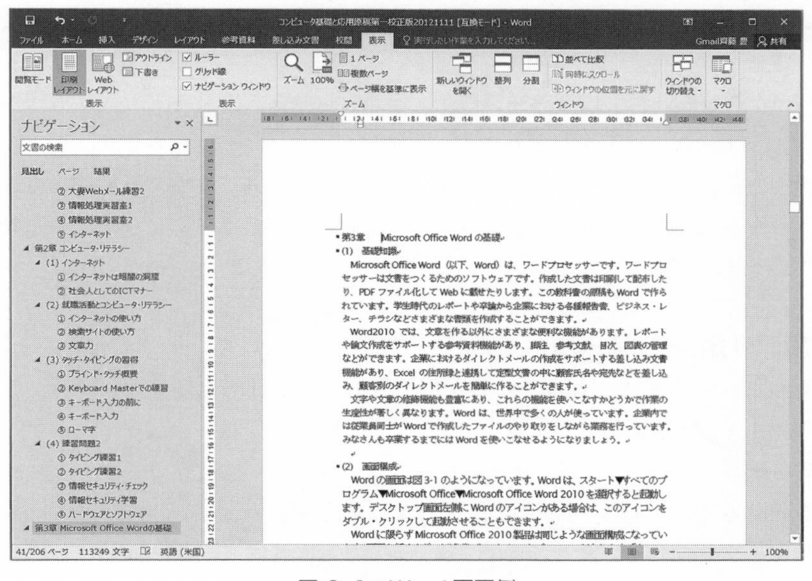

図 2-1：Word 画面例

ボックスは、以前のバージョンである Word 2003 や 2013 で使われていたものとほぼ同じです。

リボンの最上部には、クイック・アクセス・ツール・バーがあります。利用者は自分のよく使うツールをクイック・アクセス・ツール・バーに自由に設置することができます。

リボンの下の広いエリアが文章を入力・編集するエリアです。入力エリアの四隅にグレーの 」や「 といった記号がありますが、これは、トンボといい、入力領域と余白の境界線を表しています。この記号の外側が余白になり、外側は印刷されません。

入力画面には、文字や図、写真などを入力することができます。また、入力画面の左側と上部には、ルーラー（定規）を表示することができます。ルーラーを使うと 1 行中の文字数を数えたり、インデントやタブをマウスで設定したりすることができます。ルーラーの表示は、入力画面右上のルーラー記号（白）をクリックするか、リボンの表示タブ▼表示 / 非表示グループのルーラーにチェックを入れるか、のいずれかの方法で表示させることができます。ルーラー記号の上

にある ― をマウスでつかんでドラッグすることで入力画面を縦に分割することができます。

Word 画面の一番下にはページ数、文字数、言語、入力モード、表示方法選択ツール、ズーム・ツールがあります。

画面左側にはナビゲーション・ウィンドウを表示することができます。後述するアウトライン機能を使って、論理的な文章構成を作成する際に利用すると効率が良いです。

(3)　リボンとツール

各リボンの構成は以下の図 2-3 から図 2-10 までのようになっています。よく使うツールがどこにあるかを覚えましょう

Word のツールは、リボン上ではマークで表されています。マークの上にマウスを載せる (マウス・オーバー) とツールの名前と簡単な説明が出てきます。ツールのマークをクリックすることで、ツールを実行できます。ツールのマークの横に▼マークがある場合は、▼マークをクリックするとそのツールにあるオプションを設定することができます。Word のツールに限らず、マイクロソフト製品のツールは、同じマークのツールが同じ機能を持っています。一度、ツールのマークと機能、使い方を覚えてしまえば、Word 以外の Excel や PowerPoint などでも同じように使うことができます。

図 2-2 は、よく使うツールのマークとその機能を表しています。必ず覚えましょ

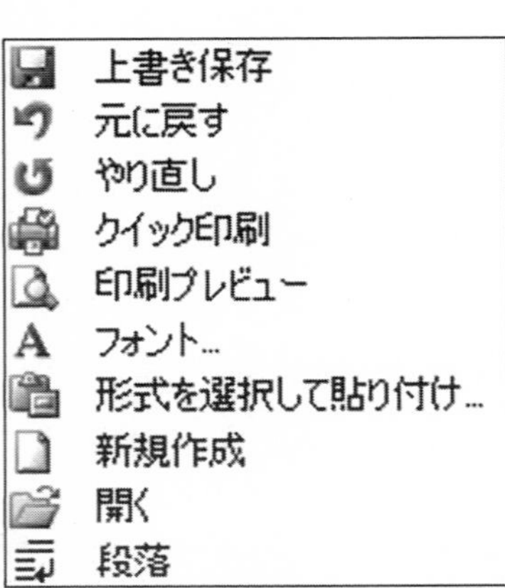

図 2–2：よく使うツールのマーク

う。特に「元に戻す」マークは、間違えた操作をしたときに押すと間違え操作の前に戻してくれますので便利です。

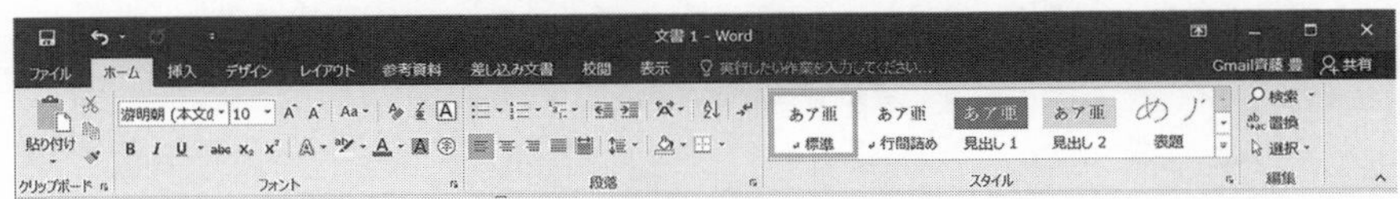

図 2–3：Word ホーム・タブ

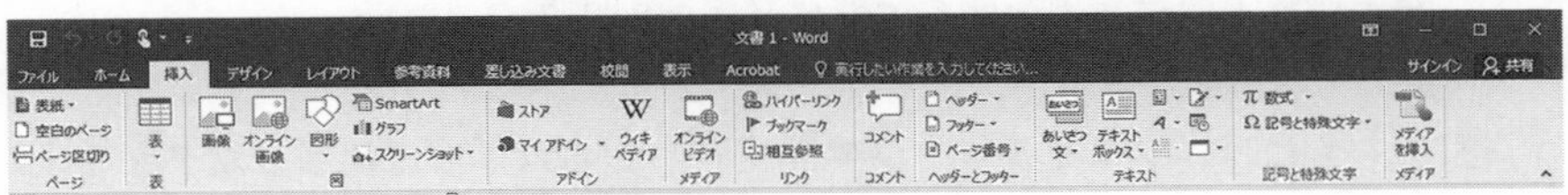

図 2–4：Word 挿入タブ

図 2–5：Word デザイン・タブ

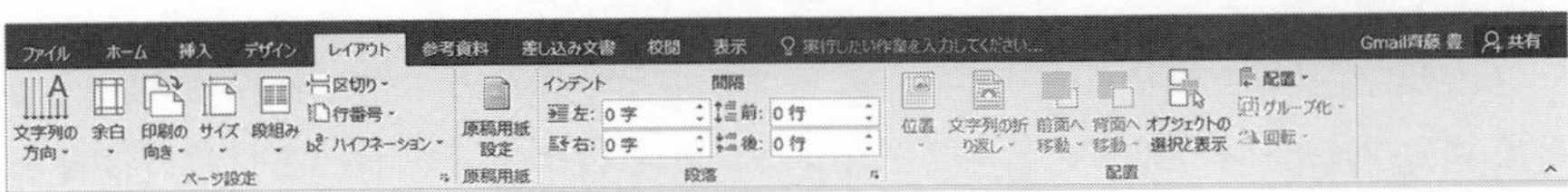

図 2–6：Word ページレイアウト・タブ

図 2–7：Word 参考資料タブ

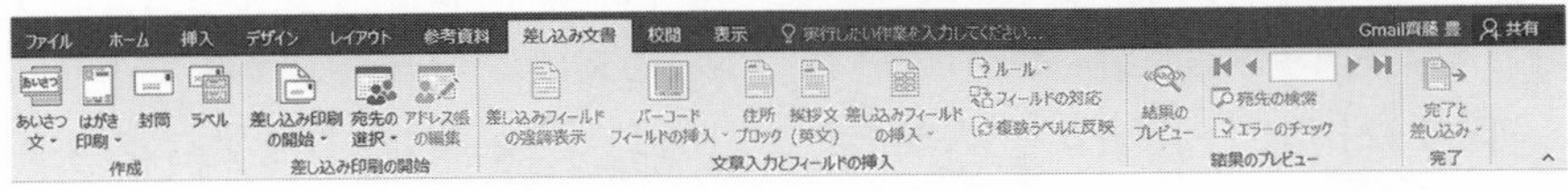

図 2–8：Word 差し込み文書タブ

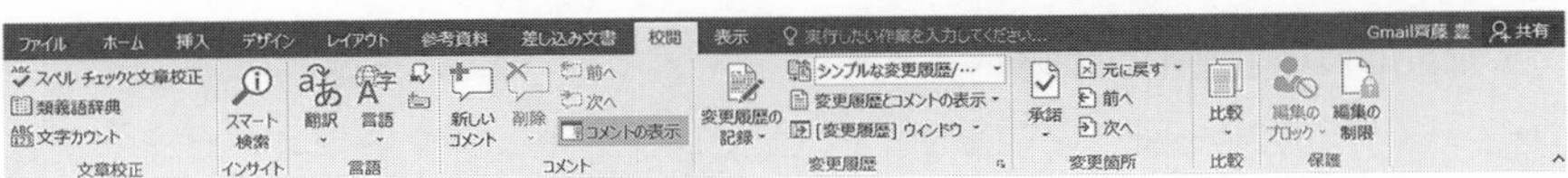

図 2–9：Word 校閲タブ

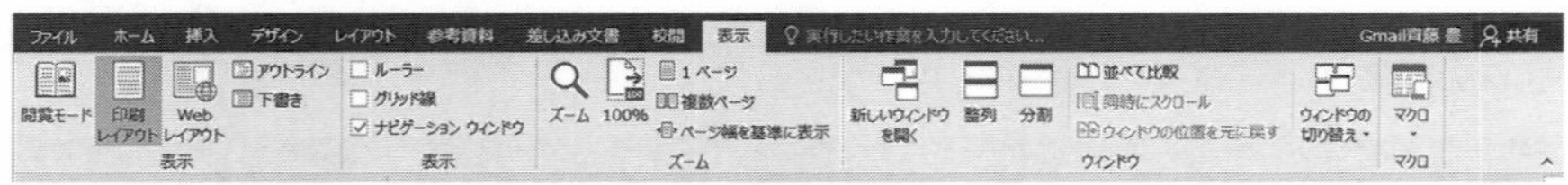

図 2–10：Word 表示タブ

⑷　基本操作

①　新規作成・既存文書を開く・既存文書を削除する

Word 文書の新規作成は、ファイル・タブ▼新規作成▼作成で作成します。既存文書を開くには、ファイル・タブ▼開く、もしくは「最近使用したファイル」から選びます。また、Windows のドキュメントやコンピュータで Word 文書を選択し、ダブル・クリックすることでも既存文書を開くことができます。既存文書の削除は Word からはできません。Windows のドキュメントやコンピュータからファイルの削除を行ってください。

②　文書の保存

文書の保存は、クイック・アクセス・ツールバーにある上書き保存ボタン、もしくは、ファイル・タブ▼上書き保存ボタンから行います。名前を付けて保存ボタンを使うと新たにファイル名をつけて別ファイルを作ることができます。重要な文書は、更新するたびに名前を付けて保存処理で別ファイルにすることで、万が一の削除やファイル・コラプション（破壊）時にバックアップとして使用することができます。

授業内で文書を保存する場合は、保存先をドキュメントにし、ファイル名を「自分の漢字氏名＋本日日付」でつけましょう。たとえば、自分の名前が大妻花子で今日が 2021 年 5 月 15 日なら、大妻花子 20210515　と名前をつけます。このファイルをドキュメントから見ると　大妻花子 20210515.docx　という名前になります。

Windows10 上で PC に格納されたファイルやフォルダを見るにはエクスプローラーというツールを使います。PC 上では、ドキュメントやコンピュータという名前になっています。スタートボタン▼ドキュメントで開くことができます。図 2-12 では、画面左側にナビゲーション ウィンドウを表示しています。ナビゲー

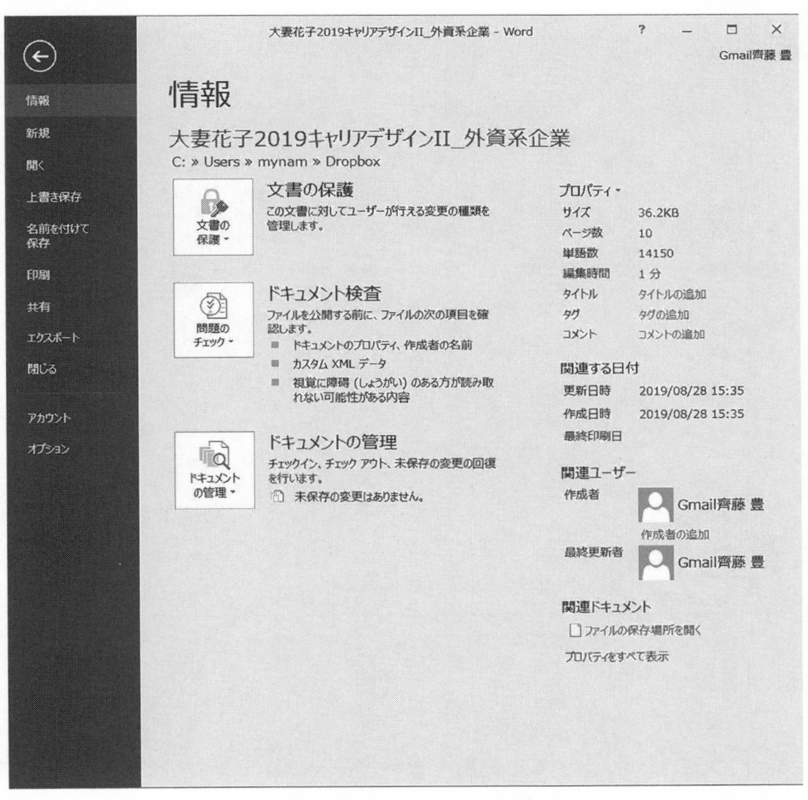

図 2–11：ファイル・タブ

ション ウィンドウが出ていないときは、表示タブ▼ナビゲーションウィンドウ▼ナビゲーション ウィンドウを選択しましょう。

図 2-12 の左側のコンピュータの下を見てください。ts006844$（//TN-FILESV）（S:）というフォルダがありますが、これはサーバー上の個人フォルダになります。みなさんの場合、ログイン ID（たとえば、n1121199）がフォルダ名になっていると思いますが、このフォルダと PC のドキュメント・フォルダがログインするごとに同期をとり、同じ内容を表示するようになっています。この機能によって、皆さんは学内の情報処理室にあるどの PC でもログインしたときに前回の最後と同じ内容で使用することができます。ドキュメント・フォルダ以外にファイルを保存すると、PC の電源を切ったときにそのファイルは自動的

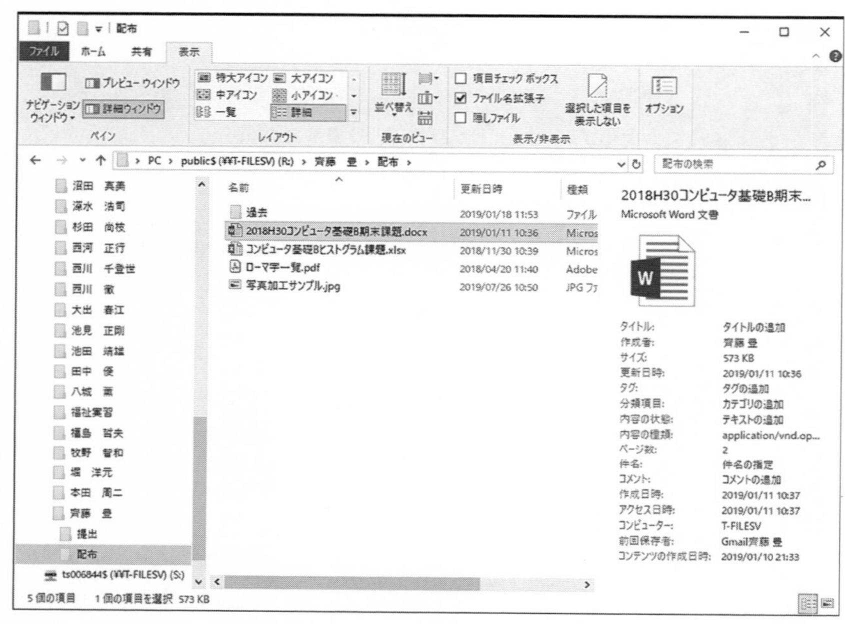

図 2–12：エクスプローラー画面

に削除されます。

授業などで教員がファイルの提出を求めたときには、きちんと提出方法を聞いて、その通りに行いましょう。たとえば、齊藤先生の共有フォルダに提出する場合は、エクスプローラーを表示し、左側にナビゲーション ウィンドウを出します。次に画面左側のフォルダ・ツリーのドキュメントをクリックして、画面右側に提出するファイルを表示します。続いて、画面左側のフォルダ・ツリーに表示されているコンピュータの左端にある白い△をクリックし、R ドライブ（//TN-FILESV/public$）の左端にある白い△を押し、現れた先生の名前の一覧から「齊藤豊」を探し「齊藤豊」フォルダの左端にある白い△を押し、提出フォルダを表示させます。画面右側から対象のファイルをドラッグして提出フォルダの上で離すとファイルが提出フォルダに入ります。

なお、教員がみなさんに配布するファイルは、教員名フォルダの配布フォルダにあります。配布フォルダにそのファイルを表示させ、マウスの右ボタンを押して現れたメニューから「送る」を選択し、現れた送り先からドキュメントを選択すると配布フォルダにある対象のファイルが自分のドキュメントにダウンロードされます。

③ 文章の入力と表示

入力・編集エリアに日本語を入力するには、タスクバーの中に言語のアイコンがありますので、これを使って入力モードをひらがなにします。「A」もしくは「あ」が表示されていると思いますが、「A」が英字入力、「あ」がひらがな入力であるということを表しています。この「A」もしくは「あ」をクリックするとひらがな以外に全角 / 半角カタカナ、全角 / 半角英数字を選ぶことができます。言語バーを使わない場合は、キーボード上の「ひらがな」キーを押すとひらがな入力モードになり、Shift キーを押しながら「ひらがな」キーを押すとカタカナ入力モードとなり「英数」キー、もしくは「半角 / 全角」キーを押すと半角英数になります。

Alt（オルト）キーを押しながら「ひらがな」キーを押すとローマ字入力とかな入力を切り替えることができます。ローマ字入力では、ひらがなの入力にローマ字を用います。たとえば「いっしょうけんめい」と入力するには「isshoukenmei」と入力します。かな入力ではキーボード上のひらがなどおりに入力されます。日本語入力はローマ字で行うのが一般的です。ローマ字変換は、ヘボン式でも日本式でも構いません。ローマ字変換のほうが使うキーが少ないので、キーボードのブラインド・タッチを覚える際に少ない数のキーの位置を覚えればよいことになります。

言語アイコンをタスクバーの外側に出すと言語バーと呼ばれるようになります。言語アイコンでも言語バーでも働きは一緒ですので、特に気にしないで良いでしょう。

図 2-13：言語バー

ローマ字入力でひらがなを入力しているときに短い英単語などを入力する場合は、入力モードの切り替えを行わなくても入力することができます。ローマ字入力のまま英単語のスペルを入力し、F8 キーを押すとアルファベットで文字が表示されます。たとえば、ローマ字で「れあ d」と入力して、F8 キーを押すと「read」

と変換されます。

ひらがなを漢字に変換するには、ひらがなを入力した後にスペースバーもしくは変換キーを押します。適切な漢字が表示されるまでスペースバーもしくは変換キーを押しましょう。他のキーを押した時点で変換が確定します。

漢字変換は単語単位だけではなく、文節での変換もできますので、文章をひらがなで入力してから漢字変換を行うことができます。もし、誤変換があったら、その文字列を削除するのではなく、その文字列を選択し、変換キーを押すことで再変換することができます。ひらがなを入力しなおすより再変換のほうが処理を速く行うことができますので再変換を覚えましょう。

なお、新規文書の行頭に半角で「= rand()」と入力して、エンターキーを押すとダミーの文書を入れることができます。

④　ページレイアウト

Word に慣れてくると文章を入力する前に紙の大きさの指定や縦書き・横書きの指定、1 行に入れる文字数、1 ページに入れる行数などの指定を行いたくなります。Word を使って文書を作る利点のひとつに「常に印刷イメージを考えながらコンテンツ作成を行える」というものがあります。ページレイアウトの指定は、リボンにあるページレイアウト・タブから行います。ページ設定グループのダイアログボックスを表示させると一度に設定を行うことができます。

ページ設定ダイアログボックスでは、まず、文字数と行数タブで、縦書き、横書きを選択し、文字数と行数を指定します。紙の大きさは用紙タブで設定します。授業で課されるレポートでは「A4 サイズの用紙に 1 ページあたり 1,200 文字、5 ページ以内で作成しなさい」という指示を受けることがあります。この 1 ページあたり 1,200 文字の設定は、このページ設定ダイアログボックスで行います。1 行あたり 40 文字で 1 ページあたり 30 行と設定すれば 1 ページには 1,200 文字の入力ができます。

余白タブでは印刷する紙の上下左右の余白の大きさを設定することができます。初期値の余白は大きめなので、余白を狭くして入力できる文字数を増やすことがよく行われます。レイアウトタブ▼余白で、余白の大きさを標準、狭い、やや狭い、広いなどの設定ができます。余白タブより使いやすいので、余白の変更はレイアウトタブ▼余白で行いましょう。

さて、日本で使われる紙の大きさは、A判とB判があります。A判というのは国際規格で、日本以外の国でも使われています。しかし、B判は日本独自の規格で省庁や役所で使われてきました。B判は、江戸時代の公用紙「美濃紙」に由来しているそうです。皆さんがこれまで学校で使ってきた紙はB4とか、B5という大きさが多かったのではないでしょうか。

企業でよく使われる紙の大きさは、A4もしくはA3になります。A3はA4の倍の大きさになります。具体的には、A4の縦（長いほう）がA3の横（短いほう）と同じ長さになり、A4の横（短いほう）の2倍がA3の縦（長いほう）になります。A判、B判共に数字がひとつ大きくなると用紙の大きさは半分になります。B判はA判よりひと回り大きいので、B4はA4をひと回り大きくしたものになります。

アメリカでは依然として独自の紙の大きさが使われています。A4とほぼ同じ大きさなのがLetterサイズです。しかし、LetterサイズはA4より縦が長く、横が狭くなっています。したがって、アメリカでLetterサイズのファイルやフォルダを購入してきて、日本でA4の紙を綴じると上下に紙がはみ出して不格好になりますので気をつけましょう。さらに、アメリカの公文書用のLegalサイズは、縦、横共にA4より大きいです。留学したときや外資系に勤めたときは要注意です。

⑤ 段落書式設定

小学校1年生の国語で文章を書くときに「段落の最初は1文字さげて書きましょう」と習ったと思いますが、覚えていますか？　また、Wordを使ったことのある人は、Wordで段落の先頭の文字を1文字さげるときにスペースを使っていませんか？　Wordには、段落の書式を設定する機能があります。段落グループは、ホーム・タブとページレイアウト・タブの両方にあります。どちらの段落グループにもダイアログボックスを表示させるボタンがあるので、それを押しましょう。

段落ダイアログボックスでは「インデントと行間隔」タブを用いて、行の幅と高さを設定できます。

まず、インデントについて学びましょう。インデントは、行の幅の中で、何文字目から入力を行い、何文字目で次の行に移るか、という設定です。ページ設

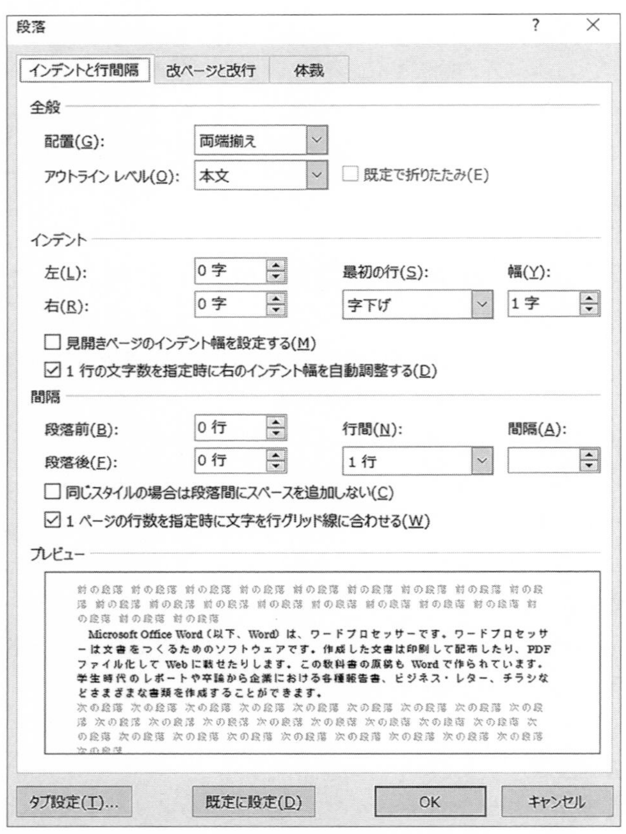

図 2–14：段落ダイアログボックス

定ダイアログボックスで 1 行の文字数を設定しましたが、たとえば、その設定が、1 行 40 文字であるなら、左のインデント 0 文字という設定は、1 行の最も左側から文字の入力を始めるということです。また、右のインデント 0 文字とは、40 文字入力したところで次の行に移ります（ここが右はじです）、ということになります。さらに、もし、左のインデント 2 文字という指定であれば、1 行 40 文字中 3 文字目から入力を始めるということになり、右のインデント 3 文字という指定であれば、1 行 40 文字中 37 文字目まで入力して次の行に移るということになります。実際に設定してみて確かめましょう。

次に「最初の行」ですが、段落の最初の文字を 1 文字さげて始めるなら「字下げ」

を選択して「幅」を「1字」に設定します。こうすることで、段落の先頭文字が常に1文字さげてはじまります。ちなみに段落とは、最初の文字を入力してから編集記号の改行マークを入れるまでになります。編集記号の改行マークを入れるには、エンターキーを1回もしくは、2回押します。(改行マークは、Wordのオプション設定によって画面上に表示されたり、されなかったりします)

「最初の行」には「ぶら下げ」の指定もできるようになっています。「ぶら下げ」を行うと「字下げ」とは反対に最初の行が左に出っ張ります。箇条書きなどのときにこの「ぶら下げ」を利用します。

これらの設定は、ルーラー上でも行うことができます。ルーラー上では、左のインデントは、3つの部品からできています。一番上にある下向きの五角形が最初の行のインデント、その下の上向き五角形が2行目以降のインデントになり、それぞれ独立して動かすことができます。一番下の四角形は、上2つの五角形インデントの相対的な距離を保ったまま、左右に動かすときに使います。これもわかりにくいので自分で試してみましょう。

右側のインデントは、五角形ひとつだけです。この五角形で右はじの指定を行います。

これらインデントの指定は、一度行ったら次の指定をするまで同じインデントが使われます。

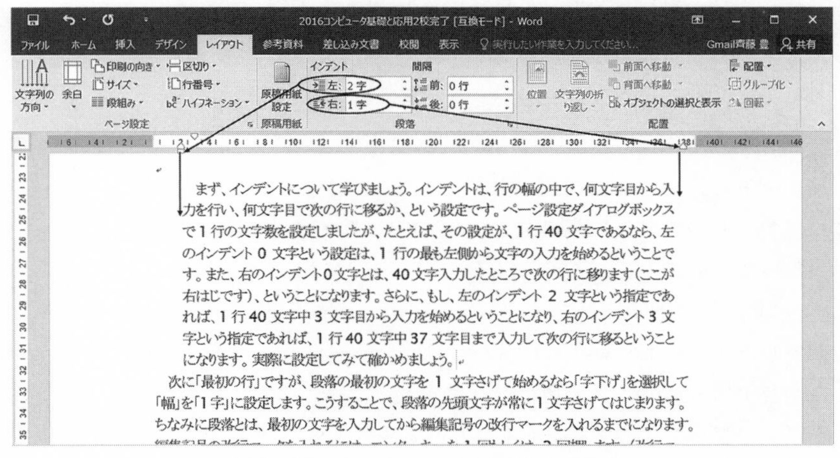

図 2–15:ルーラー上のインデント設定

さて、インデントの指定により、行の幅に関する指定ができるようになりましたが、行の高さはどうやって変えるのでしょうか？行の高さは段落ダイアログボックスの下半分にある「間隔」で指定します。「段落前」「段落後」は、段落の始まる前、もしくは段落が終わって、次の段落が始まるまでの間隔の設定を行う項目です。日本語のレポートや論文では段落の前後にスペース行を置く習慣はありませんのであまり使いません。

次に「行間」ですが「1行」と表示されていれば、ページレイアウトで設定した通りの行間隔になっています。ここを「最小値」や「倍数」などに変更することにより、行間を大きくしたり、小さくしたりすることができます。たとえば「倍数」を選択し「間隔」を0.9とすると1行より1/10だけ短い間隔になります。つまり、今までの10行分のスペースで11行入れることができます。

「間隔」を変更したときは、その下の「1ページの行数を指定時に行グリッド線に合わせる」の左端のチェックを外さないと行間隔は変更されませんので、気を付けてください。

⑥　文字書式設定

文字の書式は、ホーム・タブのフォント・グループで設定します。フォントの形、大きさ、色や太字、斜字、下線付け、ルビ（ふりがな）付け、上付き（X^2）、下付き（X_2）などの設定ができます。フォント・グループのダイアログボックスではさらに詳細な設定を行うことができます。フォント・グループのダイアログボックスは、ホーム・タブのフォント・グループの「 と右下矢印を組み合わせたマークもしくは、マウスの右ボタンで表示されたメニューからアクセスできます。

フォントは大きく分けて明朝体（セリフ書体）とゴシック体（サンセリフ書体）に分けられます。明朝体は、文字の書き始めや書き終わりの打ち込み、はね、払いなどの飾り線がありますが、ゴシック体にはありません。Windows10（Office2016）以前の標準フォントは、見出しがMS P ゴシック、本文がMS P明朝でしたが、Windows10（Office2016）からは、見出しが游ゴシック Light、本文が游明朝 Regularに変更になりました。

画面上で表示できるフォントもプリンターによっては印刷できないこともあります。プリンターにはプリンター用のフォントが搭載されていて、通常はそのプ

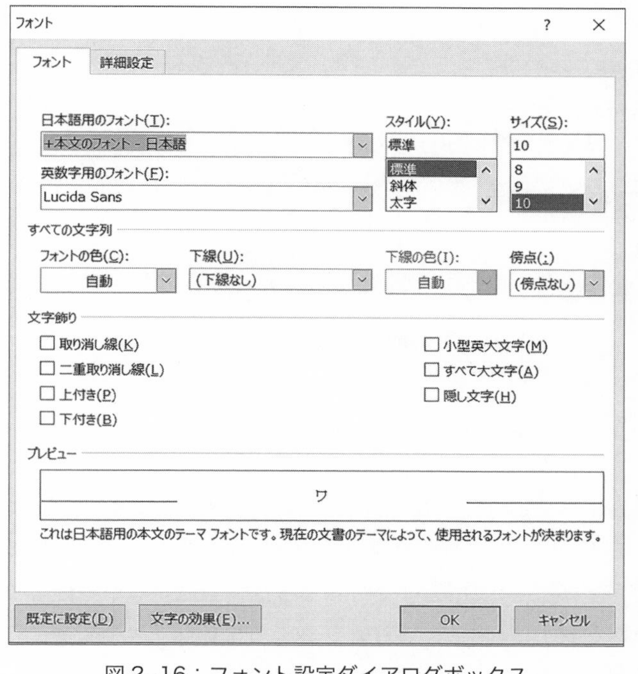

図 2–16：フォント設定ダイアログボックス

リンター用のフォントで印刷されます。プリンター上にないフォントはセリフ書体かサンセリフ書体に置き換えられます。

⑦ 選択・検索・置換

文字の選択は、マウスの左ボタンを使って行うことができます。まず、選択したい文字の最初か最後にカーソルを置き、マウスの左ボタンを押しながら（ドラッグしながら）選択範囲の最後までマウスを動かして、ボタンから指を離すことで選択が完了します。しかし、文字が小さいときなどは、誤った選択になりやすいです。このような場合は、マウスを使わずにキーボードのみで選択を行うほうが、作業効率が良いです。キーボードのみで行う場合は、矢印（←↑↓→）キーを押してカーソルを移動させ、選択したい文字の最初か最後にカーソルを置き、Shift キーを押しながら矢印（←↑↓→）キーを押すことで選択範囲の指定ができます。実は、Word や Excel の操作はマウスを使わない方が作業効率が良く、

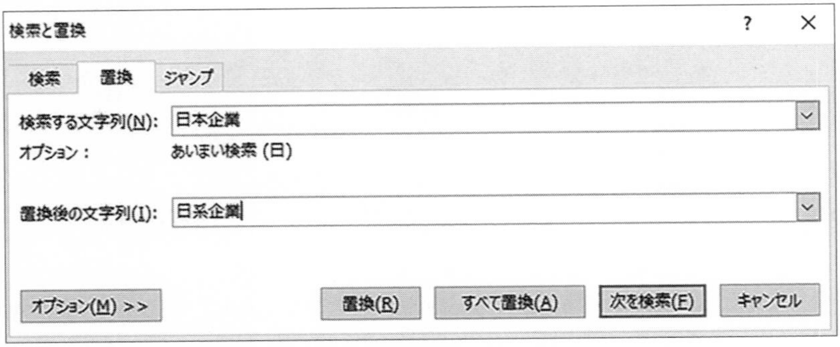

図２17：検索と置換ダイアログボックス

作業時間を短くできる場合が多いです。

Word 文書の中から特定の文字を検索したい場合は、ホーム・タブの編集グループにある検索ボタンから行うことができます。検索ボタンを押し、検索ダイアログボックスを表示させて、検索文字を入力し、エンターキーを押します。文書中に文字が存在すれば、その文字が表示されます。文字がない場合は文字がない旨のメッセージが表示されます。文字が複数ある場合は「次を検索」ボタンを押すことでその次の該当文字が表示されます。

文字の置き換えは、検索機能と似ています。検索と同じダイアログボックスから置換タブを選択し、置き換え前の文字と置き換え後の文字を入力することで文字の置き換えを行うことができます。

「すべて置き換え」ボタンを押すと文書中の対象文字がすべて置き換わります。置き換え後の文字の入力欄に何も入れないと置き換え前の文字の削除が行われます。この機能は同じ文字を大量に削除したいときに便利です。

⑧　文書編集

Word には文書を編集するためのさまざまな機能が準備されていますが、ここでは、スタイルを中心として、箇条書き、段落番号、アウトラインなどを学習します。Word を自己学習した人は、これらの機能を使わないことが多くありますが、正しく理解して使用することで作業効率を高めることができます。

文書には、表題、目次、見出し、本文、参照資料などの要素が含まれます。Word では、それぞれの要素に適した書式がスタイルとして用意されています。

たとえば、本文に使う「標準」スタイルは「フォント：游ゴシック Light（見出し)、游明朝 Regular（本文)、10.5 ポイント、両端揃え、行間：1 行」と設定されています。これらのスタイルには、ホーム・タブのスタイル・グループからアクセスします。クイック・スタイルにはあらかじめ Word が準備しておいてくれたスタイルがあり、それをマウスで選択することで作成中の文書に適用することができます。既存のスタイルを変更することや新規作成することができます。

ホーム・タブの段落グループに「箇条書き」ボタンがあります。このボタンを押すと行頭文字をつけた箇条書きを設定することができます。行頭文字は「・」や「●」などで、好きな行頭文字を使うことができます。

「箇条書き」ボタンの横の数字の書いてあるボタンは「段落番号」ボタンです。このボタンを押すと番号付きの文章（箇条書き）を書くことができます。番号の書式は「1.」や「①」などですが「第 1 章」など自分の使いたい番号書式を設定することもできます。

この「箇条書き」や「段落番号」を組み合わせてアウトラインを作成することもできます。たとえば、段落番号と箇条書きをレベル分けして組み合わせることで行頭を揃えたメリハリのある文書を作ることができます。

文書を作成していて、誤字や文法の間違いなどをみつけたいときは、校閲タブの「スペルチェックと文章校正」を実行します。表記ゆれチェックを行うことで、文書中に使われている単語の表記ゆれ、たとえば「マネージャー」なのか「マネージャ」なのか「マネジャー」なのか、という「ー」（長音）の有無などによって表記がゆれていないかどうか、を調べることができます。

なお、Word の初期設定では、文書作成中にスペルミス、文法の間違いや表記ゆれがあるときは、緑もしくは、赤の波下線で注意喚起をしてくれます。必要に応じて修正しましょう。この波下線は画面上だけの表示で印刷時には印刷されません。

さて、Word 文書を作成中にページの途中で改ページ（次のページの先頭行に移動する）したくなったら、どうすればよいでしょうか？　挿入タブ▼ページ・グループのページ区切り、もしくは、改ページを選択することで改ページをすることができます。

また、ページ番号を表示するにはどうしたらいいでしょうか？　挿入タブ▼ヘッダーとフッター・グループのページ番号を選択します。ページ番号の書式や番号もここで設定します。

⑨　罫線と表

Word には表を作成する機能があり、その表に罫線を引くことができます。罫線とは印刷できる枠線です。薄い灰色の線はセルの境界を表す枠線で、画面上は見えますが印刷されません。この機能を使って、定型フォーマット書類を作成することができます。以前は、Word の罫線・表作成機能は貧弱であったので、定型フォーマット書類は、Excel で作られることが多くありましたが、今では主流が Word に移りつつあります。大学卒業後、事務系職種に就く学生には即戦力になる機能ですので、必ず覚えましょう。

休暇届							
申請	年	月	日	承認	年	月	日
所属	部	課		日付			
				印鑑			
氏名		㊞		※社則に従って承認印を授受のこと			
期間	年	月	日（	）より			
	年	月	日（	）まで（	）日間		
区分	法定休暇	有給休暇	産前産後休暇	育児休暇			
		介護休暇	生理休暇				
	特別休暇	結婚休暇	忌引休暇	傷病休暇			
		夏季休暇	その他（　）				
事由							
連絡先							
備考							

図 2–18：Word 表機能で作成した定型フォーマット書類例（濃い線は罫線、点線はセル境界のグリッド線）

表の作成は、挿入タブの表グループにある表ツールから行います。表ボタンを押して現れたメニューの□をマウスでなぞるとその□の数だけの表が作成されます。メニューには、8×10 マスしかありませんので、それ以上の大きさの表を作成する場合は「表の挿入」ボタンを押して「表の挿入」ダイアログボックスを表示してください。

表は、横方向を行と呼び、縦方向を列と呼びます。表の中のひとつひとつの箱はセルと呼ばれます。

いったん表を作成するとリボンに表ツール・タブが現れ、この表ツール・タブは、デザイン・タブとレイアウト・タブの２つの機能に分かれます。この２つ

<table>
<tr><td colspan="6">休暇届</td></tr>
<tr><td>申請</td><td>年　月　日</td><td>承認</td><td colspan="3">年　月　日</td></tr>
<tr><td rowspan="2">所属</td><td rowspan="2">部　課</td><td>日付</td><td></td><td></td><td></td></tr>
<tr><td rowspan="2">印鑑</td><td rowspan="2"></td><td rowspan="2"></td><td rowspan="2"></td></tr>
<tr><td rowspan="2">氏名</td><td rowspan="2">㊞</td></tr>
<tr><td colspan="4">※社則に従って承認印を授受のこと</td></tr>
<tr><td>期間</td><td colspan="5">年　月　日（　）より
年　月　日（　）まで（　）日間</td></tr>
<tr><td rowspan="2">区分</td><td>法定休暇</td><td colspan="4">有給休暇　産前産後休暇　育児休暇
介護休暇　生理休暇</td></tr>
<tr><td>特別休暇</td><td colspan="4">結婚休暇　忌引休暇　傷病休暇
夏季休暇　その他（　）</td></tr>
<tr><td>事由</td><td colspan="5"></td></tr>
<tr><td>連絡先</td><td colspan="5"></td></tr>
<tr><td>備考</td><td colspan="5"></td></tr>
</table>

図 2–19：Word 表機能で作成した定型フォーマット書類例（セル境界のグリッド線を非表示にした完成形）

の機能を使うことによって表のスタイルを設定することができます。表スタイルの構成要素は、タイトル行、集計行、縞模様（1 行ずつ交互に色を付け、縞模様にする）などがあります。しかし、Excel のように表の中の各セルに入れた数値を使って計算することはできません。

セルの幅は列単位で変えることができます。セルの高さは行単位で変えることができます。セルの幅・高さを変えるときは、セルの境界線をマウスでドラッグして動かします。

ひとつのセルは、行方向、列方向、それぞれに分割することができます。２つ以上のセルは、結合してひとつのセルとして扱うことができます。セルの分割、結合は該当セルを選択した後にマウスの右ボタンでメニューを出して「セルの分割」「セルの結合」を選択します。

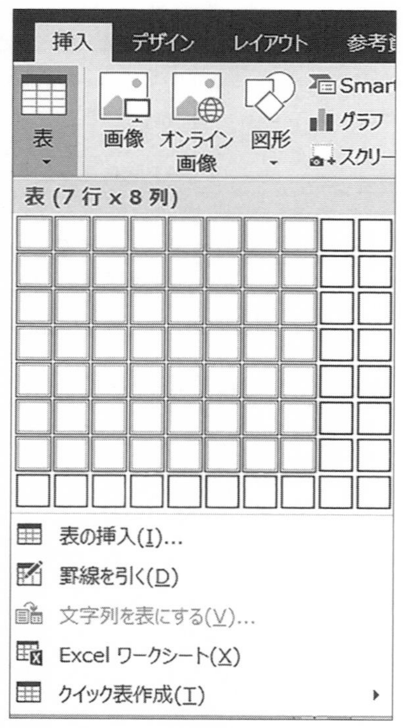

図 2-20：表の挿入（□をなぞるか、「表の挿入」を押してダイアログボックスから設定）

各セルは罫線をつけないと印刷したときに枠線（セルの境界線）の部分が空白(何も印刷されない)となります。したがって、セルの分割、結合、罫線の有無によって、複雑な表を作成することができます。(図 2-18 の定型フォーマット書類例を参照してください。黒い線が罫線で、点線はセルの境界線です。セルの境界線は印刷されません)

セルに罫線（印刷される線）をつけるには、罫線をつけるセルを選択した後にホームタブ▼段落グループの罫線ツールを選ぶか、マウスの右ボタンを押して現れたダイアログボックスから「線種とページ罫線と網掛けの設定」を選択して「線種とページ罫線と網掛けの設定」ダイアログボックスを表示させます（図 2-21 および図 2-22 を参照）。その後、罫線タブの中の「種類」から線種を選び「色」から線の色を選び「線の太さ」から線の太さを選びます。そして、右側にあるプレビューの中の罫線か横もしくは下にある罫線ボタンをクリックします。クリックするごとに線の有無が切り替わります。複数セルを選択してこのダイアログ

図 2–21：罫線の簡易設定ツール

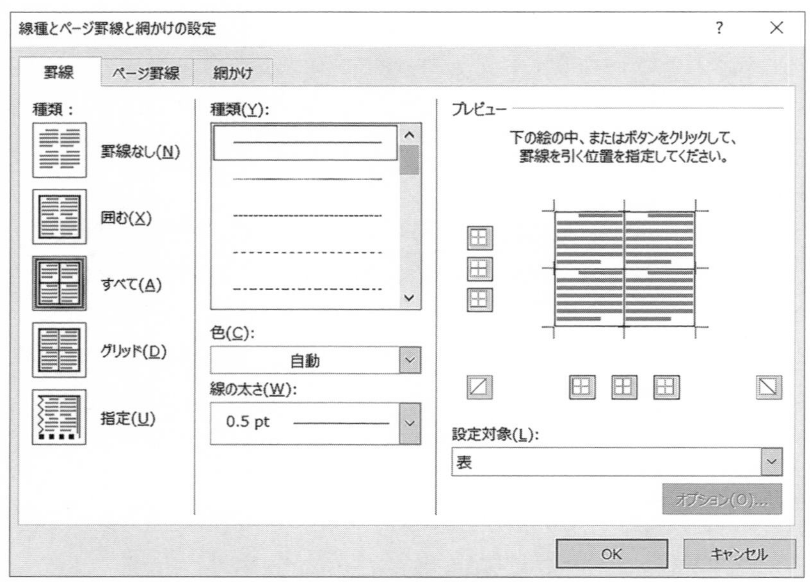

図 2–22：罫線の詳細設定ツール

ボックスを表示させた場合は、選択したすべてのセルに罫線を引くことができます。

⑩　画像・オンライン画像・図形・SmartArt・グラフ・スクリーンショットの利用

挿入タブの図グループには、PC 上などの画像ファイルの挿入ができる画像ボタン、オンライン上のイメージ画像を検索するためのオンライン画像ボタン、□や△などの図形を組み合わせて図を作成する図形ボタン、よく使う図をテンプレートとして用意してある SmartArt ボタン、エクセルのグラフ作成機能を使うためのグラフボタン、インターネット画面などを取り込むスクリーンショットボタンがあります。

画像ボタンを押すと PC のピクチャー・フォルダが表示されます。ここから画像ファイルを選択して Word に挿入することができます。ピクチャー・フォルダ以外の画像ファイルもコンピュータで検索・表示できれば使うことができます。

Office2013 からクリップアートが廃止になり、使えなくなりました。どうし

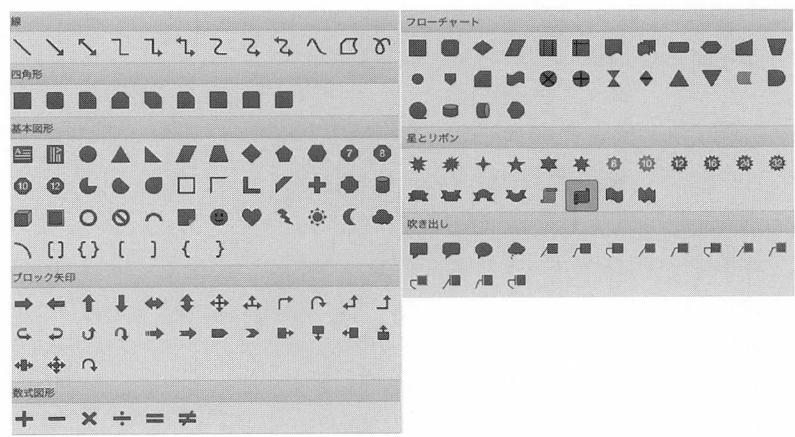

図 2-23：図形メニュー

て使えなくなったか、マイクロソフト社からの詳しい説明は一切ありません。オンライン画像ボタンによりクリップアートの代わりにオンライン画像のイメージ検索ができるようになりました。ネット上の画像は著作権に注意しながら使用してください。画像のライセンス方法を確認したい場合は、まず、検索結果で表示された画像を選択し、左下に表示された URL をクリックして、配布元のサイトにアクセスし、ライセンスについて確認してください。なお、リコー社が提供しているクリップアート・ファクトリーが役に立つかもしれません。

http://www.printout.jp/clipart/

図 2-24：アイコンメニュー

クリップアートの代わりに Word 2016 から各種のアイコン（単純化したイラスト）が使えるようになりました。

アイコンボタンを押すとさまざまなアイコンが出てきます。アイコンを使ってさまざまな場面をわかりやすくすることが可能です。

3D モデルボタンからは、PC 内にある 3D モデル、もしくは、オンラインの 3D モデルにアクセスして、文書中に入力することができます。

図形ボタンを押すとさまざまな図形が現れるのでこの図形を組み合わせて図を作成します。図形は新たに挿入した図形が先に挿入した図形の上に重なります。後ろ（背後）にある図形を前に持ってくるには、マウスの右ボタン▼最前面へ移動を押します。前にある図形を後ろに持っていくには同じ操作で最背面に移動を選びます。図形でなにか図を作ったときは図形全体をマウスで選び、マウスの右ボタン▼グループ化▼グループ化を選ぶと図形を組み合わせた図の状態で保持（移動・コピー・カット等）することができ、マウスの右ボタン▼グループ化▼グループ化の解除を選ぶとグループ化を解除して個々の図形として扱うことができます。

SmartArt ボタンを押すと SmartArt グラフィックの選択ダイアログボックスが表示されます。この中から自分の使いたい SmartArt を選択します。SmartArt

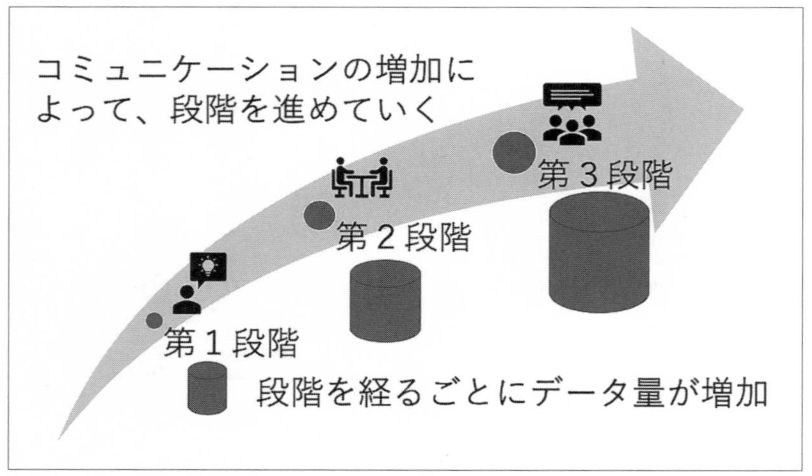

図 2–25：図形とアイコンと SmartArt で作成したモデル図

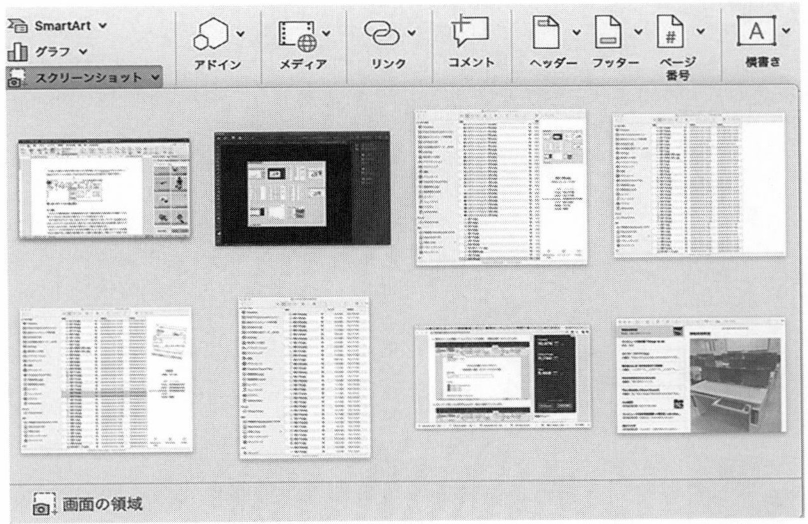

図 2–26：スクリーンショット

を挿入すると SmartArt ツール・タブが表示され、デザイン・タブと書式タブから SmartArt を変更することができます。平面（2D）や立体（3D）、色などの変更ができます。

Word2013 からスクリーンショットを 2 クリックで Word に取り込める機能がつきました。画面上に表示されているものを、サムネイルの一覧から選ぶだけで簡単に切り取って貼り付けられるので、ホームページなどを簡単にスクラップできます。挿入タブ▼スクリーンショットを押してウィンドウ単位もしくは画面の領域を選び、次の画面で切り取って使うことができます。

その他、PC 画面上の図や写真を Office の中で使う場合、PC の PrintScreen（プリント・スクリーン：PrtSc）でスクリーンショットをとり、それを Word や PowerPoint 内で貼り付けて使用できます。Windows ボタンを押しながら PrintScreen ボタンを押すとピクチャーフォルダにスクリーンショットを .png 形式のファイルとして保存できます。

⑪　印　刷

ファイル・タブ▼印刷を押して印刷画面を出します。印刷の設定はOffice2007まで複数ページにわたっていたものが、Office2013以降では1ページに収められています。

学内で使用するプリンター名は、皆さんのモニターに書かれています。プリンター名を変更しなければ、このプリンターに出力されます。設定では、片面・両面印刷、紙の方向（縦・横）、紙のサイズ（A4など）、余白の大きさ、1枚の紙に印刷するページ数などを指定します。

A4の1ページにうまく収まらないときは余白を調節しましょう。また、A4縦1枚に2ページを印刷するように設定すると、自動的に紙は横になり、A4縦

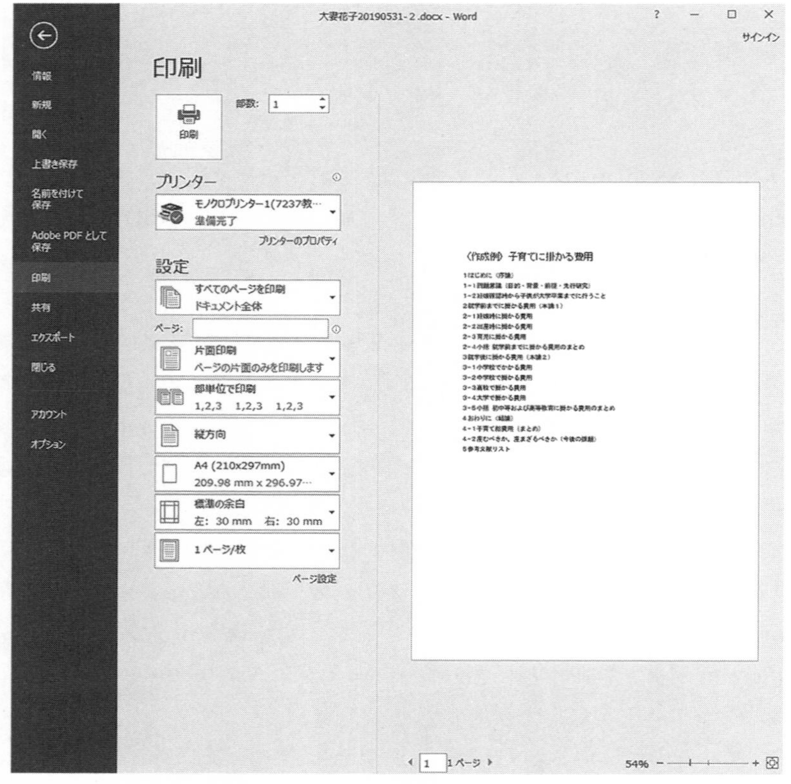

図2–27：印刷画面

をA5縦に縮小して横に2ページを並べて印刷できます。これで両面を印刷すれば4ページ分の分量を1枚の紙で印刷することができます。試してみましょう。

⑸ アウトライン表示を使ったレポートの書き方

① 序論・本論・結論

大学におけるレポート課題は「論じる」ことが求められます。「論じる」というのは客観的な事実を述べてから自分の意見を述べることです。いくつかの客観的事実を述べることで、自分の意見が正当であると読み手に理解をさせるのです。

論理的な文章とは、話の根拠がある、一貫性がある、客観的な見解である、事実に基づいている、感情に左右されていない、最終的な結論が明確などの特徴があります。反対に、話の根拠がない、単なる思いつきや一個人の見解、想像に基づいている、感情に左右されている、何を言いたいのかわからないなどの特徴がある文章は非論理的であり、大学で良い成績をとることや社会に出て自分の思い通りに仕事をすることが難しくなるでしょう。

論理的な文章を書くためには文章の構成を考えましょう。レポートは序論・本論・結論に分けるのが良いでしょう。以下にレポート課題のやり方例を示しますのでやってみましょう。

レポート課題のやり方例：

A) 与えられた課題に対してWebサイトでCiNiiなどを使って先行研究を集めましょう。先行研究はその分野の著名な学者、公的機関の著作を用いましょう。個人のブログ等は通常は用いません。Wikipediaなどで出所が不明なものも先行研究では扱いません。先行研究になり得るのは、著者、発行年、発行所などが分かるもののみです。

B) 先行研究の中で気になるフレーズをコピー＆ペーストして、Wordなどで「課題ノート」を作りましょう。このとき、著者、論文名、発表年、発行所、フレーズの掲載ページ数を一緒にコピペします。

C) 資料が集まったらいよいよ論文を書き始めますが、最初はアウトライン機能を用いて論文の骨子を作成します。Wordを立ち上げ、表示タブ▼アウトラインを選択し、Wordのアウトライン表示に変えて、レベル1にレポート課題を書きます。エンターキーを押して改行し、Tabキーを押

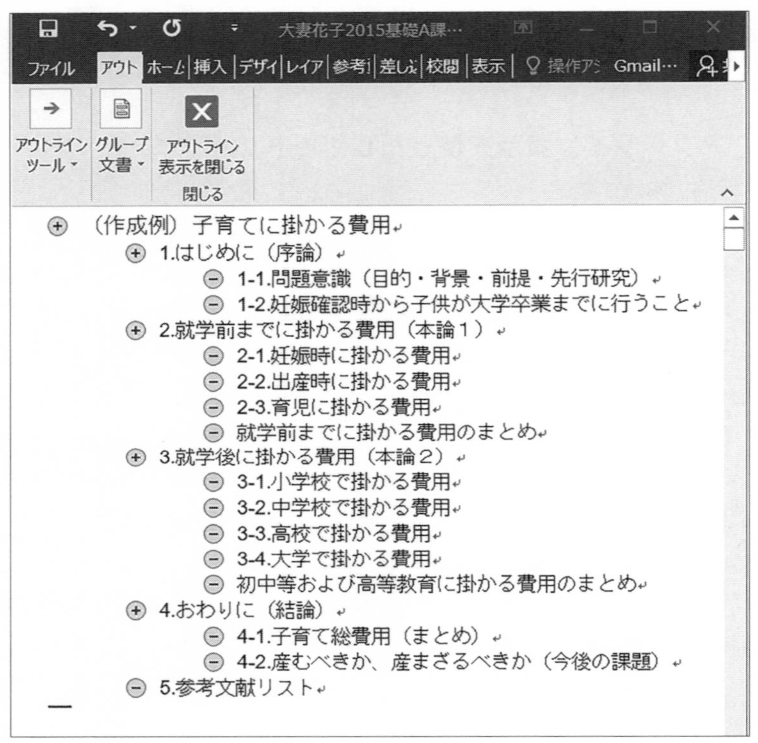

図 2–28：アウトライン表示

してレベル１からレベル２に変え、序論、本論、結論の３つを書きます。本論にレポートで書きたいことをキーワード等でレベル３として書いていきます。本論は１～３位に分割するといいでしょう。

D)　本論のレベル３を基にしてこの本論を書く目的、背景、前提、先行研究などを序論に簡単に書きます。同じく本論のレベル３を基にして結論を簡単に書きます。

E)　アウトライン表示から印刷レイアウト表示に変えて、インデント等の修正を行い、序論・本論・結論の第３レベルの下に本文を追加していきます。このとき、B）で作成した課題ノートを最大限活用し「誰々は…と言っている」などと引用形式で本文に入れます。本文の４～５割はこの引用形式でも問題ありません。引用をまとめる形で自分の意見を書きます。（図

図 2–29：アウトラインを用いた論文作成方法

2-28 を参照)

F) 書きあがった本文の引用部分に脚注を入れ、著者、論文名、発行年、発行所、フレーズの掲載ページ数を書きます。ここに書いたことをまとめて文末に「参考文献リスト」として書くことも忘れずに行います。

G) 本論に合うように序論と結論を見直します。本論で触れるべきことを触れていない（忘れた）場合は、結論に「今回は触れなかったが…（忘れた内容）…という問題もある」と書いておきましょう。

H) 作成したレポートを読み直して加筆修正しましょう。最後に形式を整えましょう。さぁ、これで完成です。レポートは論理的な形式が重要です。a)

客観的な事実と自分の意見を分ける、b）序論・本論・結論を守る、c）引用・脚注・参考文献リストを守る、この３つを守ることで良い評価を受けること間違いなしです。あっ、誤字脱字、意味の通らない文はダメですよ。

②　脚注と参考文献

レポートや卒論を100％自分の意見だけで書くことは不可能です。また、たとえ書けたとしても担当教官はそのレポートや卒論に高い評価を与えないでしょう。社会科学系の学問では「論じる」ために必要な客観的な事実は、その問題を先に研究している先行研究者によって明らかにされている場合がほとんどです。自分の意見を誰もが納得できるものにするためには、これら先行研究者の研究結果を自分のレポートや卒論に入れなくてはいけないのです。第三者の成果物を自分の文章に入れることを引用といいます。引用したときは、どこで、だれが、いつ、何を言ったのかを明らかにするために脚注と参考文献リストを作成します。引用には著者が書いた文章を自分で要約して使う間接引用と著者が書いた文章をそのまま使う直接引用があります。どちらも元の文章は自分の所有物ではないので、必ず参考文献リストを作成して出所を明確にする必要があります。参考文献リストに記述する内容は、単行本の場合、著者名、書名、出版者名（外国語文献の場合、出版地も必要）、出版年、となり、論文や雑誌、新聞などの場合は、著者名、論文名、掲載雑誌名、出版年、巻号数、掲載ページ、となります。

脚注は、本文の欄外に書く注で、本文に書くほどではないが、読者のために書いておいたほうがよいことを書きます。その中に本文中で引用した引用元を記述することがあります。引用元を表示しないのは剽窃といって泥棒と同じ扱いになりますので、脚注でそれを明らかにすることで、剽窃を防ぐことができ、客観的な事実と自分の意見を分けることができます。

脚注を使用しない場合は、引用文の最後に引用元を入れます。学生時代はこちらの方が多く使うでしょう。たとえば、「宮台は、IT 化には明部と暗部があり、明部は人と人を繋げてコミュニケーションチャンスを広げる民主主義な側面を指し、暗部は人と物を繋げることで本来意識可能だった選択を意識不能な選択前提へ追い遣る非民主主義的な側面を指す、と述べている（宮台 2014：241 頁）」という形にします。

参考文献リストは、引用した文章が載っている書籍のリストです。レポートを書く際に読んで参考にしたけれど引用しなかった書籍は載せません。著者名『書名』発行出版社名、発行年）で著者名ごとに記述してリスト化し、レポートの最後につけます。参考文献リストをきちんと書くことで引用や脚注を簡単にすることができます。上記の例では、引用文の中に（宮台 2014：241 頁）と著作者と発行年：引用頁を記述し、それに対応する参考文献リストで　宮台真司『私たちはどこから来て、どこへ行くのか』幻冬舎、2014 年、とすれば、読み手は引用や脚注と参考文献リストの両方を見ることで客観的事実の証拠を探せるように示します。

なお、引用・脚注・参考文献リストは学問領域によって記述方法が異なりますので、レポートや卒論を書く際には担当教員に書き方を確認してください。たとえば、社会学であれば、日本社会学会の『社会学評論スタイルガイド』に沿って記述します。

③　図表番号と出典・単位

グラフや図、表をレポートや卒論で使用する場合は、図表番号と出典などを必ず記載します。表は列と行からなるマス目に文字や数字が入ったもので、それ以外のものはすべて図になります。図の場合は図の下に　図 1：日本の人口（出典：総務省 2021 年）　のようにナンバリングした図番号：タイトル（出典）を書きます。表の場合は、表の上に表 1：日本の人口（出典：総務省 2021 年）のようにナンバリングした表番号：タイトル（出典）を書きます。グラフや表には、縦軸、横軸の単位をたとえば、単位：万人、のように記述します。なお、出典に記述したものは参考文献リストに入れ、読者がその証拠を探せるようにします。

なお、詳しい論文の書き方は、コンピュータ応用で学びます。この教科書の第 5 章(6)を参考にしてください。

(6)　練習問題２

※ Word を立ち上げ、新規文書を作成し、ドキュメントに自分の漢字氏名＋日付（例：大妻花子 20210610.docx）で保存しましょう。同じ日付で複数のファイルを保存する場合は「-」（ハイフン）と 1 から始まる連番を日付の後につけましょう。

①　文章入力1

以下の文章をWordに入力しましょう。A4縦に横書きで1ページの行数は30行、1行の文字数は40文字に設定してください。タイトル部分は、MS Pゴシック12ポイント、本文部分は、MS P明朝10ポイント、英数字は半角のArialで入力しましょう。カタカナに半角文字は使わず、日本語はすべて全角文字としてください。句読点はそれぞれ「。」「、」を用いて、行頭は1文字空けます。

労働経済の分析
はじめに

我が国の経済は、企業収益や雇用・所得環境が改善し、個人消費が持ち直しの動きを示すなど、経済の好循環が広がる中、緩やかに回復している。

そのような経済情勢の中、雇用情勢については、完全失業率は2017年度平均で2.7%と1993年度以来24年ぶりの低水準となり、有効求人倍率は2017年度平均で1.54倍と1973年度以来44年ぶりの高水準となるなど、着実に改善が続いている。

さらに、雇用者数は5年連続で増加しており、雇用形態別にみると、不本意非正規雇用労働者数が減少を続ける中、正規雇用労働者数が前年の増加幅を上回り3年連続で増加している。

また、賃金については、2017年度の名目賃金は2014年度以降4年連続で増加し、2018年春季労使交渉では、前年を上回る賃金の引上げ額を実現した。ただし、このように雇用・所得環境が改善する中、企業における人手不足感は趨勢的に高まっており、その影響については引き続き注視が必要である。

(出典『平成30年版　労働経済の分析　－働き方の多様化に応じた人材育成の在り方について－』)

②　文章入力2

以下の文章をWordで入力しましょう。A4横に縦書きで1ページの行数は30行、1行の文字数は40文字に設定してください。タイトル部分は、MS Pゴシック12ポイント、本文部分は、MS P明朝10ポイント、英数字は半角のArialで入力しましょう。カタカナに半角文字は使わず、すべて全角文字としてください。問題文をすべて入力し終わった後に入力した文章をコピーし、入力した文章の下に1行開けて貼り付け、貼りつけた文章の数字を漢数字に変換し、読点は置換機能を使って「,」から「、」に変換してください。

「女性の労働をめぐる問題」

女性において貧困に陥りやすい背景の 1 つには，女性の労働をめぐる問題がある。女性は非正規雇用が多いという就業構造の問題があり，また，仕事と生活の調和（ワーク・ライフ・バランス）が図れない状況では，女性が出産・育児を経て就業を継続し，あるいは再就職して職業能力を高めることは難しい面がある。さらに，税制・社会保障制度が女性の就業調整をもたらす影響もある。

非正規雇用については，相対的に低賃金で雇用が不安定になりがちであること，一度非正規雇用に就くとその状態を繰り返しやすいこと，能力開発の機会が少ないことなどの問題が指摘されている。

1990 年代以降の非正規労働者の急速な増加の中で，女性に占める非正規労働者の割合は半数を超えるまでになっているが，非正規労働者から正規労働者への移行状況については，男性よりも女性の方が低い傾向がみられる。

今後は，正規・非正規といった雇用形態等にかかわらず，経済成長の恩恵をさまざまな人々が享受できる機会を高めていくことが求められ，そのためには誰もが「ディーセント･ワーク（人間らしい働きがいのある仕事)」を得ることができる社会を構築していく必要がある。

ディーセント・ワークとは，働く機会があり，持続可能な生計に足る収入が得られること，家庭生活と職業生活が両立できること，安全な職場環境や雇用保険，医療・年金制度などのセーフティネットが確保されること，自己啓発の機会が得られ得ること，また公平な扱いや男女平等の扱いを受けること，などとされている。

ディーセント・ワークの実現には，仕事と生活の調和（ワーク・ライフ・バランス）を進め，女性が安心して働き続けられる環境整備とともに，非正規労働者全体の処遇の改善を進める必要がある。具体的には，雇用形態にかかわらず，それぞれの職務や能力に応じた適正な処遇，労働条件が確保され，誰もが職業能力を高めるための教育機会や退職や傷病等に対する必要な保障等を得られる必要がある。

このことは女性が貧困に陥りやすい状況を解消していくことに加え，男性の非正規労働者の生活の安定にもつながるものと考えられる。

（出典『男女共同参画白書』平成 22 年版第 1 部特集編第 6 節）

③　表入り文書の作成

以下の文章と表を組み合わせて Word で A4 縦 1 ページに入るように文書を作成しましょう。文字は、見出しを MS ゴシック 12 ポイント太字にして中央に配置し、本文を MS 明朝 10.5 ポイントにし、表の中の文字は MS ゴシック 11 ポイント、英数字は半角の Arial で入力しましょう。カタカナに半角文字は使わず、日本語はすべて全角文字としてください。句読点はそれぞれ「。」「、」を用います。文書のレイアウトは、1 ページあたり 35 行、1 行当たり 40 文字に設定します。段落の最初は 1 文字下げます。段落と段落の間は 1 行空けます。表は中央に配置します。

「外食金額の比較」

総務省が発表している「家計調査（2 人以上の世帯）都道府県庁所在市及び政令指定都市別ランキング（平成 19 ～ 21 年平均）」によれば、外食の寿司に使った金額は全国平均で 14,380 円である。

1 位は金沢市で 23,730 円と 2 位以下の市に比べて 5 千円以上の差がついている。金沢は江戸時代より小京都と呼ばれ、京料理の文化と海産物の組み合わせを好む土地柄である。高価なすしにお金を使う意識がほかの地域よりも高いのかもしれない。

2 位は甲府市で海のない土地である。しかし、江戸時代より甲府では、静岡から海産物を仕入れ、アワビの煮貝などの名産物を生んでいる土地でもある。こういった背景から海産物の中でも高いすしを消費する傾向があると考えられる。

3 位の名古屋市、4 位の岐阜市、5 位の奈良市、6 位の神戸市と中部、関西地域が上位に入っている。江戸前に加えて、関西風押しずしの消費が高いのかもしれない。関東地域は、7 位宇都宮市、8 位さいたま市、9 位東京区部となっている。江戸前寿司発祥の地の東京区部が 9 位とはいささか意外である。

表 1：外食金額ベストテン（すし）

外食金額ベストテン（すし）		
	市	金額(円)
	全国平均	14,380
1	金沢市	23,730
2	甲府市	18,361
3	名古屋市	18,123
4	岐阜市	17,889
5	奈良市	17,849
6	神戸市	17,689
7	宇都宮市	17,618
8	さいたま市	17,183
9	東京区部	17,136
10	富山市	16,997

（出典：総務省『家計調査』2010 年）

④　発展課題

総務省が発表している「家計調査（2人以上の世帯）都道府県庁所在市及び政令指定都市別ランキング」の最新版をインターネットで見て、③の統計情報（外食 すし）と比較するレポート（文章とグラフ）を作成しなさい。「家計調査」は必ず総務省統計局のWebサイトに掲載されている原データを見ることとし、レポートに載せる文章とグラフは各自が考えること。

第3章

Microsoft Office Excel の基　礎

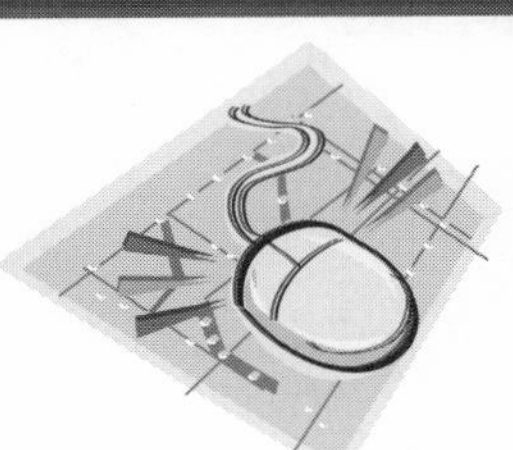

⑴　基礎知識

Microsoft Office Excel（エクセル）は、表計算ソフトウェアです。マス目のたくさんある表に文字や数値を入れて、合計や平均などの計算ができます。そして、その表を用いてグラフを作成することができます。この機能を使って統計処理やさまざまな分析を行うことができます。Excel で作成した表やグラフを Word や PowerPoint に入れることで、報告書やプレゼンテーションに利用できます。社会人になって最も使う頻度の高いアプリケーションのひとつです。

⑵　画面構成

Excel の画面は図 3-1 のように Word と同じようにリボンを持ったイン

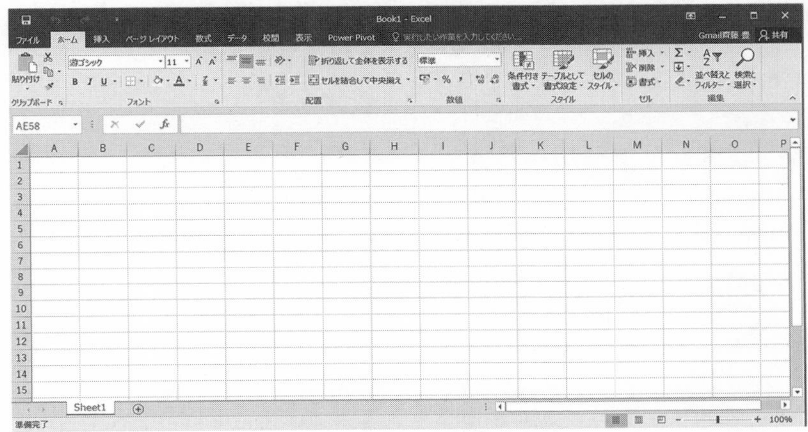

図 3–1：Excel 初期画面

ターフェース画面になっています。Excel は、スタート▼ Microsoft Office ▼ Microsoft Office Excel 2016 を選択すると起動します。デスクトップ画面左側に Excel のアイコンがある場合は、このアイコンをダブル・クリックして起動させることもできます。

画面上部はリボンと呼ばれるエリアで、タブメニューがあります。「ホーム」「挿入」「ページ レイアウト」「数式」「データ」「校閲」「表示」などの各タブをクリックすることでそれぞれのタブに用意されたメニューを表示できます。タブにはツールが配置されています。ツールはグループにまとめられています。グループ名はリボンの下部に表示されています。グループ名の右側に表示されている「と右下矢印を組み合わせたマークは、このツール・グループにダイアログボックスがあることを示しています。この記号をクリックすることでダイアログボックスを表示させることができます。ツール・グループのダイアログボックスは以前のバージョンである Excel 2013 で使われていたものとほぼ同じです。

リボンの最も右側にある ＾ マークはクリックするとツール・グループを非表示にすることができます。画面を広く使いたいときにクリックしましょう。

リボンの最上部もしくは最下部には、クイック・アクセス・ツール・バーがあります。利用者が自分のよく使うツールをこのクイック・アクセス・ツール・バーに自由に設置することができます。

リボンの下は、Excel の入力・編集エリアです。ワークシートと呼びます。数式バーの下、右端にある−記号（▲の上）をドラッグすることで、表を２分割することができます。

⑶　リボンとツール

Excel のリボンは、Word などその他の Microsoft Office2016 製品と同じルック アンド フィールを持っています。よく使う機能がどのタブメニューのどこにあるかを覚えましょう。

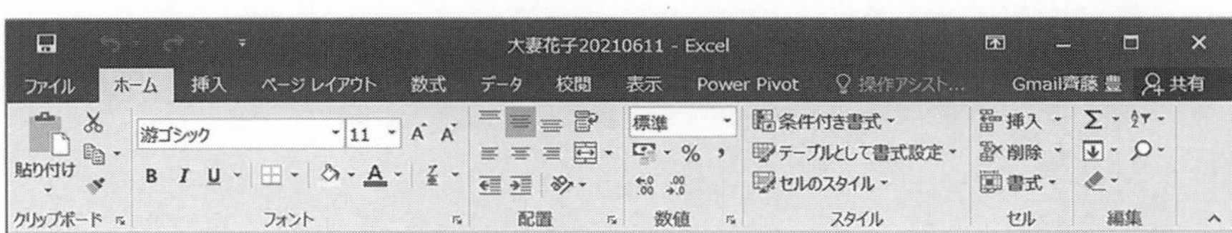

図 3–2：Excel ホーム・タブ

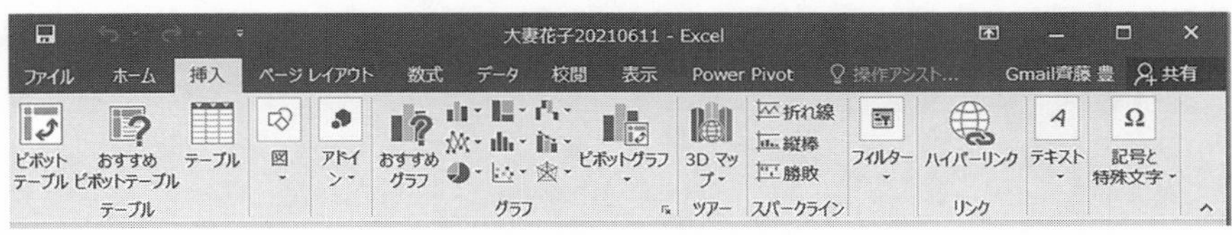

図 3–3：Excel 挿入タブ

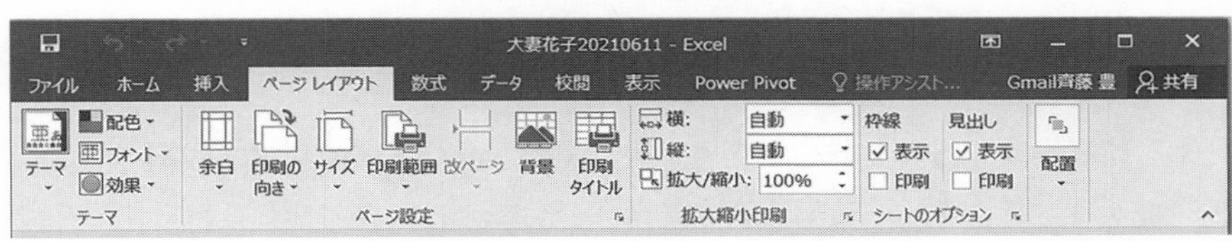

図 3–4：Excel ページレイアウト・タブ

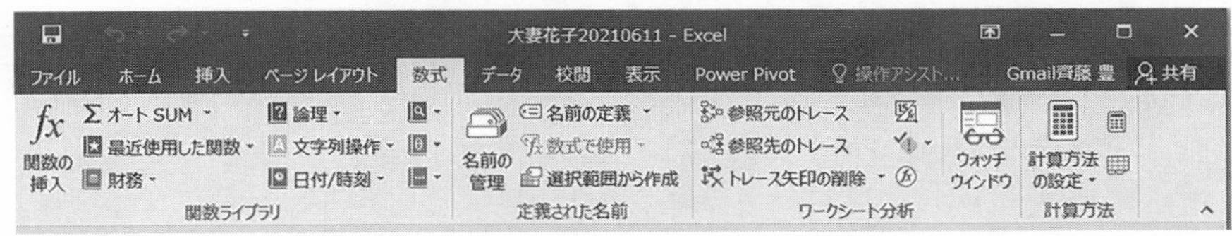

図 3–5：Excel 数式タブ

図 3–6：Excel データ・タブ

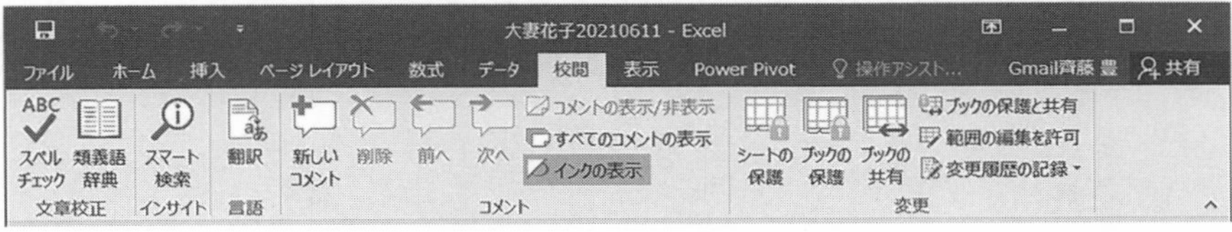

図 3–7：Excel 校閲タブ

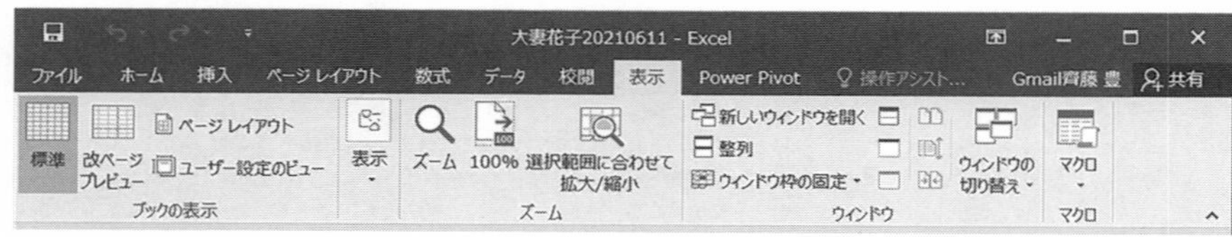

図 3–8：Excel 表示タブ

図 3–9：Excel 表示タブ

⑷　基本操作

①　新規作成・既存文書を開く・文書の保存・既存文書の削除・印刷

ファイル（ブック）の新規作成、既存文書を開く、文書の保存、既存文書の削除、印刷などは、ファイル・タブにあるツールで行います。ファイル・タブの中身はほぼ Word と一緒です。

②　ブック・ワークシート・列・行・セル

Excel では、ひとつのファイルの中に何枚もワークシートを持つことができ、好きなだけ増やせます。ワークシートをまとめたものをブックと呼びます。ブックは Excel で作成するファイルの別名です。ひとつのブックに属しているワークシートは 1 回の保存ですべてのワークシートが保存されます。

マス目のひとつひとつをセルと言います。セルを縦方向にグループ化したのが列です。A 列、B 列、C 列と呼びます。列名が数値の場合は、ファイル・タブ▼オプション▼数式にある数式の処理で R1C1 参照形式を使用する、のチェックを外すことで、列名を A、B、C に直すことができます。

セルを横方向にグループ化したのが行です。1 行、2 行、3 行と呼びます。セル名は列名、行名で呼びます。A 列の 1 行目なら A1 セル、C 列の 3 行目なら C3 セルと呼びます。

ひとつのワークシートには 1,048,576 行と XFD 列（106,384 列）あり、A1 セルから XFD1048576 セルまでの 111,551,709,184 セルがあります。ひとつ

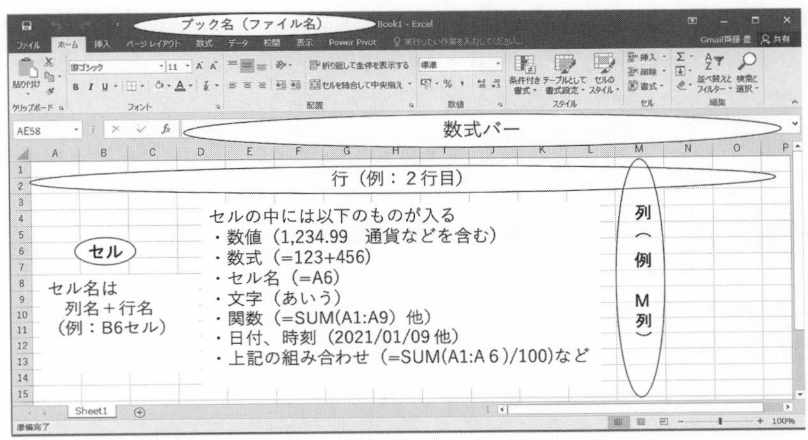

図 3–10：ブック・ワークシート・列・行・セル

のセルには最大 32,767 文字を入れることができます。つまり、みなさんがどんなに使っても使い切ることはないのです。安心して使ってください。

セルをマウスでクリックすることで数値や文字を入力することができます。入力した数値や文字はセル内と数式バーに表示されます。セルに数式を入れた場合、セルには計算結果、数式バーには数式が表示されます。セル内が # で埋められているときはセルの幅が狭くて表示できないことを表しています。列名と列名の間をドラッグすることでセルの幅を広げたり、狭めたりすることができます。同じ場所をダブル・クリックすることで、セル幅を自動設定することもできます。同様に行の高さも行名と行名の間をドラッグすることでセルの高さを広げたり、狭めたりすることができます。同じ場所をダブル・クリックすることで、セル高を自動設定することもできます。

列名の一番左側（1 行目の上）のセルを選択すると表全体を選択することができます。フォントを一斉に変えたいときなどに使うことができます。

ワークシート名は変更することができます。ワークシート名の上でマウスの右ボタン▼名前の変更を押して新たな名前を入れます。

③　セル値の入力・コピー・貼り付け

セルには、文字や数値、数式を入れることができます。一般的には、セルをいくつか集めて表を作成します。たとえば、アドレス帳やカレンダーなどを作成します。アドレス帳であれば、A1 セルに「アドレス帳」と入れ、A2 セルに「氏名」、B2 セルに「E メールアドレス」、C2 セルに「電話番号」を入れます。このままだと、B2 セルが短すぎ、文字が全部表示されないので、列名の「B」と「C」の間にカーソルを置いてダブル・クリックします。そうすると B 列が広くなります。

さて、ここでみなさんの直感力を試してみましょう。セルの中で文字を改行するにはどうしたらいいでしょうか？　セルの中での文字の改行とは、図 3-11 にあるように C3 セルの「E メールアドレス」をセルの中の２行で表示することです。１〜２分、時間をとってやってみてください。

	A	B	C	D
1				
2		アドレス帳		
3		氏名	Eメールアドレス	電話番号
4				
5				
6			↓	
7		氏名	Eメール アドレス	電話番号
8				
9				

図 3–11：セルの中での文字の改行

Excel に限らず、Microsoft Office 製品は、使い方がわからなくなったとき、直感的に操作をすると自分の望むことが偶然に実行できる場合が多くあります。これは、Microsoft 社が製品を作るときに操作のわからない人を被験者としてさまざまな操作実験を行って、使用者は使い方がわからないときにどのような操作を行うのかをチェックし、心理学に基づいて分析し、結果を製品に反映しているのです。みなさんが Excel などで操作がわからなくなったときに直感的に操作をすると願いどおりのことができることがあります。でも、まったく反対の結果になることもあるので、いろいろなことを試す前には必ず「保存」を実行し、元に戻れるようにしましょう。

さぁ、セルの中で文字の改行はできましたか？ 実は、このセル内での文字改行は多くのExcel使用者ができない操作なのです。なので、できなくてもがっかりしないでください。正解は「改行したい位置にカーソルを置き、Alt（オルト）キーを押しながらエンターキーを押す」です。数式バーのところで試してください。そして、これから先、この操作を忘れないでください。

セルに値を入れたとき、エンターキーを押すと下のセルにカーソルが移り、Tab（タブ）キーを押すと右隣のセルにカーソルが移ります。セルに値を入力するときに覚えておくと入力が速くなります。これも試して、習得しましょう。

ひとつのセルに文字をたくさん入れる場合やセルの中に入れた文字を編集する場合、数式バーを下に広げると入力領域を何行にもわたって表示することができるので便利です。広げ方は、数式バーとワークシートの境界線にマウスを置き、この線をマウスでつかんで下にドラッグします。

ワークシート内でのコピーと貼り付けには２種類あります。A. セルのコピーは、コピーしたい範囲をマウスで選んで、右ボタン▼コピーを押します。貼りつけるには、貼り付け先のセルをクリックして、マウスの右ボタン▼貼り付けを押します。この場合、後述する相対参照になります。B. セルの値のコピーは、コピーしたいセルをマウスで選んでから数式バーの値を再度、マウスで選び、右ボタン▼コピーを押し、貼りつけるには、貼り付け先のセルをクリックして、数式バーをクリックしてからマウスの右ボタン▼貼り付けを押します。この場合、セルの値を変えずにコピー＆ペーストできます。

④ 列・行の挿入と削除

ワークシートに列や行を挿入することができます。列の挿入を行うと列の挿入時に選んだ列の列名を持つ空白列が追加され、列の挿入を行った列より右側の列名はアルファベットがひとつずつ大きくなります。行の挿入を行うと列の挿入と同じように挿入を行った行の行番号を持つ空白行を入れることができます。行の挿入時に選んだ行以下の行番号はひとつずつ大きくなります。列や行の挿入はホームタブ▼セル▼挿入▼セルの挿入、もしくは、シートの列を挿入で行います。セルの挿入で列を入れる場合は列を入れたいところの右側の列のセルを選びます。シートの列の挿入で列を入れる場合は入れたいところの右側の列名(A列、B列、C列など）を選びます。

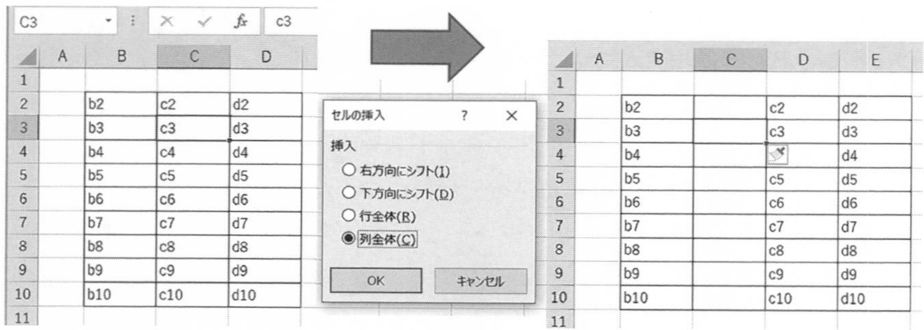

図 3–12：列の挿入前と挿入後

行や列の移動は、直接行うことはできません。カット・アンド・ペースト（切り取って貼り付け）を応用して行や列の移動を行います。まず、移動したい行の行番号、もしくは列の列名を選択し、移動範囲を指定します。次にマウスの右ボタンを押して「切り取り」を選びます。さらに移動先の行の行番号、もしくは列の列名を選びます。マウスの右ボタンを押し「貼り付け」を選ぶと移動先の行もしくは列を上書きする形で貼り付けが行われます。このとき「貼り付け」ではなく「切り取ったセルの挿入」を選ぶと移動先の行、または、列を残した形で挿入が行われます。

行や列の削除には2種類あります。削除したい行の行番号、もしくは、列の列名を選んで、Deleteキーを押すと、値のみが削除され、行や列は残ります。（切り取り動作）Deleteキーではなく、ホーム・タブ▼セル・グループの削除ボタンを押すとその行、もしくは、その列全体を削除し、それ以降の行、列が削除した行、列を上書きします。全体の行数や列数が、削除した行数や列数の分だけ少なくなるのです。

誤って行や列を移動してしまったり、削除してしまったりした場合は、慌てずに「元に戻す」ボタンを押しましょう。「元に戻す」ボタンは、ウィンドウ上部のクイック・アクセス・ツール・バーの中の左巻き矢印マークです。もしくは、Ctrlキーを押しながらZキーを押しても元に戻すことができます。

ちなみにCtrlキーを押しながらZキーを押すなど複数のキーを押して操作をする方法を「キーボード・ショートカットの操作」と呼びます。キーボード・ショートカットは、Excel 以外に Word や PowerPoint、Windows などで同じ操作を行うと同じ効果が得られます。以下に便利なキーボード・ショートカットをいくつかあげます。作業効率を上げるために覚えましょう。

Ctrl キーを押しながら C キーを押す：コピー

Ctrl キーを押しながら X キーを押す：切り取り

Ctrl キーを押しながら V キーを押す：貼り付け

⑤ セル操作とオートフィル

セルも行や列と同じように挿入・削除・移動ができます。ひとつのセルの操作だけでなく、範囲指定を行うことで複数のセルも同時に操作を行うことができます。

セルの挿入・削除・移動を行うとセル配置に影響を与えることになります。挿入を行うときには、挿入先のセルの行方向もしくは列方向のどちらに影響を与えるか、選択を行います。行方向に影響を与えると挿入先にあるセルを 1 行ずつ下げることになり、列方向に影響を与えると挿入先にあるセルを右にひとつずつずらすことになります。

図 3-13 を見てください。c3 セルの位置に新しいセルを挿入するときには、c3 セルを選んで、ホーム・タブ▼セル・グループの挿入を押すと「セルの挿入」ダイアログボックスが現れます。このダイアログボックスの中から「右方向にシフト」「下方向にシフト」「行全体」「列全体」のいずれかを選びます。ここでは「下

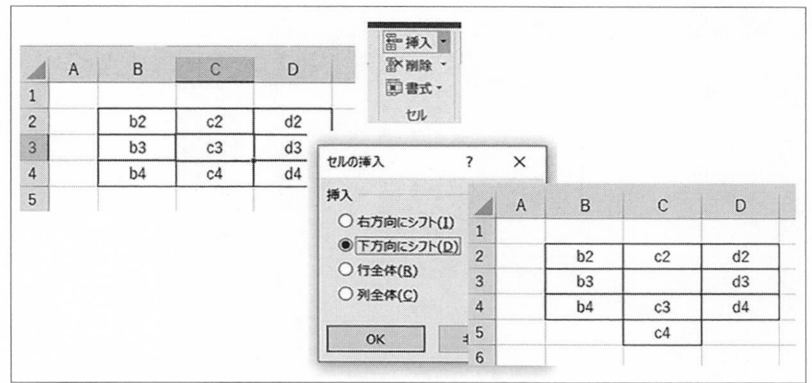

図 3–13：セルの挿入

方向にシフト」を選んでいますが、そうすると c3 セルが空白セルになり、その下に元の c3 セルの値が入り、以下、ひとつずつセルがずれていきます。

さて、表を作成するときには、行や列に連続した番号を振りたいときがあります。たとえば、クラス名簿を作成する際や売り上げ伝票を作成する際に 1 番から連番を振ったり、日々記入する体重記録表に日付を入れたりします。このとき、オートフィルという機能を使うと簡単に連番、連続した日付、曜日などを入れることができます。

図 3-14 を見てください。G 列にオートフィルで連続した数字を入れてみます。まず、G2 セルと G3 セルにそれぞれ、1、2 と入れます。マウスで G2 セルと G3 セルを選びます。選んだ範囲の右下に小さな四角が出ます。この四角の上にマウスのカーソルを乗せるとカーソルの形が白十字から黒十字（+）に変わりますので、マウスの左ボタンを押しながら連番を振りたい数の行だけ下にドラッグします。そして、マウスの左ボタンを離すと連番が挿入されます。オートフィルをした後にその範囲の右下にオートフィルオプションが現れます。

オートフィルは、任意の数から始めることができます。1000 から始めれば、1000、1001、1002 と増えていきます。また、増えていく値も 1 以外に指定することができます。最初のセルが 1 で次のセルが 6 としてオートフィルを使うとその次のセルは、11、その次のセルは 16 と最初の 1 と 6 の差（これを増分と

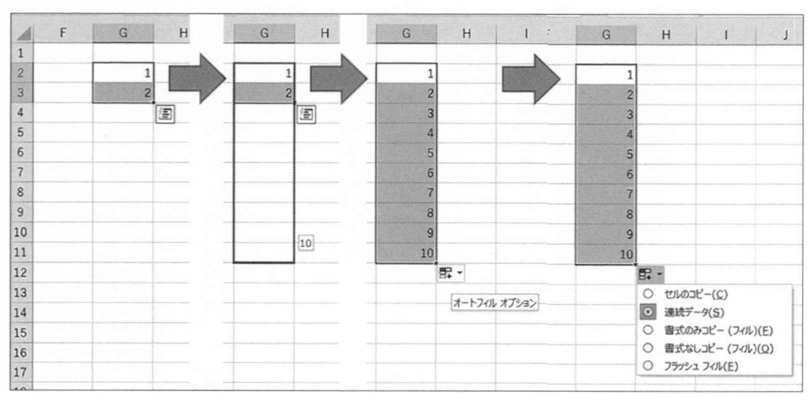

図 3–14：オートフィルの設定

いいます）の５ずつ増えていきます。数字以外にも日付や曜日（漢字でも英語でも可)、数式もオートフィルを設定することができます。オートフィル機能は非常によく使いますので必ず覚えましょう。

さらに便利な機能としてフラッシュフィルがあります。これは複数のセルの値を結合して表示する機能です。たとえば、住所録を作成したときに住所を都道府県のセル、市町村のセル、番地のセル、ビル・建物のセルなどに分けて作成した住所データをフラッシュフィル機能で結合することができます。フラッシュフィルとは、すでに入力されているデータ（サンプル）から法則性を見つけ出し、それに従ってデータを自動入力する機能です。今までのExcelでは、文字の結合に関する関数を使って行っていたことが、サンプルを一つ作るだけで、そのほかのセルにサンプルと同じように値を入れてくれます。

たとえば、図3-15にある住所録の青山一郎さんの住所セルに都道府県名、市町村名、番地、ビル・建物名・部屋番号を入力します。次にデータタブ▼フラッシュフィルを押せば、そのほかの人の住所欄に結合された住所が入力されます。このようにフラッシュフィルを使えば、関数を使わなくてもデータの結合や抽出ができます。

	A	B	C	D	E	F
1	住所録					
2	氏名	都道府県	市町村	番地	ビル・建物名・部屋番号	住所
3	青山一郎	東京都	中央区	湊3-3-3-1004	江戸湾ビル	
4	井上二郎	神奈川県	横須賀市	鷹取1-2-9		
5	宇崎三郎	埼玉県	さいたま市大宮区	東町1-1-1	彩の国ビル	
6						
7						
8						
9						

	A	B	C	D	E	F
1	住所録					
2	氏名	都道府県	市町村	番地	ビル・建物名・部屋番号	住所
3	青山一郎	東京都	中央区	湊3-3-3-1004	江戸湾ビル	東京都中央区湊3-3-3-1004江戸湾ビル
4	井上二郎	神奈川県	横須賀市	鷹取1-2-9		
5	宇崎三郎	埼玉県	さいたま市大宮区	東町1-1-1	彩の国ビル	
6	榎本四郎	千葉県	市原市	岩野見2-2-2		

	A	B	C	D	E	F
1	住所録					
2	氏名	都道府県	市町村	番地	ビル・建物名・部屋番号	住所
3	青山一郎	東京都	中央区	湊3-3-3-1004	江戸湾ビル	東京都中央区湊3-3-3-1004江戸湾ビル
4	井上二郎	神奈川県	横須賀市	鷹取1-2-9		神奈川県横須賀市鷹取1-2-9
5	宇崎三郎	埼玉県	さいたま市大宮区	東町1-1-1	彩の国ビル	埼玉県さいたま市大宮区東町1-1-1彩の国ビル
6	榎本四郎	千葉県	市原市	岩野見2-2-2		千葉県市原市岩野見2-2-2
7	尾崎五郎	群馬県	高崎市	山奈町3-3-3		群馬県高崎市山奈町3-3-3
8	柿沼六郎	栃木県	小山市	三峰1-1-1		栃木県小山市三峰1-1-1
9	…	…	…	…	…	
10						

図3-15 フラッシュフィルの例

⑥　数式のコピーと相対参照・絶対参照

セルに入れた数式をコピーして貼り付けたり、オートフィルで設定したりする際に気をつけなくてはいけないことがあります。それは「相対参照」と「絶対参照」です。いきなり難しい単語が出てきましたね。でも、大丈夫です。まずは、これらの単語を置いておいて、数式のコピーから行いましょう。

図3-16を見てください。E4セルは「金額」が入りますが、金額は「単価×個数」で計算します。したがって、E4セルには「＝C4*D4」という計算式を入れます。Excelでは「×」（かける）記号の代わりに「＊」（アスタリスク）を使い「÷」（わる）記号の代わりに「/」（スラッシュ）記号を使います。この例では、C4が165、D4が2なので、金額のE4は、330となります。ここで同じ小計のE5、E6の各セルは同じようにそれぞれの行の個数と単価を掛け合わせたものなので、E4をコピーしてE5-E6に貼り付けてみましょう。ここでは、E4をオートフィルでE5〜E6には入れないでください。

	A	B	C	D	E
1					
2		売上伝票			
3		商品名	単価	個数	金額
4		牛乳	165	2	330
5		たまご	30	8	240
6		食パン	155	1	155
7				小計	725
8			消費税	8%	58
9				税込金額	783

図3–16：数式のコピー

E5には「＝C5*D5」という式が入っているのではありませんか？　あれっ、おかしいですね。コピーした数式は「＝C4*D4」でしたよね。なのに、貼り付けたら「＝C5*D5」に変わってしまいました。なんか、とても便利ですね。実はこれがExcelを理解する上で最初に超えなければならない壁の「相対参照」なのです。数式をコピーして貼り付けたときにExcelはコピー元のセルからコピー先のセルまで何列何行動いたかを数えて、その分だけ数式の中のセル名を自動的に変化させてくれるのです。セルの数式になんの工夫を加えないでコピーし、貼りつけると自動的に相対参照になります。

さて、次に「絶対参照」を説明しましょう。絶対参照は相対参照では都合が悪い場合に使います。そのために売り上げ伝票を少し変更します。図 3-16 では、消費税は合計の直前で計算していますが、これを商品ごとに計算するように変更します。

図 3-17 を見てください。F 列に消費税欄を設けて、F4 から F6 セルにそれぞれ消費税の数式を入れて消費税を計算します。カーソルは F4 セルにあります。数式バーに「＝ E4*$C$7」と入力します。E4 セルは、税抜きの金額を表しています。消費税の計算は「金額×消費税率」です。現在の消費税率は持ち帰りの食料品については軽減税率で 8%なので、このセルの計算式に 8%と直接入れて計算してもいいのですが、それでは、将来、消費税率が変更になったときにたくさんのセルを修正しなくてはいけなくなります。消費税は過去に 3%から、5%、8%、10%と変わっていますので、既に作成した Excel の帳票の該当する計算箇所すべてを直すのは大変ですし、直し漏れが発生するかもしれません。その変更を少なく、簡単にするには、別途、消費税率表示欄を設け、そこにそのときに有効な消費税率を入れ、その消費税率を計算に用いるようにすればいいのです。そうすれば、消費税率表示欄だけ修正すれば消費税額がきちんと変わることになります。今回は、C7 セルに消費税率が入っています。でも「＝E4*C7」としてしまうと、F4 セルに入ったこの数式をコピーして F5 ～ F6 セルに貼りつけると、F5 セル

	A	B	C	D	E	F
1						
2		売上伝票				
3		商品名	単価	個数	金額	消費税額
4		牛乳	165	2	330	26
5		たまご	30	8	240	19
6		食パン	155	1	155	12
7		消費税率	8%	小計	725	58
8					総合計金額	783

図 3–17：消費税の計算（絶対参照）

では相対参照が働いて「＝E5*C8」となります。C8セルには消費税率は入っていないので、これは間違った式になってしまいます。そこで、消費税率の入っているセル名の行番号と列名の前にそれぞれ$マークを付けます。こうすることでコピーして貼り付けても相対参照のようにセル名を変更しません。この$マークを付け、コピー先でもコピー元と同じセル名を使うことを「絶対参照」といいます。

絶対参照の$マークは行、列それぞれにつけることができ、行番号に付けたときは、行だけ絶対参照になり、列は相対参照になります。組み合わせは、以下の通りです。

$C$7　：C列、7行とも絶対参照
C$7　：C列は相対参照、7行は絶対参照
$C7　：C列は絶対参照、7行は相対参照
C7　　：C列、7行とも相対参照

また、数式の中で使用するセルをマウスで選んだあとにF4キーを押すと絶対参照と相対参照を切り替えることができます。たとえば、C7に対して、F4キー1回押すと$C$7、2回ならC$7、3回なら$C7、4回で76と押すごとに行番号、列名に$マークを付けたり、消したりします。

⑦　セルの書式設定

セルの中に入力した文字・数値は、フォントの種類や大きさ、文字寄せ、上下の配置、罫線の有無などの書式を設定することができます。ホーム・タブのフォント、配置、数値の各グループにさまざまなツールがあり、セルの書式を設定することができます。また、セルを選択して、マウスの右ボタンを押して「セルの書式設定」を選んで「セルの書式設定」ダイアログボックスを表示させて、各種の設定を行います。「セルの書式設定」ダイアログボックスには「表示形式」「配置」「フォント」「罫線」「塗りつぶし」「保護」の各タブがあります。

表示形式タブは、標準（文字は左揃え、数値は右揃え）、数値（桁区切りと小数点表示、マイナスの表示方法）、通貨（数値に通貨記号をつける）、会計（通貨と同じだが通貨記号の位置が違う。会計の場合、通貨記号は一番左に表示され、

通貨の場合は右揃えの数値の頭に表示されます)、日付(「/」(スラッシュ) で分割した表示や日本語での表示(和暦・西暦)) 時刻は(「:」コロンでの分割、12時間/24時間表記)、パーセンテージ(数値を100倍し、%を付けて表示)、分数、指数、文字列(数値を文字として表示)、その他、ユーザー定義(フォーマットを自由に定義可能)の12通りの中から選ぶことができます。

配置タブは、セル内での文字の配置(上中下、左中右)、文字の制御(セル内で折り返して全体表示、文字を縮小して全体表示、セルの結合)、文字の方向(縦書き、横書き、斜めなど)の設定ができます。

フォント・タブは、フォントの種類、サイズ、太字、斜字、取り消し線、上付き、下付きの設定ができます。

罫線タブではセルの境界線に色をつけたり、実線や点線を書いたりすることが

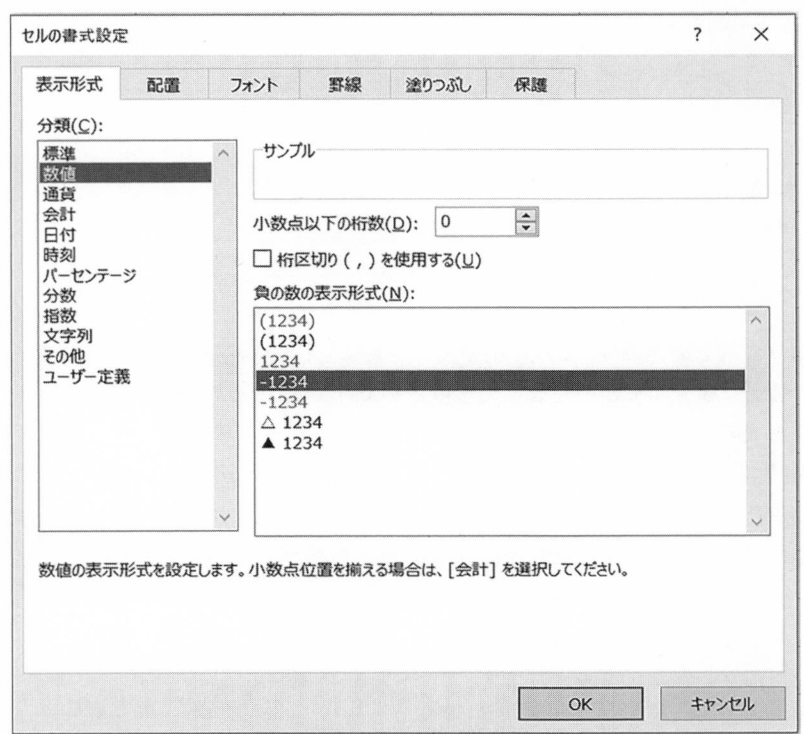

図3–18:セルの書式設定(表示形式)

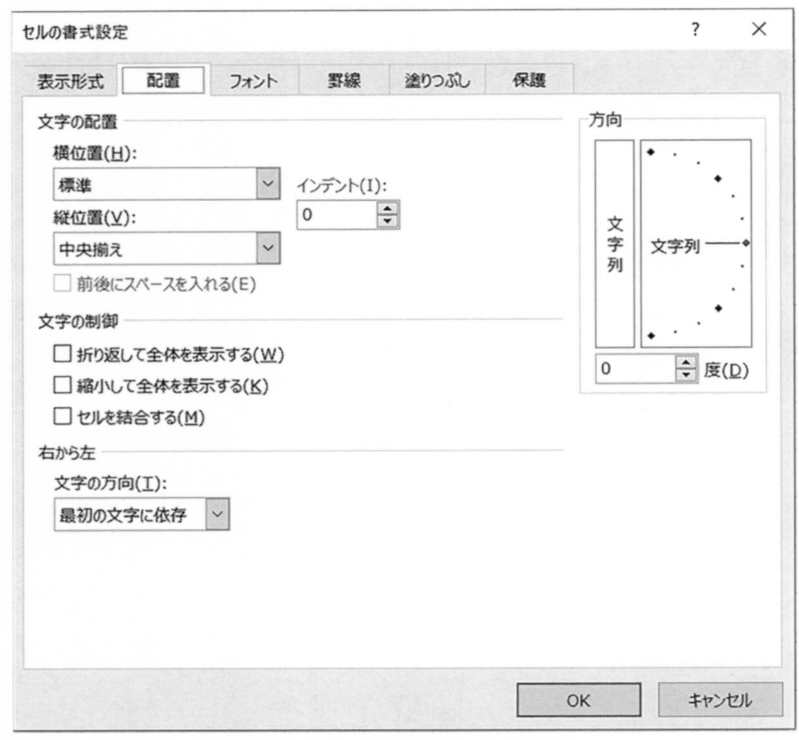

図 3-19：セルの書式設定（配置）

できます。

塗りつぶしタブでは、セルの中の色を変えたり、網目模様をつけたりできます。セルの値によってセルの色を変えることができますが、その設定はここではなく、条件書式の機能を使います。

保護タブでは、セルに文字や数値の入力を許すかどうか、表示するかどうかの設定を行うことができます。初期値は「ロック」となっており、入力を許さない設定になっていますが、セルの保護を有効にするには、ワークシートの保護をする必要があります。初期値ではワークシートの保護はなされていないので、セルの保護設定は無効になります。ワークシートの保護は、校閲タブ▼変更グループの「シートの保護」で設定します。

⑧ 罫線

ワークシート上に見えるグレーの枠線はセルの境界を表していますが、この枠線は初期設定では印刷されません。印刷するためには枠線に色を付けて罫線としなくてはいけません。

最も簡単な罫線の書き方は、ホーム・タブにあるフォント・グループの中の罫線ツールを使う方法です。罫線を引きたい範囲をマウスで指定し、罫線ツールの中から適した罫線を選ぶと枠線上に罫線が引かれます。最も一般的な罫線は「格子」です。「格子」を選ぶと指定した範囲内のすべてのセルの上下左右に罫線が書かれ、全体では格子状になります。

罫線は、実線や破線の違い、線の太さの違いなどがあります。原則として太い罫線を指定したあとに細い罫線を指定しても無視されます。なので、太い罫線を書いたところを細い罫線に変えたい場合は、一度「枠なし」を指定し、罫線を消

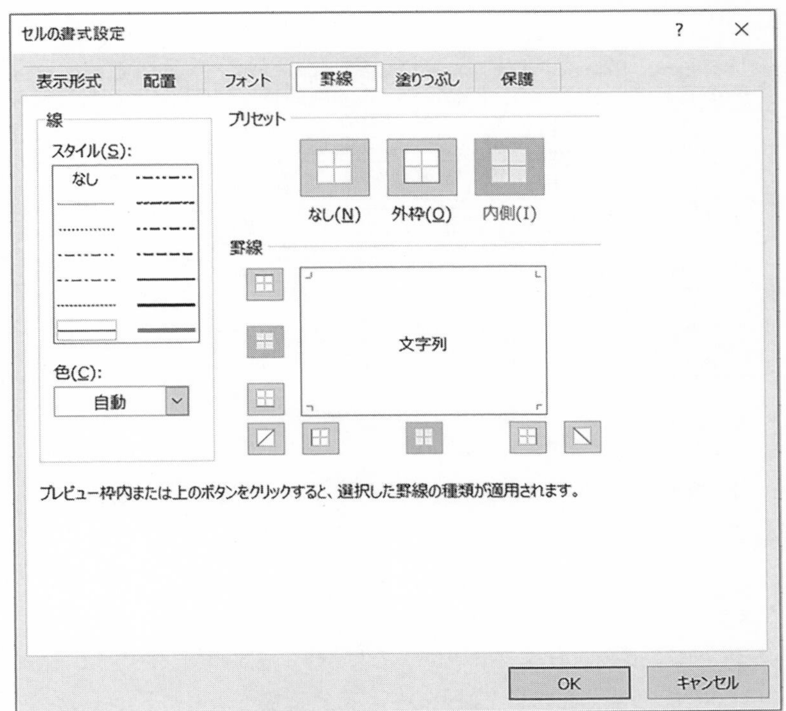

図 3–20：セルの書式設定（罫線）

してから目的の罫線に書き直します。

罫線の詳細設定は、ホームタブ▼罫線ツール▼その他の罫線か、マウス右ボタン▼セルの書式設定▼罫線から行うことができます。「線のスタイル」で線の種類を選び、罫線プレビューで枠線をクリックするか、罫線ボタンを押すと線が引けます。引いた線を消すときはもう一度、枠線をクリックするか、罫線ボタンを押します。

表をデザインする上で便利な機能が「セルの結合」です。「セルの結合」とは、複数のセルをひとつのセルとして扱う方法です。たとえば、金銭出納帳を作成したとき、収入項目として「現金」「売掛金」「手形」「その他」「合計」という項目がある場合、図 3-21 のようにすると見やすくなります。このとき「収入」という項目は、A4 セルから A8 セルまでを「セルの結合」でひとつにしているのです。

	A	B	C	D	E	F	G	H	I	J	K	L	
1													
2		金銭出納帳		6月1日	6月2日	6月3日	6月4日	6月5日	6月6日	6月7日	6月8日	6月9日	6月
3		前日繰越		100,000	160,000	130,000	150,000	180,000	175,000	167,000	167,000	157,000	
4		収入	現金	50,000	20,000	30,000	20,000	5,000	2,000	50,000	50,000		
5			売掛金	80,000	20,000	30,000	40,000	10,000	5,000	20,000	0		
6			手形	40,000	20,000	40,000	40,000	40,000	40,000	40,000	40,000		
7			その他	0	0	0	0	0	0	0	0		
8			合計	170,000	60,000	100,000	100,000	55,000	47,000	110,000	90,000		
9		支出	現金	60,000	40,000	30,000	20,000	10,000	5,000	60,000	50,000		
10			買掛金	20,000	20,000	20,000	20,000	20,000	20,000	20,000	20,000		
11			手形	30,000	30,000	30,000	30,000	30,000	30,000	30,000	30,000		
12			その他	0	0	0	0	0	0	0	0		
13			合計	110,000	90,000	80,000	70,000	60,000	55,000	110,000	100,000		
14		当日残高		160,000	130,000	150,000	180,000	175,000	167,000	167,000	157,000		

図 3–21：セルの結合例

「セルの結合」は、セルの書式設定▼配置タブから行います。結合したいセルを選んでから、セルの書式設定▼配置タブの左側真ん中くらいにある「セルを結合する」をクリックして、チェックマークを付け、OK ボタンを押すと、セルが結合します。「セルの結合」を解除したいときは、このチェックマークを外します。「セルの結合」は定型フォーマットの作成で大活躍しますので、必ず覚えましょう。

表の Look ＆ Feel（見た目と使い心地）を良くするために Excel では、表のデザイン用テンプレートが用意されています。ホーム・タブ▼スタイル・グループの「テーブルとして書式設定」を押すと表のテンプレートが出てきますので、この中から好きなデザインを選びます。このとき、表は「テーブル」として定義されます。

⑨ 印刷

Excelの印刷機能は、Wordなど他のOffice製品と同じように使えますが、注意しなければいけない点があります。それは、印刷範囲です。画面上で印刷できると思っても、実際に印刷してみると右側や下側のセルが印刷されていないということが起きます。しかし、このミスは、プリンターからその部分が印刷された紙が余計に出てくるのですぐに気がつきます。

気がつかないのが次の例です。定型フォーマットを作成して、その中に住所などを記入して、印刷すると住所の最後の部分が切れてしまうことがあります。

Excelで印刷した書類は印刷後にきちんと内容チェックをしましょう。文字の切れが頻繁に起きます。もし、みなさんが、就職活動のとき、履歴書をExcelで作成し、紙に印刷して就職希望企業に提出したとします。このとき、履歴書の各項目の内容が尻切れトンボになっていたら、どうしますか？　そんな履歴書を受け取った企業の人事担当者はどう思うでしょうか？　履歴書に書かれた経歴がどんなに優秀であっても大切な書類の内容に不備のあるものを作成し、提出してし

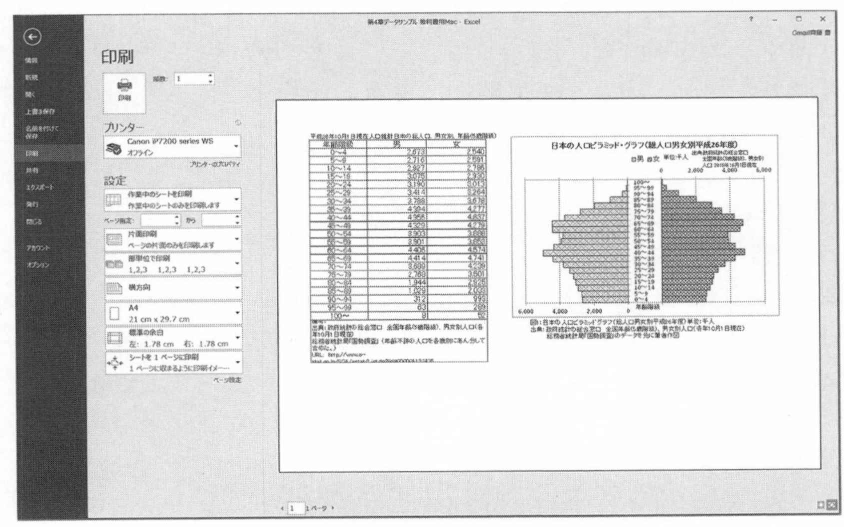

図 3-22：印刷画面

まう人は、私だったら、採用しません。

尻切れトンボを簡単に防ぐ方法があります。それは、セルの書式で、文字や数値を「縮小して全体を表示する」指定を行うのです。こうすることで入力した内容の最後の部分もきちんと印刷されます。しかし、この指定は「折り返して全体を表示する」指定を使っていると使うことができないので「折り返して全体を表示する」指定を行っているときは、印刷前のプレビュー画面でセル内に文字が収まっているかを確認し、印刷した後ももう一度確認するようにしましょう。

表の一部分を印刷したいときは、印刷範囲の設定を行い、印刷します。まず、ワークシート上で印刷したい範囲を選択し、ページレイアウト・タブ▼印刷範囲▼プリント範囲の設定を行います。印刷時に印刷画面の印刷対象の「選択した部分」を選択し、OKを押して印刷します。

表を印刷するときに表示タブ▼ブックの表示のページレイアウトを選ぶと印刷したときの状態を見ることができます。この画面で表の内容を作成することもできます。

表を印刷したときの改ページ（次のページに移る）設定を行いたいときは、表示タブ▼ブックの表示の改ページプレビューを選ぶと青い実線もしくは破線に区切られた表が表示されます。この青い線の内部が1ページで印刷される範囲になります。この画面で青い線をマウスでドラッグして動かすことでページの範囲を変えることができます。標準より広い範囲を1ページとすると印刷時に印刷範囲の内容が自動的に縮小されます。

⑸　基本的な関数

①　合計関数

Excelの計算機能は、事務用としては充分な性能を持っています。四則演算ができ、分数や指数の計算もできます。小数点以下の計算の精度も事務用であれば問題ありません。よく使う計算式はあらかじめ「関数」という名前で用意されています。関数は、数式のテンプレートに数字やセルの値を入れることで数式の答えを出すことができます。簡単な関数としては、合計値を求めるSUM関数や複数の数値の平均を求めるAVERAGE関数などがあります。

関数は関数名と引数（ひきすう、いんすう、パラメータ）からできています。

引数とは関数名の後ろに続く（　）の中に入る値です。引数を設定すると関数は答えを出します。

図 3-23 を見てください。E8 セルには E4、E5、E6、E7 セルを合計した値を入れたいのですが、やり方は2通りあります。ひとつは計算式を使う方法です。「＝E4＋E5＋E6＋E7」と書けば合計値を計算します。しかし、すべての項目を足していくのは面倒くさいですね。なので、もうひとつの方法である関数による計算を使います。

合計値を求める方法は、SUM 関数を使います。数式バーに「＝ SUM(E4：E7)」と入力するのです。SUM というのは、合計値を求める関数の関数名です。SUM 関数の引数は、合計値を求める範囲の指定です。( ) 内が SUM 関数の引数ですが「E4：E7」というのは、E4 から E7 までの範囲、具体的には E4、E5、E6、E7 の 4 つのセルになります。この範囲指定は、キーボードから直接入力することでもできますが、マウスのクリックやドラッグで指定するのが簡単です。

関数はたくさんあります。それぞれの関数の引数は関数によって異なります。すべての関数と引数を覚えるのは無理です。では、どうするかというと、関数でできることをなんとなく覚えておくのです。そして、表を作っていて、その機能が必要になったら関数を探しましょう。関数の検索は、数式バーの fx マーク、

	A	B	C	D	E	F
1						
2		金銭出納帳		6月1日	6月2日	← 日付
3		前日繰越		100,000	160,000	← 前日の「当日残高」（D14セル）
4		収入	現金	50,000	20,000	当日の収入（営業終了時に記帳）
5			売掛金	80,000	20,000	
6			手形	40,000	20,000	
7			その他	0	0	
8			合計	170,000	60,000	← 当日の収入合計（sum(E4:E7)で計算）
9		支出	現金	60,000	40,000	当日の支出（営業終了時に記帳）
10			買掛金	20,000	20,000	
11			手形	30,000	30,000	
12			その他	0	0	
13			合計	110,000	90,000	← 当日の支出合計（sum(E9:E13)で計算）
14		当日残高		160,000	130,000	← 前日繰越＋当日の収入合計－当日の支出合計

図 3–23：関数の例（E8 セルに Sum 関数を設定）

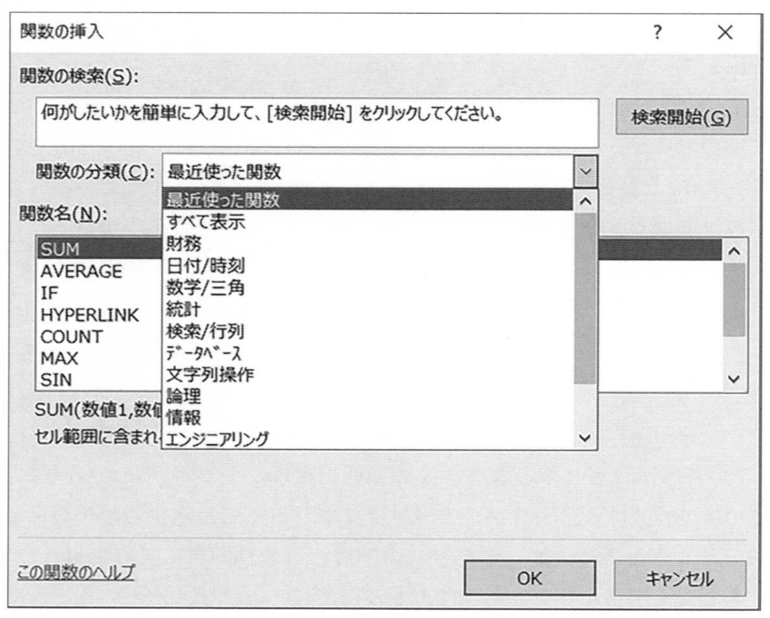

図 3–24：関数の挿入

もしくは、ホーム・タブ▼オート SUM ▼その他の関数をクリックすると関数の挿入ダイアログボックスから行うことができます。

②　その他の基本的な関数

SUM 関数以外の基本的な関数のうち、平均・数値の個数・最大値・最小値に関する関数を学習しましょう。

図 3-25 は、国語、数学、英語の 3 科目の試験結果の一覧表です。この表では、各教科の平均点、最高点、最低点、受験者数と各個人の合計点がそれぞれ求められています。

B8 セルで国語の平均値が計算されています。C9 セルに入れた AVERAGE 関数は「＝ AVERAGE(C3:C8)」です。これは「C3 から C8 までを合計して平均値を計算しなさい」という意味になります。引数が（C3:C8）で範囲指定となっています。

	A	B	C	D	E	F	G
1							
2		氏名 科目	国語	数学	英語	合計点	
3		青山　美麗	60	66	88	214	←合計：SUM関数で計算
4		赤坂　花子	56	78	97	231	
5		飯田橋　優子	89	98	86	273	
6		宇都宮　良子	70	78	76	224	
7		恵比寿　凛	57	65	56	178	
8		大崎　弘子	89	-	90	179	←未受験は - (ハイフン：文字)表記
9		平均点	70.2	77	82.2	←平均：AVERAGE関数で計算	
10		最高点	89	98	97	←最大値：MAX関数で計算	
11		最低点	56	65	56	←最小値：MIN関数で計算	
12		受験者数	6	5	6	←数値の個数：COUNT関数で計算	

図 3–25：試験結果一覧表

では、次に最大値と最小値を求める関数を学びましょう。最大値とは範囲指定した複数のセルの値の中で一番大きな値で、最小値はその逆で範囲指定した複数のセルの値の中で一番小さな値です。

最高点の関数は、MAX 関数です。MAX 関数は「＝ MAX(C3：C8)」のように関数名(開始セル：終了セル）という形になっています。MAX 関数を使うと選択した範囲の中で一番大きい値を表示します。

最低点の関数は MIN 関数です。MIN 関数は「＝ MIN(C3:C8)」のように関数名(開始セル：終了セル）という形になっています。MIN 関数を使うと選択した範囲の中で一番小さい値を表示します。

さて、ここで面白ことをやってみましょう。いま、AVERAGE 関数を使って平均値を求めましたが、SUM 関数を使って平均値を求められないか、考えてみてください。SUM 関数は合計値を出す関数ですよね。平均値は「合計値 / 合計した値の個数」で求められますよね。ということは、合計した値の個数がわかれば、SUM 関数と組み合わせて平均値が求められそうです。実は数値の個数を求める関数があるのです。それが受験者数で使っている COUNT 関数です。COUNT 関数の引数は、今までの関数と同じで範囲指定になります。したがって「＝ COUNT(C3:C8)」とすると C3 から C8 までの範囲にある値の数（6）を答えとして返してくれます。

では、C9 セルを変更しましょう。SUM 関数 COUNT 関数をと組み合わせて平均値を計算しましょう。「＝SUM(C3:C8)/(COUNT(C3:C8))」とします。まず、計算式なので、＝で始め、次に SUM 関数を定義します。範囲指定は B2 から B7 です。次に割り算の記号の「/」を入れます。Excel では、加減乗除に「＋」「-」「＊」「/」の記号を使います。次は、COUNT 関数の定義ですが、ここで気をつけなくてはいけないことがあります。関数を 2 つ以上使う場合は、2 つ目以降の関数を（　）で囲まなくてはいけないのです。「(　) を入れ、COUNT 関数を定義します。最後に「)」で括ります。これで完成です。

このように関数は数式の中で組み合わせて使うことができるのです。思った通りの関数がなくても関数を組み合わせることでできるかもしれません。もし、そういう場面に出会ったら、諦めないで数式を考えましょう。

このほかの関数は『コンピュータ応用』で学習します。

⑹　基本的なグラフ

①　棒グラフ・折れ線グラフ・円グラフ

数値の羅列された表は見づらく、理解しづらいことがあります。そういうときに見やすく、理解を助けるのが、グラフです。グラフを使うとデータの傾向や問題点を見つけやすいという利点があります。

また、グラフの種類や縦軸・横軸の取り方によって、同じ表からまったく印象の異なるグラフを作成することもできます。プレゼンテーションを行う際は自己の主張を通しやすいようにグラフを作成するという高等テクニックを用いる人もいます。

Excel では、非常に簡単に表からグラフを作ることができます。また、さまざまなカスタマイズ機能もあるので、複雑なグラフでもあなたのアイデア次第で作成することができます。

それでは、Excel で作成した表からグラフを作ってみましょう。ここでは、成績一覧表を使って生徒別科目別の棒グラフ、折れ線グラフ、円グラフを作成します。図 3-26 は、Excel のワークシートに入力された成績一覧表です。まずはこの表を作成しましょう。その後で、この表をグラフ化します。

生徒別科目別棒グラフを作成するには、まず、表から氏名、国語、数学、英語の各列について全生徒を選びます。(C2 から F22 までを選択)

	A	B	C	D	E	F	G
2		生徒#	氏名	国語	数学	英語	合計
3		1	青山一郎	49	5	58	112
4		2	赤坂花子	98	44	49	191
5		3	井の頭権蔵	6	45	84	135
6		4	恵比寿誠	97	11	51	159
7		5	大井町男	10	93	1	104
8		6	大森克夫	91	43	31	165
9		7	神楽坂美香	38	100	57	195
10		8	神田聖子	89	0	52	141
11		9	九段翔子	87	47	73	207
12		10	五反田凛	64	2	73	139
13		11	新橋清十郎	13	93	95	201
14		12	千駄木良	7	7	82	96
15		13	祖師谷順子	90	65	84	239
16		14	田町慶子	3	43	78	124
17		15	日本橋圭子	14	32	71	117
18		16	沼部小太郎	3	73	55	131
19		17	八丁堀力也	8	36	84	128
20		18	三田ミリヤ	97	63	33	193
21		19	有楽町子	49	56	50	155
22		20	代々木美恵	77	15	32	124
23			平均点	49.5	43.7	59.7	152.8

図 3–26：成績一覧表

図3-27と同じように挿入タブ▼縦棒▼2-D縦棒(一番上の左端)を選択します。2-D集合縦棒グラフを選択すると図3-28のようなグラフが作成されます。生徒別科目別に点数が表示されています。しかし、なんか、見づらくありませんか？

もう少し見やすいグラフにしましょう。グラフツールを選択し、マウスの右ボタンを押します。出てきたメニューから「グラフの種類の変更」を選びます。今度は、集合縦棒グラフの右横の積み上げ縦棒グラフを選びます。積み上げ縦棒グラフは、ひとりの生徒につき、すべての科目を積み上げて1本の縦棒にしたものです。すっきりして見やすくなりましたね。

ホーム　挿入　描画　ページレイアウト　数式　データ　校閲　表示

ピボットテーブル　おすすめピボットテーブル　テーブル　図　アドイン　おすすめグラフ　スライサー

2-D 縦棒　3-D 縦棒　2-D 横棒　3-D 横棒

C2　fx　氏名

	A	B	C	D	E	F	G
2		生徒#	氏名	国語	数学	英語	合計
3		1	青山一郎	49	5	58	112
4		2	赤坂花子	98	44	49	191
5		3	井の頭権蔵	6	45	84	135
6		4	恵比寿誠	97	11	51	159
7		5	大井町男	10	93	1	104
8		6	大森克夫	91	43	31	165
9		7	神楽坂美香	38	100	57	195
10		8	神田聖子	89	0	52	141
11		9	九段翔子	87	47	73	207
12		10	五反田凛	64	2	73	139
13		11	新橋清十郎	13	93	95	201
14		12	千駄木良	7	7	82	96
15		13	祖師谷順子	90	65	84	239
16		14	田町慶子	3	43	78	124
17		15	日本橋圭子	14	32	71	117
18		16	沼部小太郎	3	73	55	131
19		17	八丁堀力也	8	36	84	128
20		18	三田ミリヤ	97	63	33	193
21		19	有楽町子	49	56	50	155
22		20	代々木美恵	77	15	32	124
23			平均点	49.5	43.7	59.7	152.8

図 3–27：グラフ作成ツール

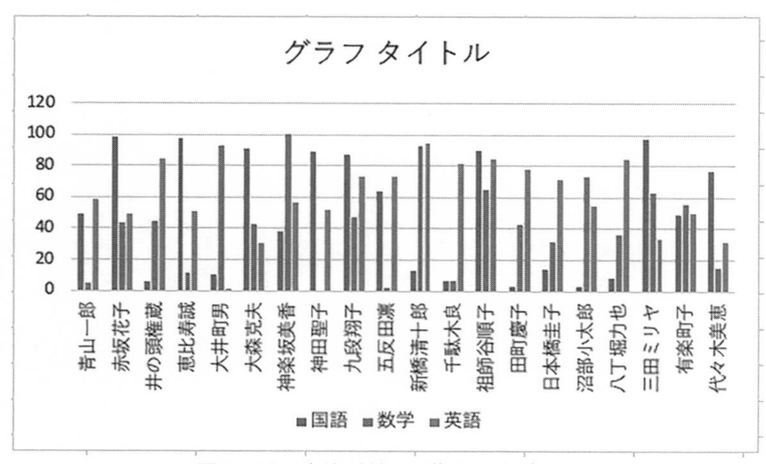

図 3–28：生徒別科目別集合縦棒グラフ

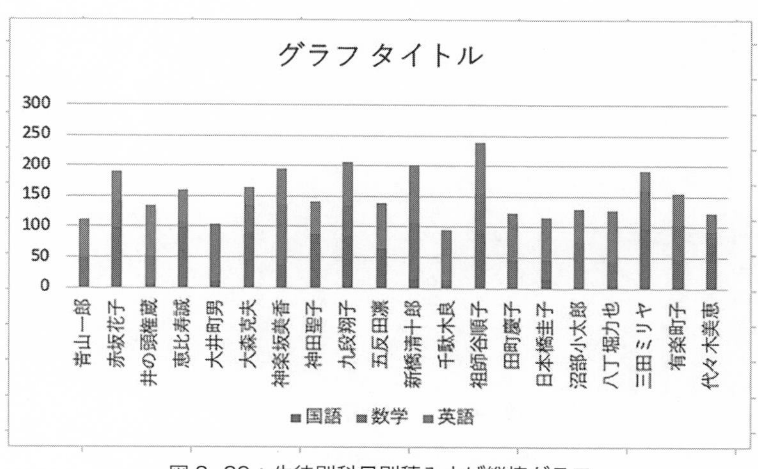

図 3–29：生徒別科目別積み上げ縦棒グラフ

もう少し、手を加えましょう。グラフツールを選択してからリボン上のタブメニューを見てください。「グラフツール」という新たなタブが現れていると思います。Excel に限らず、Microsoft Office 製品では、グラフや図などを選択したときだけ現れるタブがあります。

さて「グラフツール」ですが「デザイン」「書式」の 2 つのタブに分かれています。デザイン・タブでは、グラフの種類の変更、行 / 列の入れ替え、グラフのレイアウト変更、色などのスタイル変更、グラフタイトルや軸ラベルなどの挿入・変更、などができます。書式タブでは、図形のスタイル変更、配置やサイズ変更などができます。

では、今、作成したグラフにタイトルをつけ、凡例（はんれい）を上に配置し、縦軸の目盛、横軸の向きなどを変更しましょう。

まず、グラフのデザイン・タブからグラフタイトルを選び「グラフの上」にタイトル領域を表示し、タイトルを「生徒別成績グラフ」と入れましょう。次に凡例を上に配置します。そうしたら、横軸を縦書きに変更するために横軸（誰かの氏名）の上でクリックし、横軸を選択し、マウスの右ボタンを押して「軸の書式設定」を選びます。「配置」を選び「文字の方向」を縦書きにします。次に縦軸の点数の間隔を 50 点刻みに設定しましょう。縦軸の点数をどれか選び、縦軸全体が選択された状態にし、マウスの右ボタン▼軸の書式設定の軸のオプションで、最大値を固定の300、目盛間隔を固定の50に変更し、閉じます。

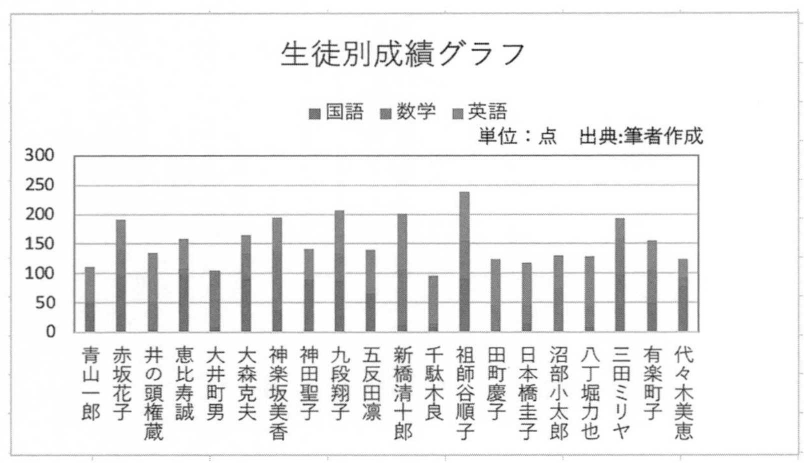

図3–30：生徒別成績グラフ

とりあえず、これで成績一覧棒グラフの完成です。もし、縦軸が詰まってしまい、見づらいようでしたら、グラフの最下辺の枠をドラッグし、下に引っ張って、グラフ領域を広げましょう。なお、グラフの右上に表示されている「＋」はグラフのオプションの設定、筆はスタイルと色、フィルタはグラフで使用するデータの選択、といったショートカット・ツールです。

もう少し改良してみましょうか。グラフを見やすくするためにグラフの棒の間に区分線を入れましょう。グラフのデザイン・タブ▼グラフ要素を追加▼線▼区分線と操作してください。さらに白黒でも見やすいようにデータ系列を色からパターンに変えます。棒グラフの棒がデータ系列ですので、まずは国語の部分にマウスを置いて右ボタンを押して、データ系列の書式設定から塗りつぶし（パターン）を選び、できたら、数学、英語も変えます。すると、図3-31のようになります。

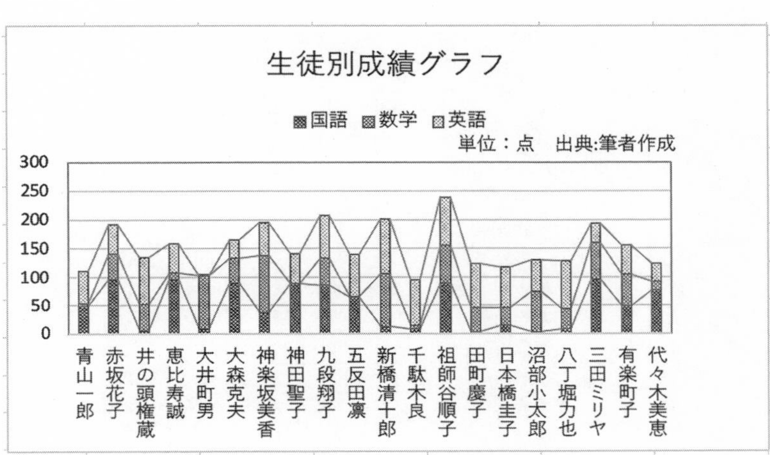

図 3-31：改良した生徒別成績グラフ

グラフの作成方法のおさらいです。

A)　表の中のグラフにする領域を選択する

B)　挿入タブ▼グラフ・グループから作成するグラフを選択する

C)　作成されたグラフをグラフツールで改良する

わずか 3 ステップで完成です。

続いて、合計値のみの折れ線グラフを作りましょう。まず、成績一覧表の氏名（C2 から C22）を選択し、Ctrl キーを押しながら合計（G2 から G22）を選択します。こうすることで、ひとつの表の中の任意の列や行を使ってグラフを書くことができます。

次に、挿入タブ▼折れ線▲ 2-D 折れ線を選択し、折れ線グラフを書きます。氏名を縦書きに変更し、グラフツール▼レイアウト▼凡例から「なし」を選択します。グラフタイトルを合計から生徒別成績（合計）に変更します。これで完成です。でも、なんか寂しいですね。ここに平均点を入れましょう。表を改良します。H 列に全体平均を入れます。H2 セルに全体平均、H3 ～ H22 に平均点の 152.8 を入れます。

	A	B	C	D	E	F	G	H
2		生徒#	氏名	国語	数学	英語	合計	全体平均
3		1	青山一郎	49	5	58	112	152.8
4		2	赤坂花子	98	44	49	191	152.8
5		3	井の頭権蔵	6	45	84	135	152.8
6		4	恵比寿誠	97	11	51	159	152.8
7		5	大井町男	10	93	1	104	152.8
8		6	大森克夫	91	43	31	165	152.8
9		7	神楽坂美香	38	100	57	195	152.8
10		8	神田聖子	89	0	52	141	152.8
11		9	九段翔子	87	47	73	207	152.8
12		10	五反田凜	64	2	73	139	152.8
13		11	新橋清十郎	13	93	95	201	152.8
14		12	千駄木良	7	7	82	96	152.8
15		13	祖師谷順子	90	65	84	239	152.8
16		14	田町慶子	3	43	78	124	152.8
17		15	日本橋圭子	14	32	71	117	152.8
18		16	沼部小太郎	3	73	55	131	152.8
19		17	八丁堀力也	8	36	84	128	152.8
20		18	三田ミリヤ	97	63	33	193	152.8
21		19	有楽町子	49	56	50	155	152.8
22		20	代々木美恵	77	15	32	124	152.8
23			平均点	49.5	43.7	59.7	152.8	

図 3-32：グラフ用平均値の追加

先ほど作成した折れ線グラフの上でマウスの右ボタンを押し、データの選択を選びます。現れたデータソースの選択画面の＋ボタンを押してデータ系列を追加します。名前に H2 セルを指定し、Y の値に H3 ～ H22 の平均点を指定して、OK ボタンを押します。

最後に円グラフを書きましょう。まず、科目名（D2 から F2）を選択し、Ctrl キーを押しながら平均点（D23 から F23）を選択します。挿入タブ▼円グラフ▼2-D 円を選択します。グラフのデザイン・タブ▼グラフ要素の追加ツールを使って図 3-35 のように設定してください。

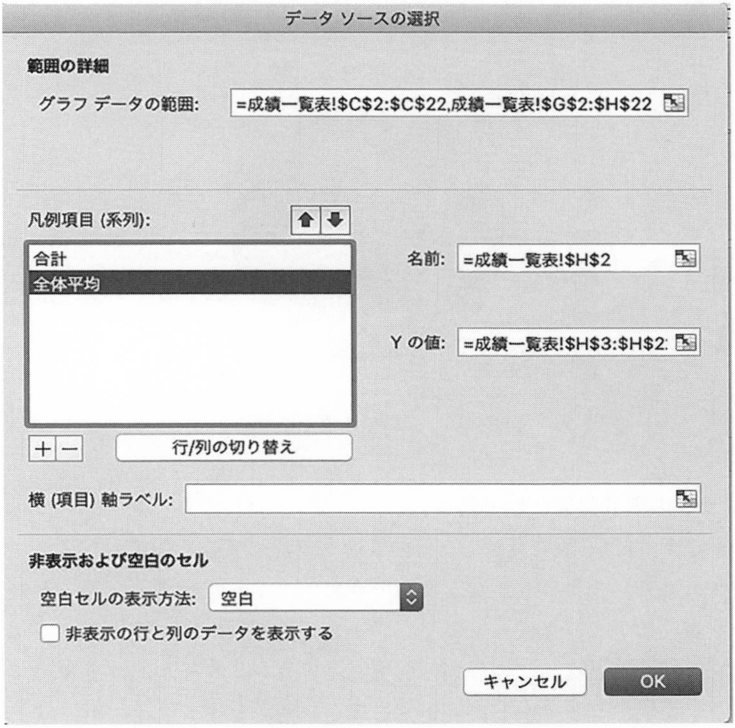

データ ソースの選択

範囲の詳細

グラフ データの範囲: =成績一覧表!$C$2:$C$22,成績一覧表!$G$2:$H$22

凡例項目 (系列):

合計
全体平均

名前: =成績一覧表!$H$2

Y の値: =成績一覧表!$H$3:$H$2

＋ － 行/列の切り替え

横 (項目) 軸ラベル:

非表示および空白のセル

空白セルの表示方法: 空白

☐ 非表示の行と列のデータを表示する

キャンセル OK

図 3-33：折れ線グラフに全体平均を追加

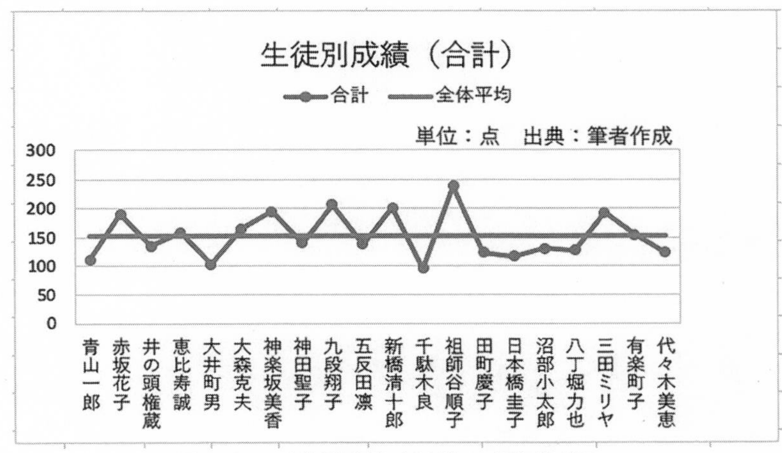

図 3–34：生徒別成績（合計）の折れ線グラフ

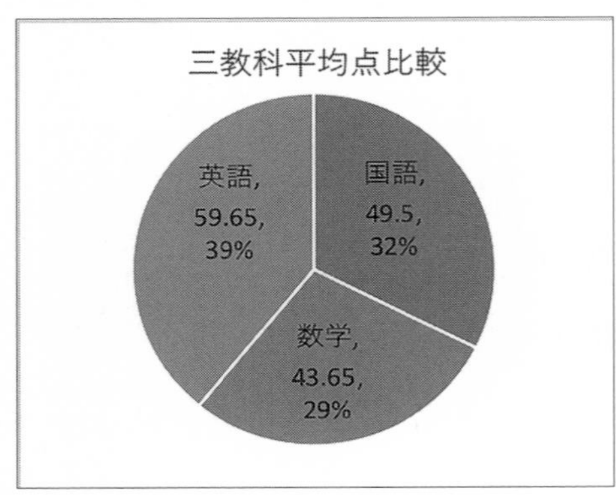

図3–35：3科目平均点円グラフ

② グラフの構成要素とレイアウト

Excelでは、まず、表を作成し、その表をグラフに変換しますが、グラフはデータソース（系列）と軸ラベルなどからできています。たとえば、先ほどの生徒別成績一覧表縦棒グラフを使ってみていきましょう。グラフエリアの上でマウスの右ボタンを押すと「グラフの種類の変更」というメニューがありますが、これは縦棒グラフを横棒グラフなどに変更する場合に使用します。その下に「データの選択」というメニューがあります。これを選ぶと図3-33が現れます。このダイアログボックスを使いこなすことができるようになり「グラフの種類の変更」とグラフツール・タブの3つを自在に操れるようになるとExcelのグラフを制覇したといっても過言ではないでしょう。

データソースの選択画面の左側では、系列の設定と凡例で使うときの名前（ラベル）を設定することができます。右側は横軸ラベルの設定ができます。グラフがうまくできないときは「行/列の切り替え」ボタンを押すとうまくいく場合があります。いろいろと試してみましょう。

さらに詳しいグラフの使い方は、『コンピュータ基礎B』『コンピュータ応用』で行います。

(7) 定型フォーマット

① 定型フォーマット書類

定型フォーマット書類とは、Wordでも学習しましたが、罫線付きの手書き用書類です。罫線の中に文字を書くことで書類を完成させます。手書きだけではなく、Excelのままでデータを入力する用途にも使えます。

定型フォーマット書類は、記入者の気持ちになって作りましょう。みなさんも今までにさまざまな書類に自分の住所、氏名などを記入してきたことがあると思いますが、わかりにくい書類がたくさんありませんでしたか？　定型フォーマット書類を作るとき、往々にして作成者の意図が優先し、実際にその書類に記入する人の気持ちを無視してしまうことがあります。

アメリカ連邦政府は、すべての公的定型フォーマットについて入力のしやすさを追求することを求めています。たとえば、みなさんが、ハワイやアメリカ本土に入国するときに記入する書類のI-94Wというビザ免除プログラムに基づいた入出国申請書には「この書式の記入にかかる負担は(1)書式の理解に2分(2)書式の記入に4分、平均として合計6分と算定されています。もし、この算定あるいは書式に関して御意見等有りましたらINS…」と定型フォーマットの理解と記入にかかる平均時間が明記されています。

みなさんも定型フォーマット書類を作成する際は、記入者の気持ちになって作成し、記入する人が気持ち良く記入できるようにしましょう。

さて、Excelで定型フォーマット書類を作成するときの注意点を以下に掲げます。

＊入力項目はページの左上から右下へ流れるように配置する

＊セルの結合をうまく使い、行の高さ、列の幅が揃うようにする

＊簡単に印刷できるようにページ設定を行う

日本語の横書きは、左から右に書きます。入力項目の項目名が左側にあり、その右側に入力エリアがあるようにすると記入者は入力しやすいです。定型フォーマット書類の作成では情報を入力する順番にも気をつけましょう。

日本人は几帳面な人が多いので、行の頭が揃っていなかったり、字の大きさが大きくなったり小さくなったりするのに抵抗を感じます。セルの結合をうまく使

うと行の高さや列の幅を揃えることができます。

定型フォーマット書類を Excel のファイルでもらった人は、そのまま印刷したり、Excel で情報を入力してから印刷したりします。このとき、記入者が使いやすいようにしておくことが重要です。これには 2 つの注意点があります。ひとつは、あらかじめ 1 ページもしくは複数ページ内にきちんと印刷できるようにページ設定をするということ、もうひとつは、セルの中に入力した情報が尻切れトンボにならないようにするためにセルの書式設定で「縮小して全体を表示する」ように設定しておくことです。(最初からひとつのセルに複数行に渡って入力することが予想されているセルは「折り返して全体を表示する」設定にします)

②　定型フォーマット書類作成例

それでは、これから実際に定型フォーマット書類を作成しましょう。ここでは、休暇届を作成します。みなさんが、企業や団体に就職した後に使う書類です。休暇届けは「どの組織に属している誰がいつからいつまでどういう理由で休むか」ということを届け出るための書類です。一般的な企業・団体では、法定休暇として「有給休暇」「産前産後休暇」「育児休暇」「介護休暇」「生理休暇」特別休暇として「結婚休暇」「忌引休暇」「傷病休暇」「夏季休暇」「その他特別休暇」などを認めています。休暇の種類に関してはみなさんが勤めている企業・団体の就業規則に書かれています。

休暇届の重要な点は、休む人が正当な理由があって休み、それを企業・団体が事前に承認しているということを表していることになります。みなさんは自分の上司に口頭で休暇を願い出て、承認をもらったのに後から「ずる休み」って言われたら嫌ですよね。そうならないように休暇届を出し、承認された休暇届を証拠として保持するのです。

では、これから作成する休暇届（図 3-36）を見てください。枠線のうち、黒色の濃い線は罫線を表し、灰色の薄い点線は罫線の引かれていない枠線を表します。枠線のないところはセルの結合が行われているところです。

	A	B	C	D	E	F	G	H	I	J	K	L	M	N	O	P	Q
1																	
2		休暇届															
3		申請			年		月		日	承認			年		月		日
4		所															
5		属				部			課								
6		氏															
7		名							印								
8		期			年		月		日(		)より						
9		間			年		月		日(		)まで（			)日間			
10			法定休暇				有給休暇				産前産後休暇				育児休暇		
11		区					介護休暇				生理休暇						
12		分	特別休暇				結婚休暇				忌引休暇				傷病休暇		
13							夏季休暇				その他(					)	
14																	
15		事															
16		由															
17		連															
18		絡															
19		先															
20																	
21		備															
22		考															

図 3–36：休暇届

この休暇届でセルの結合がどこで行われているか、よく確認してください。一通り確認できたら、この休暇届をつくってみましょう。セルの書式設定はこの章の初めのほうで行いましたのでわからない人はそちらを参照してください。30分以内に作れれば社会人として通用するレベルです。列幅は 4.13(38 ピクセル)、行の高さは 15（20 ピクセル）です。ちなみに列幅は初期値を 8.43 文字としたときの相対的な広さ、行の高さは初期値を 12.75 ポイントとしたときの相対的な高さになります。ピクセルは画面上の光の点ひとつです。画面の解像度により大きさが異なります。これらの値を参考にして、見やすい大きさに設定しましょう。さぁ、あなたは何分で作れますか？

⑻　練習問題３

※ Excel を立ち上げ、新規文書を作成し、ドキュメントに自分の漢字氏名＋日付(例：大妻花子 20210610.xlsx) で保存しましょう。同じ日付で複数のファイルを保存する場合は「-」(ハイフン) と 1 から始まる連番を日付の後につけましょう。

①　表を作ろう

	A	B	C	D	E	F	G	H
1								
2		地方名	都道府県名	都道府県コード		地方名	都道府県名	都道府県コード
3		北海道	北海道	01		近畿	滋賀県	25
4		東北	青森県	02		近畿	京都府	26
5		東北	岩手県	03		近畿	大阪府	27
6		東北	宮城県	04		近畿	兵庫県	28
7		東北	秋田県	05		近畿	奈良県	29
8		東北	山形県	06		近畿	和歌山県	30
9		東北	福島県	07		中国	鳥取県	31
10		関東	茨城県	08		中国	島根県	32
11		関東	栃木県	09		中国	岡山県	33
12		関東	群馬県	10		中国	広島県	34
13		関東	埼玉県	11		中国	山口県	35
14		関東	千葉県	12		四国	徳島県	36
15		関東	東京都	13		四国	香川県	37
16		関東	神奈川県	14		四国	愛媛県	38
17		中部	新潟県	15		四国	高知県	39
18		中部	富山県	16		九州	福岡県	40
19		中部	石川県	17		九州	佐賀県	41
20		中部	福井県	18		九州	長崎県	42
21		中部	山梨県	19		九州	熊本県	43
22		中部	長野県	20		九州	大分県	44
23		中部	岐阜県	21		九州	宮崎県	45
24		中部	静岡県	22		九州	鹿児島県	46
25		中部	愛知県	23		九州	沖縄県	47
26		中部/近畿	三重県	24		※三重県は中部および近畿地方に分類		
27								

A)　新規文書の Sheet1 に上に示した表と同じものを作成し、上書き保存しましょう。（文字・数字の入力や罫線の設定を行う）

- 都道府県番号の 01 から 09 の表示はユーザー定義を用いて、00 という定義を新たに作りましょう

B)　作成した表の各セルに対して、以下の設定を行いましょう。

- 1 行目の文字（見出し）を MS ゴシック・フォントの 12 ポイント、太字にする
- 2 行目から 11 行目の全てのセルに含まれる文字を MS 明朝の 10 ポイントにする

・2 行目以降のすべてのセルの文字の上下左右位置を中央揃えにする

・A4 用紙に綺麗に印刷できるようにセルの幅を調整する

② お買上げ明細表の作成

A) 以下に掲げた表を作成しましょう。

・ 列の幅は以下の通りにします。

A 列、H 列：40 ピクセル　　B 列：55 ピクセル

C 列：260 ピクセル　　E 列、E 列：80 ピクセル

F 列、G 列：120 ピクセル

・ 金額は、個数×単価で求めます。相対参照を使ってコピーしましょう。

・ 消費税額は内税とし、金額÷(1 ＋消費税率)×消費税率　で求めます。絶対参照を使ってコピーしましょう。

・1 行目、2 行目、4 行目、19 ～ 23 行目はセルの結合を使います。

	A	B	C	D	E	F	G	H
1							平成25年5月25日	
2			お買い上げ明細表					
3								
4			本日は、お買い上げいただき、まことにありがとうございました。					
5								
6		No.	商品名	個数	単価	金額	うち消費税	
7		1	マカロン（各種）	12	200	2,400	114	
8		2	ストロベリーショートケーキ	2	350	700	33	
9		3	ザッハトルテ	3	400	1,200	57	
10		4	ニューイングランドチーズケーキ	4	350	1,400	67	
11		5	クリームブリュレ	2	300	600	29	
12		6	モンブラン（和栗）	3	350	1,050	50	
13		7	タルト（洋梨）	4	350	1,400	67	
14		8	ガトーショコラ	2	350	700	33	
15		9						
16		10						
17					合計	9,450	450	
18						（消費税率	5%）	
19								
20								
21								
22								
23								
24								
25								

Sheet1 / Sheet2 / Sheet3

③ グラフの作成

A) 以下に掲げた表を作成し、指示に従ってグラフにしましょう。

	A	B	C	D	E	F	G	H	I	J	K	L	M
1		1月	2月	3月	4月	5月	6月	7月	8月	9月	10月	11月	12月
2	パパ	70	72	74	75	73	72	68	64	66	68	70	72
3	ママ	50	52	54	55	57	59	57	55	52	50	48	46
4	恵美	45	45	45	44	43	42	42	43	44	42	44	45
5	弥生	22	24	25	25	26	27	27	28	28	29	29	30

以下に示す家族別折れ線グラフと同じものを作成しましょう。タイトルや右側の凡例を忘れずにつけましょう。

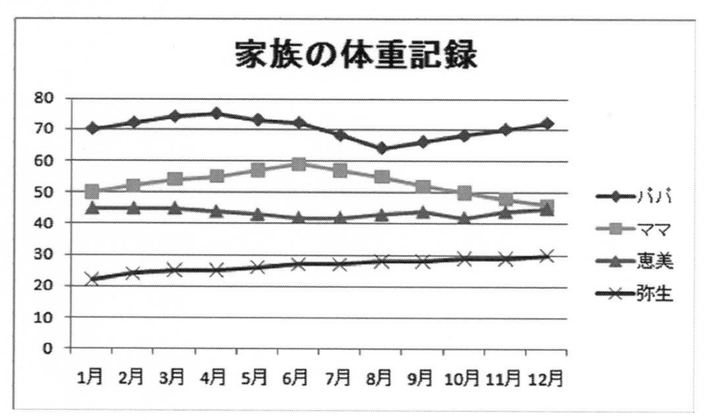

家族の体重グラフ完成図

④　稟議書の作成

A)　以下に掲げた定型フォーマット書類を作成しましょう。今回は稟議書です。稟議書というのは、主に日本企業において使われる意思決定のための書類です。何か新しい製品を開発するとか、高額な資産を購入する場合など、起案者が稟議書を作成し、その上司、その上司の上司、関連する部門の管理職、経理・財務部門の管理職など、順番に承認印を得ていく形の書類です。

- 列幅は 4.13、行の高さは 15 にします。
- フォントは、MS P ゴシック 11 ポイントを基本にし、表題は各自のセンスで大きくしなさい。
- 稟議書の大きさは、A4 縦 1 ページに収まる大きさとし、セルの結合や大きさなどは各自が考えなさい。

・項目名は以下の通りです。
稟議書・No.・起案日（年・月・日）・起案者・部署名・役職・氏名・件名・趣旨・添付資料・回議欄・意見・決済（決定・修正・保留・否決）・決済日（年・月・日）・保存期間（6か月・1年・3年・5年・その他（））

稟議書								
No.			起案日		年		月	日
起案者	部署名		役職		氏名			
件名								
趣旨								
添付資料								
回議欄	意見				決済			
	(印)				決定・修正・保留・否決			
	(印)				決定・修正・保留・否決			
	(印)				決定・修正・保留・否決			
	(印)				決定・修正・保留・否決			
	(印)				決定・修正・保留・否決			
	(印)				決定・修正・保留・否決			
決済日	年	月	日	保存期間	6ヶ月・1年・3年・5年・その他（　　）			

⑤　統計データを用いたグラフの作成

A)　以下に掲げた表を作成して、インド、中国、ブラジル、ロシアの４か国の実質GDP成長率と消費者物価上昇率の縦棒グラフを作成しましょう。

B)　インド、中国、ブラジル、ロシアの４か国をまとめて何と呼ぶのか、その名称を調べましょう。また、この４か国の共通点も調べましょう。調べた名称はタイトルの先頭（XXXXX）に入れ、共通点はグラフの下に備考欄を設けて書きましょう。（完成図を参考にして、最新のデータを検索し、ダウンロードして書きましょう）

完成図：

項目	実質GDP成長率	消費者物価上昇率
インド	6.70%	9.10%
中国	9.00%	5.90%
ブラジル	5.10%	5.90%
ロシア	5.60%	13.30%

（出典：ジェトロ Web サイト　参照日：2009 年 10 月 1 日　参照元：http://www.jetro.go.jp/worlE/search/compare/）

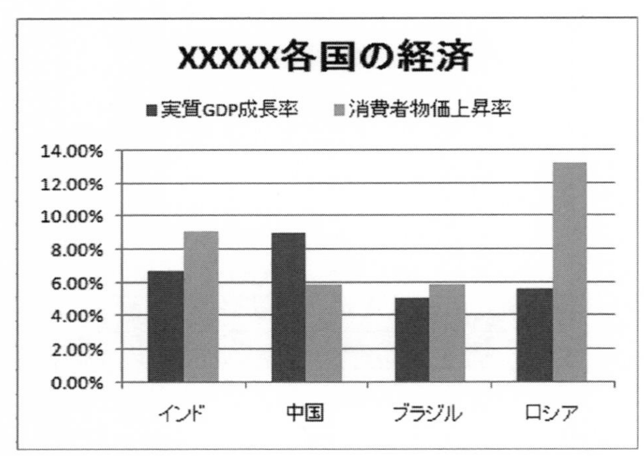

備考）インド・中国・ブラジル・ロシアの 4 か国は、XXXXX と呼ばれ、発展途上国を脱して新興国と呼ばれ、先進国に迫る勢いをもって経済開発をしている。……… ………

第4章 Microsoft Office Power Point の基礎

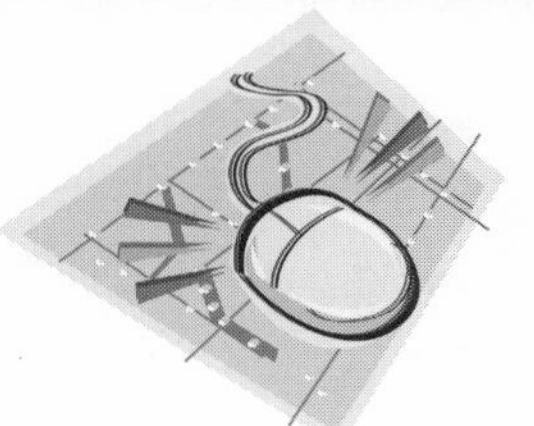

(1) 基礎知識

Microsoft Office PowerPoint（パワーポイント）は、プレゼンテーション支援アプリケーションです。プレゼンテーションは、ひとり以上に対して何かを見せ聞かせることです。ただ見せ聞かせるだけではなく、見終わった聴衆がアクションを起こすことが重要です。たとえば、大学のゼミで卒論の中間発表を行う場合、あなたの行ったプレゼンテーションに対して、ゼミの教員は評価を行い、ゼミ仲間は質問をします。企業におけるプレゼンテーションでは、見込み客に対して自社製品に関するプレゼンテーションを行い、プレゼンテーション終了後にその製品を購入したくなるように誘導します。

プレゼンテーションでは、表現力と訴求力が重要になります。訴求力のあるスライドを作るには、PowerPoint の表現力を理解し、聴衆へ訴求する方法を考えなくてはなりません。Word や Excel とは違う表現力や訴求力が求められます。しかし、PowerPoint のツールは Word や Excel とほとんど同じものです。これらのツールの使い方を変えて、表現力や訴求力をアップさせなくてはいけません。

PowerPoint は、プレゼンテーションの準備段階と実施段階の両方で使うことができます。プレゼンテーションをさまざまな形式で印刷できる機能もあるので、聴衆用配布資料やマニュアルの作成などにも使うことができます。簡単なアニメーション機能もあるので、動くクリスマスカードなどを作ることもできます。さらにデジカメで撮った写真を使ってアルバムを作ることもできます。

PowerPoint の成果物は、スライドの集合体です。表紙となるタイトルスライドから始まり、コンテンツスライドを何枚か作成して、これらのスライドを順番に表示しながら聴衆に話すことでプレゼンテーションを行います。タイトルスラ

イドからエンド・スライドまで一連の流れをもったスライドの集合体がプレゼンテーション資料です。各スライドは文字や数値、図や写真などのほか、音声や動画を使って作成します。

PowerPoint で作成した資料は、プロジェクターで投影して大きく写したり、紙に印刷して配布したりします。配布された資料は、話を聞くときに読む資料になります。したがって、文字数が多いと理解しづらいものになります。原則として、話し手が話す内容をプレゼンテーションにだらだらと書いてはいけないのです。プレゼンテーション画面には、キーワードのみを記述します。聞き手は話を聞きながら、資料に書き込みをすることで理解を深めます。

企業においては、近年、PowerPoint が多用されています。従来、会議資料は、Word や Excel で作成されていましたが、最近は PowerPoint で作成されることが多くなりました。営業系の職種に就いた人は、配属後、すぐに PowerPoint を使うことがあるかもしれません。学生時代に使えるようになっておきましょう。

プレゼンテーションの目的はあなたの意見や考え方を話すことではありません。それを聞いた聴衆がなんらかのアクションを起こすことです。学校であれば、それを聞いた教員があなたに良い成績をつける、企業であれば、それを聞いた聴衆が商品を購入したり、会員になったり、と行動を起こすことが目的なのです。人を動かすことができなければ、そのプレゼンテーションは失敗だと思ってください。

⑵　画面構成

PowerPoint の画面は Word や Excel と同じようにリボンを持ったインターフェース画面になっています。PowerPoint は、スタート▼すべてのプログラム▼ Microsoft Office ▼ Microsoft Office PowerPoint 2016 を選択すると起動します。デスクトップ画面左側に PowerPoint のアイコンがある場合は、このアイコンをダブル・クリックして起動させることもできます。

PowerPoint には、スライド編集画面とライド一覧画面、スライドショー画面などがあります。スライド編集画面で各スライドを作成し、スライド一覧画面で各スライドのつながりを確認し、スライドショー画面でプレゼンテーションを実施します。

PowerPoint の各画面の切り替えは画面右下にあるツールを使うのが簡単で

す。編集（標準）画面、スライド一覧画面、閲覧表示画面、スライドショー画面の４つをマウスひとつで選べます。画面切り替えボタンの右側はスライド表示の大きさを変えられるズーム機能です。（図 4-1 参照）

図 4–1：画面切り替えボタン（画面右下にある）

① 編集画面

PowerPoint の初期画面は、スライド編集画面です。タイトルスライドが編集できるようになっています。画面左側は、スライドのサムネイル表示とアウトライン表示になっています。画面中央が１枚のスライドを編集する画面、その下にある「クリックしてノートを入力」エリアは、スライドのノートを書く部分です。プレゼンテーションを行う場合、スライドに話す内容をすべて書いてしまう

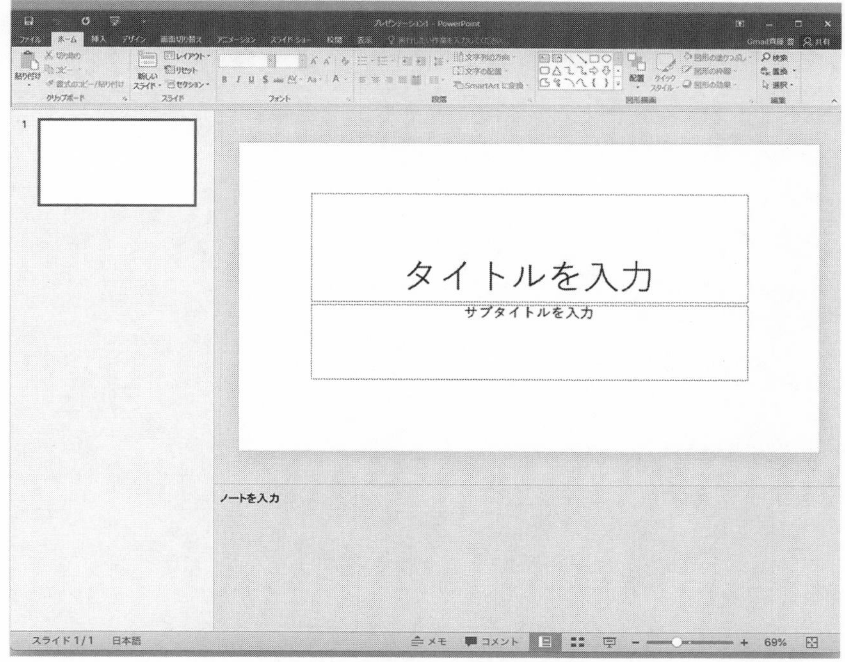

図 4–2：PowerPoint 初期画面

のではなく、スライドにはキーワードやグラフなどを載せ、ノート部分にスライドで話す内容を書きます。プレゼンテーションのときに発表者ツールを使うことによって聴衆が見ているスライドとノートの両方を見てプレゼンテーションを行うことができます。発表者ツールが使えないときは、ノートの印刷を行い、発表者用手持ち資料を作成してプレゼンテーションを行います。

スライドの編集が終わった後は、ホーム・タブ▼新しいスライドツールを使ってスライドを追加します。スライドのレイアウトはホーム・タブ▼レイアウトで選ぶことができます。

②　スライド一覧

スライド一覧画面は、作成したスライドを一覧できる画面です。図4-3のように表示されます。スライドショーを自動で行う場合にそれぞれのスライドを何秒間表示するかなどを設定することができます。スライド作成が終わったら、このスライド一覧画面で、プレゼンテーションの流れを確認します。

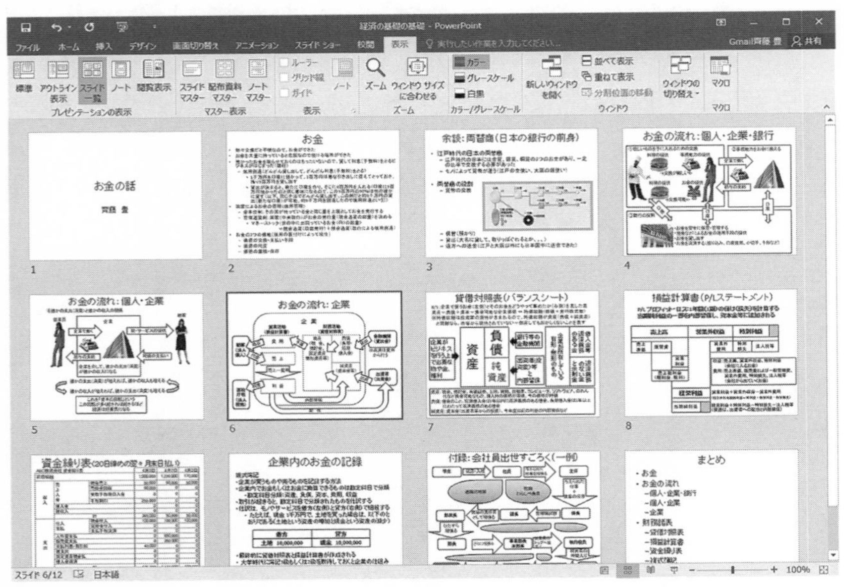

図4–3：スライド一覧画面

③ スライドショー

スライドショー画面は、聴衆にスライドを見せるための画面で、通常はプロジェクターなどを使いフルスクリーンで表示します。マウスのボタンやキーボードの矢印キーを使って次のスライドを表示します。マウスの右ボタン▼ポインターオプションを押してペンを出し、プレゼンテーション中にスライドに○を付けたり、文字などを書くこともできます。

PC とプロジェクターなど２つ以上のスクリーンがあるときは、スライドショー▼発表者ツールを使用するにチェックを入れることで、聴衆にはプロジェクターでフルスクリーンのスライドを見せ、発表者は PC でスライドやノート、プレゼンテーションの経過時間などを見ることができます。

発表者ツールの中央は観客が見ているスライドで、左上はプレゼンテーション開始からの経過時間、中央が現在時刻、右側が次のスライドになっており、次のスライドの下にノートが表示されています。観客が見ているスライドの下にペンなどのツールがあり、一番下にスライドの移動ボタンがあります。(図 4-5 参照)

図 4–4：スライドショー画面（観客が見る画面）

図 4–5：スライドショー発表者ツール画面（講演者が見る画面）

⑶　リボンとツール

PowerPoint のリボンは「ファイル」「ホーム」「挿入」「デザイン」「画面切り替え」「アニメーション」「スライドショー」「校閲」「表示」の各タブをクリックすることでそれぞれのタブに用意されたメニューを表示できます。タブにはツールが配置されています。ツールはグループにまとめられています。グループ名はリボンの下部に表示されています。グループ名の右側に表示されている「 と右下矢印を組み合わせたマークは、このツール・グループにダイアログボックスがあることを示しています。この記号をクリックすることでダイアログボックスを表示させることができます。ツール・グループのダイアログボックスは以前のバージョンである Excel 2013 で使われていたものとほぼ同じです。

タブメニューの右側の青い丸に？はヘルプで Excel の使い方を調べる際に使います。ヘルプの？マークの左側にある ˆ マークはクリックするとツール・グループを非表示にすることができます。画面を広く使いたいときにクリックしましょう。

リボンの最上部もしくは最下部には、クイック・アクセス・ツール・バーがあります。利用者が自分のよく使うツールをこのクイック・アクセス・ツール・バーに自由に設置することができます。

ファイル・タブの内容は Word や Excel と一緒です。本書の第 2 章(3)などを参照してください。

図 4–6：PowerPoint ホーム・タブ

図 4–7：PowerPoint 挿入タブ

図 4–8：PowerPoint デザイン・タブ

図 4–9：PowerPoint 画面切り替えタブ

図 4–10：PowerPoint アニメーション・タブ

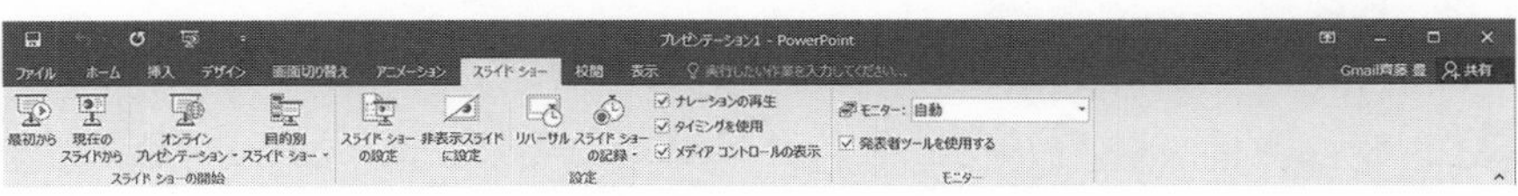

図 4–11：PowerPoint スライドショー・タブ

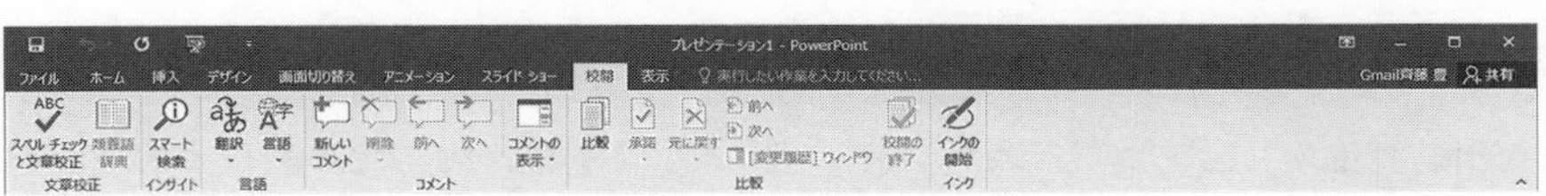

図 4–12：PowerPoint 校閲タブ

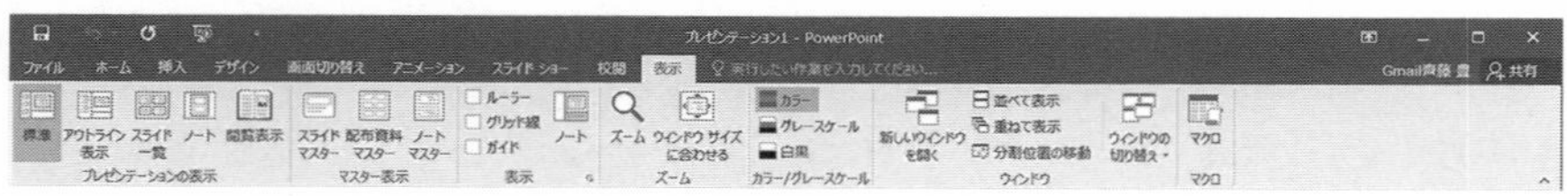

図 4–13：PowerPoint 表示タブ

⑷　基本操作

①　新規作成・既存文書を開く・文書の保存・既存文書の削除

PowerPoint のスライドの新規作成は、ファイル・タブ▼新規▼新しいプレゼンテーションで作成します。Office2016 には、新規機能として AI を用いたツールが加わりました。PowerPoint2016 や 365 では、新規作成を行うとデザインアイデアを提示してくれます。この他にテンプレートから新しいプレゼンテーションを作成することもできます。既存文書を開くには、ファイル・タブ▼開く、もしくは「最近使用したファイル」から選びます。また、ドキュメントやコンピュータで PowerPoint ファイル（拡張子が .pptx）を選択し、ダブル・クリックすることでも既存文書を開くことができます。文書の保存は、クイック・アクセス・ツールバーにある上書き保存ボタン、もしくは、ファイル・タブ▼上書き保存ボタンから行います。名前を付けて保存ボタンを使うと新たにファイル名を付けて別ファイルを作ることができます。重要な文書は、更新するたびに名前を付けて保存処理で別ファイルにすることで、万が一の削除やファイル・コラプション（破壊）時にバックアップとして使用することができます。

既存文書の削除は PowerPoint からはできません。ドキュメントやコンピュータからファイルの削除を行ってください。

②　印刷

PowerPoint の印刷は「フルページサイズのスライド」「ノート」「アウトライン」「配布資料」と細かく分かれています。「フルページサイズのスライド」は、紙全面に 1 枚のスライドが印刷されます。「ノート」は、紙の上部にスライド、下部にノートに記入した内容が印刷されます。発表者用資料やマニュアルに適しています。「アウトライン」は、階層構造をもったアウトライン形式でスライド構成を印刷します。論文作成時などに使用します。「配布資料」は、配布する聴衆用資料の印刷です。1 枚の紙にスライドを 2 枚、3 枚、4 枚、6 枚、9 枚印刷することができます。「ノート」「アウトライン」「配布資料」印刷時の紙の向きは、印刷画面か、デザイン・タブ▼スライドのサイズ▼ユーザー設定のスライドのサイズの印刷の向きで設定します。

それぞれのスライドで使っている文字が大きいのであれば、紙を横向きにし、9スライド印刷することで、印刷する紙の枚数を節約することができますが、通常は、紙縦向き2スライドか、紙横向き4スライドが適しています。PowerPointの配布資料で印刷すると各スライドが小さくなってしまうので、PowerPointの印刷設定は「フルページサイズのスライド」として、プリンター側のn-Up機能などの複数ページを1ページに集約する機能を使い、1枚の紙に複数枚のスライドを入れるほうが各スライドの大きさを大きくすることができます。

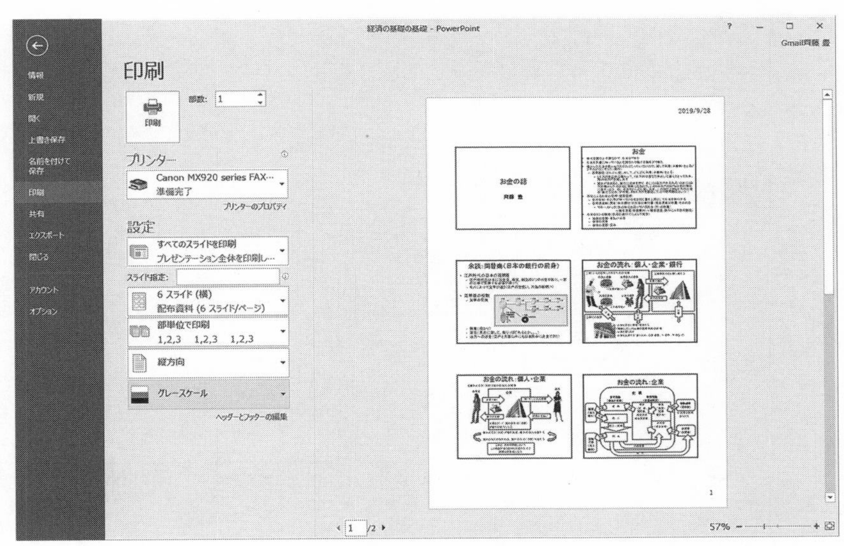

図 4–14：印刷画面

③ スライド・レイアウト

ホーム・タブには、標準的なツールのほか、スライドを追加したり、スライドのレイアウトを変更したりするためのスライド・グループがあります。PowerPointを立ち上げるとタイトルスライドのレイアウトが表示されますが、このスライドのレイアウトを変更したいときは、ホーム・タブ▼スライド・グループのレイアウトを選びます。

スライドを追加するときは、ホーム・タブ▼スライド・グループの新しいスライドを選びます。新しいスライドの選択時にもレイアウトを指定します。

スライドのレイアウトは、一般的には、最初のスライドはタイトルスライドを使用し、その後は「タイトルとコンテンツ」スライドを選択します。「タイトルとコンテンツ」スライドの上部はスライドのタイトルを入れる場所になっており、その下は、階層化されたテキスト、もしくは、図やグラフなどのコンテンツを入れることができます。

レイアウトで使用されているタイトル・エリアやコンテンツ・エリアの枠を使わないとアウトラインに文字を表示させることができません。スライドを作る際は、いきなりスライド編集画面で作成するのではなく、画面左のアウトライン・エリアで序論・本論・結論などの形式を作成することをお勧めします。一貫性のあるストーリーを作成することができます。アウトライン・エリアで入れた文字は、各スライドのタイトルになります。

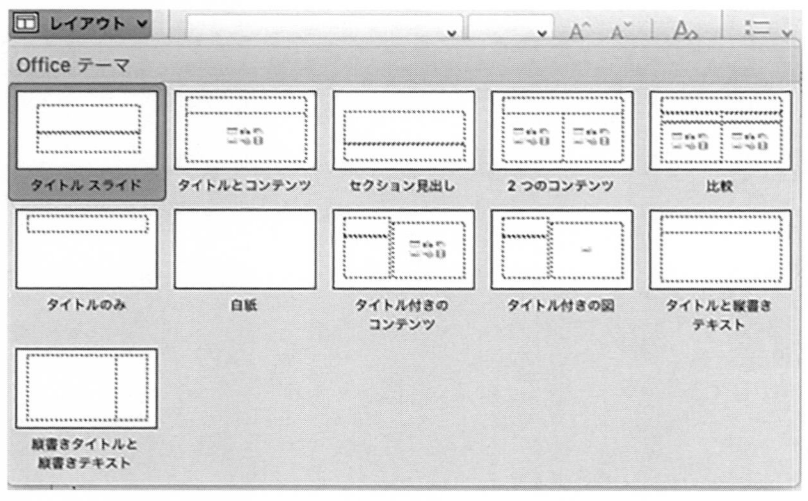

図4–15：レイアウト・ダイアログボックス

④ 文字と段落書式の設定

フォントの種類や大きさなど文字の修飾は、ホーム・タブ▼フォント・グループで行うことができます。Word とほぼ同じ設定をすることができます。段落の設定はホーム・タブ▼段落グループで行うことができますが、Word の段落機能に比べると若干貧弱です。

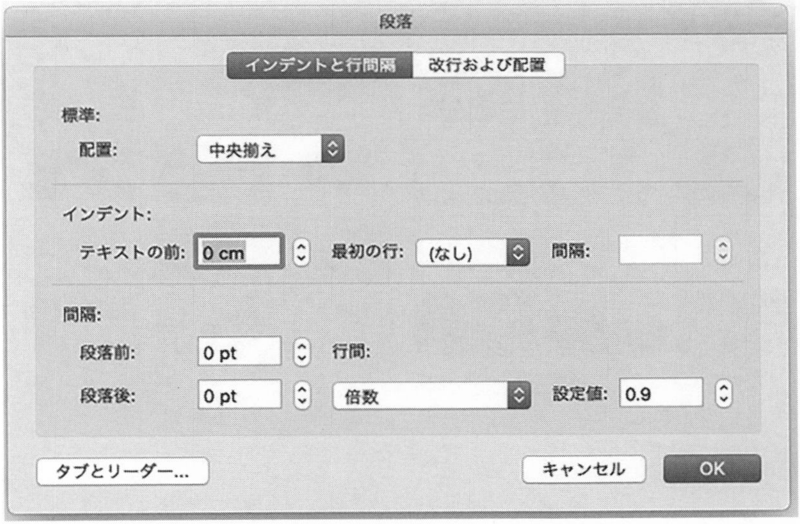

図 4–16：段落設定ダイアログボックス

⑤ 表と罫線、画像・オンライン画像・図形・SmartArt の使用

表と罫線、画像・オンライン画像・図形・SmartArt の使用方法は、Word と一緒です。本書の第 2 章⑷基本操作を参照してください。

図などを使用しているときに図をクリックすると、新たに図ツール・タブなどの新しいタブが現れます。これらのツールを使うとトリミング、背景の削除など詳細な設定ができます。

⑥ スライドのデザイン

デザイン・タブにスライドのデザインに関するツールがあります。リボン中央のテーマ・グループの中から使いたいテーマを選びます。テーマ・グループの右側に「配色」「フォント」「効果」ツールがあり、テーマの配色やフォント、効果を変更することができます。

図 4–17：デザイン・テーマ一覧

デザイン・タブで「背景の書式設定」などを使い、配色や背景を変更することができます。背景を非表示にすることもできます。

⑦　画面切り替え

画面切り替えタブでは、作成したスライドが次のスライドに変わるときの画面効果を設定することができます。

スライドがフェードアウトして消えるなどの効果が設定できます。画面切り替えは多用するとうるさくなる傾向があるので、使用に際してはマイナスの効果が出ないように気をつけましょう。

図 4–18：画面切り替えの設定

アニメーションは、スライドに配置した図などをアニメーションのように動かすツールです。スライド上に配置した文字、図、写真などを動かすことで視覚効果をあげることができます。また、時系列の出来事を説明する場合などにも使えます。アニメーション・タブから設定します。

⑧ アウトラインによるスライド作成

表示タブ▼アウトライン表示を使って新規プレゼンテーションの骨格を作ってみましょう。ここでは「お金の話」を題材にします。

新規プレゼンテーションのアウトラインの 1（画面左上）に「お金の話」を入れます。これがタイトルスライドになります。

次にエンターキーを押すと 2 が現れますので、序論として「お金」ともう 1 枚 3 として「余談：両替商（日本の銀行の前身）」を入れます。その後、同様にして、4 を出して本論の「お金の流れ：個人・企業・銀行」を入れ、以下、「お金の流れ：個人・企業」「お金の流れ：企業」「貸借対照表（バランスシート）」「損益計算書（P/

L ステートメント)」「資金繰り表（20 日締めの翌々月末払い」「企業内のお金の記録」「付録:会社員出世すごろく（一例)」を順次、入れます。最後の 12 に結論の「まとめ」を入れます。これらは、各スライドのタイトルになります。その後、各スライドを詳細化し、さらに、ノートを入れて図 4-19 のように作成します。

アウトライン表示を使うメリットは、プレゼンテーションの一貫性を保ち、抜けや漏れを防ぐことです。プレゼンテーション作成時にいきなりタイトルスライドから 1 枚 1 枚のスライド作成を行う方法だとスライドを作成しているときに考えやアイデアがぶれて、プレゼンテーションとしては良くないものができてしまうことがありますので、まずは、どんなプレゼンテーションにするか、アウトライン表示を使って考えましょう。

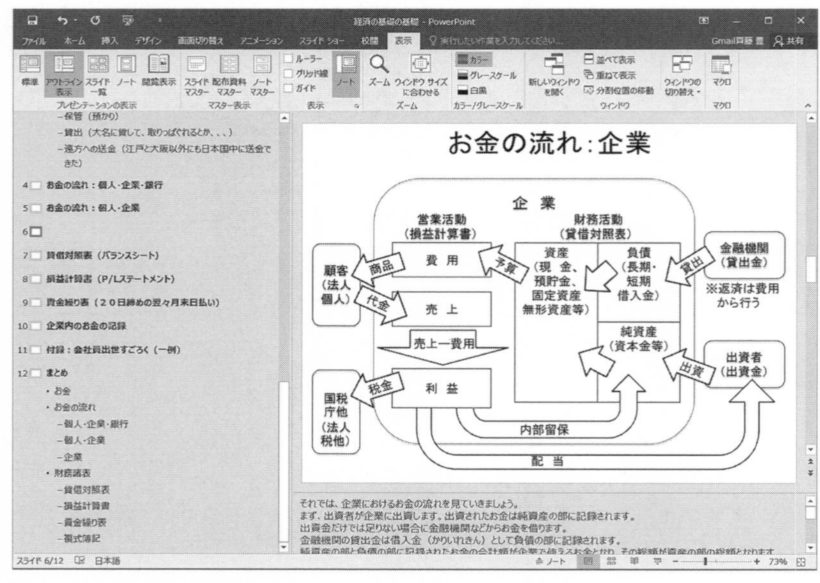

図 4–19：アウトライン表示画面

プレゼンテーションのアウトラインが出来上がった後は、編集画面で各スライドの内容を作成していきます。各スライドの内容は、テキスト、数値、図、グラフなどで構成されます。インターネットなどから写真などを持ってくる場合は著作権に注意しましょう。

プレゼンテーションの内容を作っているときに当初、1 枚で入ると思っていた内容が 1 枚では入らない場合など、スライドの数を増やす場面が出てきます。この場合は臨機応変にスライドの数を増やしましょう。しかし、スライドを削る場合は、全体構成をもう一度見直し、本当に必要ないかどうかを検討しましょう。

⑨ オブジェクト（Excel 表とグラフ）の使用

PowerPoint のスライドの中で（外部）オブジェクトを使うことができます。ほかのアプリケーションで作成したものを使うのが外部オブジェクトの使用です。外部オブジェクトは Word や Excel でも同様に使うことができます。

挿入タブ▼図グループのオブジェクト・ボタンを押すと「オブジェクトの挿入」ダイアログボックスが表示され、PowerPoint の中から外部アプリケーションの起動ができるようになります。たとえば、このダイアログボックスの新規作成タブから、Microsoft Office Excel ワークシートを選択すると PowerPoint の文書の中に Excel の表が立ち上がります。そして、PowerPoint のリボンが Excel のリボンに代わります。この状態で Excel 表にデータを入力し、関数などを使って表計算を行うことができます。Excel 表の作成が終わったら、Excel 表以外の部分をクリックすると PowerPoint に戻ります。PowerPoint の状態では Excel 表は図として扱われます。Excel 表の部分をダブル・クリックするとまた Excel の実行状態になります。

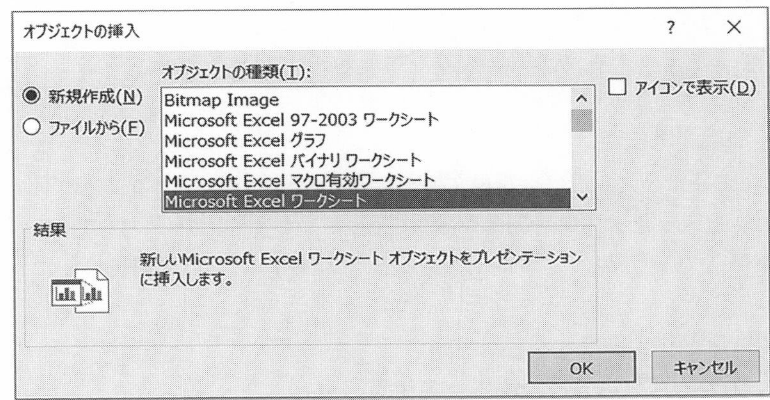

図 4-20：オブジェクトの挿入ダイアログボックス

すでに作成した Excel のファイルを読み込むこともできますので、レポートや論文を作成したあとに発表資料を作成する場合にも使えます。

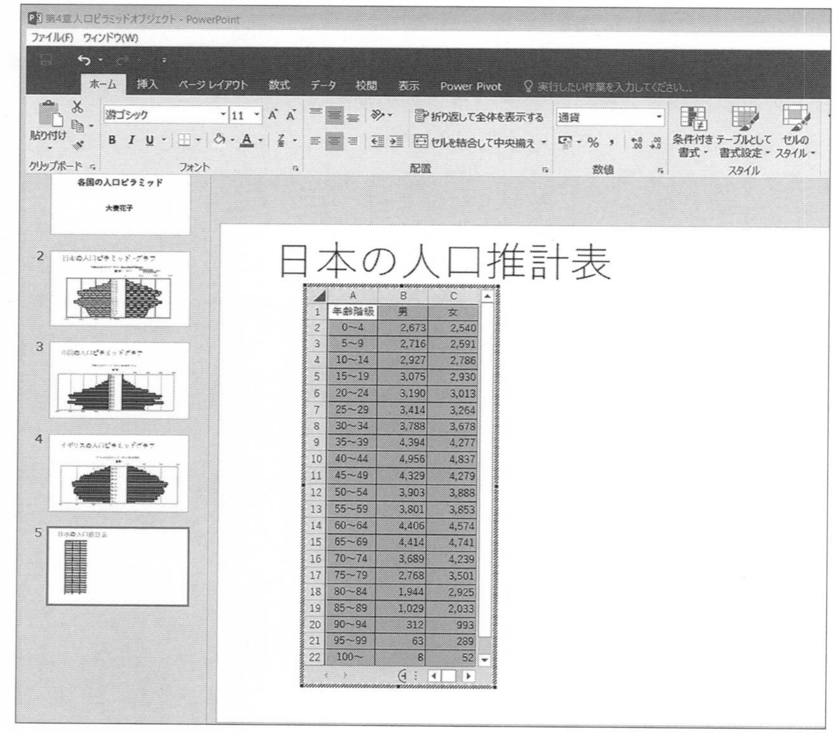

図 4–21：Excel 実行状態（ツールが PowerPoint ではなく Excel になっている）

⑸　練習問題 4

PowerPoint を立ち上げ、新規文書を作成し、ドキュメントに自分の漢字氏名＋日付（例：大妻花子 20210610.pptx）で保存しましょう。同じ日付で複数のファイルを保存する場合は「-」（ハイフン）と 1 から始まる連番を日付の後につけましょう。

①　自己紹介プレゼンテーションの作成

自己紹介プレゼンテーションを作成しましょう。スライド枚数は 6 枚とし、それぞれのスライドのテーマは、誕生、幼少期、小学校、中学校、高校、大学とします。各スライドのノート部分にナレーション原稿を記述すること（スライドにナレーションを記述してはいけない）。テーマを使用するか、背景等を自作すること。画面切り替えを必ず使うこと。アニメーション機能は使ってはいけない。その他は、図の挿入やイメージ検索、図形描画などを使い、印象深い自己紹介にしましょう。ただし、著作権には気をつけ、自分に使用権のない写真や画像などを使用しないようにしましょう。

②　自己紹介アニメーションの作成

スライド１枚の中に誕生、幼少期、小学校、中学校、高校、大学の各シーンを盛り込んだ自己紹介アニメーションを作成する。アニメーションはスライドショーで繰り返し自動再生するように設定すること。音声や動画は使用してはいけない。図やイメージ（静止画）をアニメーション機能で動かすこと。なお、画面左上に常に自分の氏名とタイトルを表示すること。（例：大妻花子　「誕生から現在まで」）

③　図形描画

図形描画を使って、以下に掲げる a）と b）の図を作成しましょう。

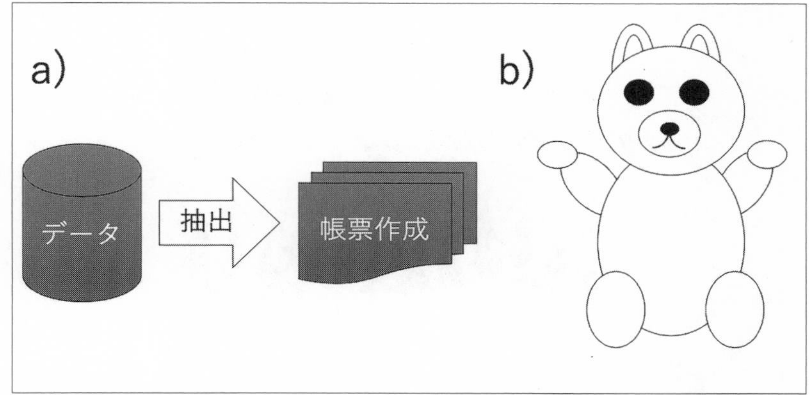

④　SmartArt 描画

SmartArt を使って、以下に掲げる a）と b）の図を作成しましょう。

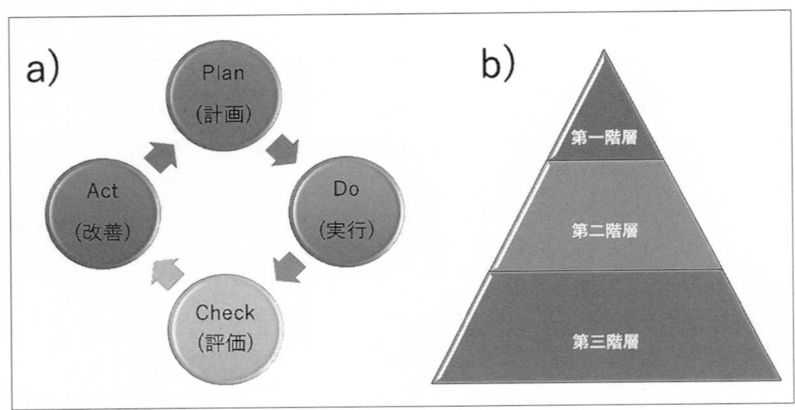

⑤　クリスマスカードの作成

スライド3枚を使って自由にクリスマスカードを作成しましょう。図の挿入やイメージ検索、図形描画などを使いましょう。ただし、著作権には気をつけ、自分に使用権のないファイルなどを図として使用しないようにしましょう。

背景は自作し、テーマは使用しないこと。画面切り替えとアニメーションを使い、動く自己紹介にしましょう。(以下は作成例です)

第5章

Microsoft Office Wordの応 用

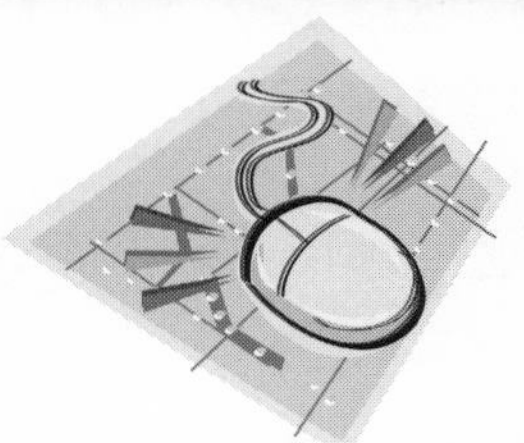

※本章は、第２章 Microsoft Office Word の基礎の続編です。第２章を学習してからこの章を学んでください。

(1) 差し込み印刷

差し込み印刷は、封筒の宛名書きや住所ラベルの印刷などを行うときに住所録などのデータを Word で作ったラベルなどに印刷する機能です。たとえば、社会調査を行う際にアンケートを大量の宛先に送りたいとき、名簿や住所録にあるデータをラベルシートに印刷する際などに利用します。

差し込み印刷に利用するデータはエクセルなどであらかじめ作成しておきます。データの先頭行は見出し行として氏名、郵便番号、氏名などの見出しをつけ、その下にデータを入れます。今回は、Web 上にあった「テストデータ・ジェネレータ」URL：https://yamagata.int21h.jp/tool/testdata/ で作成して Excel で保存したデータを使用します。

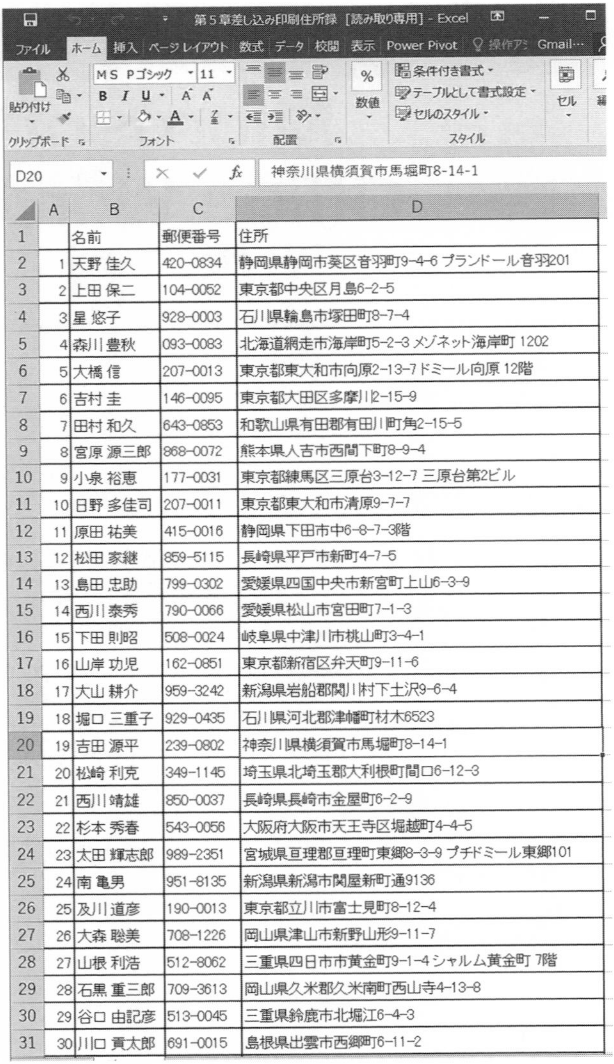
第５章差し込み印刷住所録 [読み取り専用] - Excel
ファイル
ホーム
挿入
ページレイアウト
数式
データ
校閲
表示
Power Pivot
操作ア
Gmail…
貼り付け
MS Pゴシック
11
数値
条件付き書式
テーブルとして書式設定
セルのスタイル
セル
クリップボード
フォント
配置
スタイル
D20
神奈川県横須賀市馬堀町8-14-1

	A	B	C	D
1		名前	郵便番号	住所
2	1	天野 佳久	420-0834	静岡県静岡市葵区音羽町9-4-6 ブランドール音羽201
3	2	上田 保二	104-0052	東京都中央区月島6-2-5
4	3	星 悠子	928-0003	石川県輪島市塚田町8-7-4
5	4	森川 豊秋	093-0083	北海道網走市海岸町5-2-3 メゾネット海岸町 1202
6	5	大橋 信	207-0013	東京都東大和市向原2-13-7ドミール向原 12階
7	6	吉村 圭	146-0095	東京都大田区多摩川2-15-9
8	7	田村 和久	643-0853	和歌山県有田郡有田川町角2-15-5
9	8	宮原 源三郎	868-0072	熊本県人吉市西間下町8-9-4
10	9	小泉 裕恵	177-0031	東京都練馬区三原台3-12-7 三原台第2ビル
11	10	日野 多佳司	207-0011	東京都東大和市清原9-7-7
12	11	原田 祐美	415-0016	静岡県下田市中6-8-7-3階
13	12	松田 家継	859-5115	長崎県平戸市新町4-7-5
14	13	島田 忠助	799-0302	愛媛県四国中央市新宮町上山6-3-9
15	14	西川 泰秀	790-0066	愛媛県松山市宮田町7-1-3
16	15	下田 則昭	508-0024	岐阜県中津川市桃山町3-4-1
17	16	山岸 功児	162-0851	東京都新宿区弁天町9-11-6
18	17	大山 耕介	959-3242	新潟県岩船郡関川村下土沢9-6-4
19	18	堀口 三重子	929-0435	石川県河北郡津幡町材木6523
20	19	吉田 源平	239-0802	神奈川県横須賀市馬堀町8-14-1
21	20	松崎 利克	349-1145	埼玉県北埼玉郡大利根町間口6-12-3
22	21	西川 靖雄	850-0037	長崎県長崎市金屋町6-2-9
23	22	杉本 秀春	543-0056	大阪府大阪市天王寺区堀越町4-4-5
24	23	太田 輝志郎	989-2351	宮城県亘理郡亘理町東郷8-3-9 プチドミール東郷101
25	24	南 亀男	951-8135	新潟県新潟市関屋新町通9136
26	25	及川 道彦	190-0013	東京都立川市富士見町8-12-4
27	26	大森 聡美	708-1226	岡山県津山市新野山形9-11-7
28	27	山根 利浩	512-8062	三重県四日市市黄金町9-1-4 シャルム黄金町 7階
29	28	石黒 重三郎	709-3613	岡山県久米郡久米南町西山寺4-13-8
30	29	谷口 由記彦	513-0045	三重県鈴鹿市北堀江6-4-3
31	30	川口 貢太郎	691-0015	島根県出雲市西郷町6-11-2

図 5-1：差し込み印刷で使う住所録

次に、Word の差し込み印刷タブ▼差し込み印刷の開始▼差し込み印刷ウィザードを選択します。画面右側に差し込み印刷ウィザードが表示されますので、指示に従って作業を進めます。

ここでは、ラベルの印刷を既存の文書に既存のファイルを差し込む形でラベル印刷の設定を手順 1 から 6 まで行いましょう。

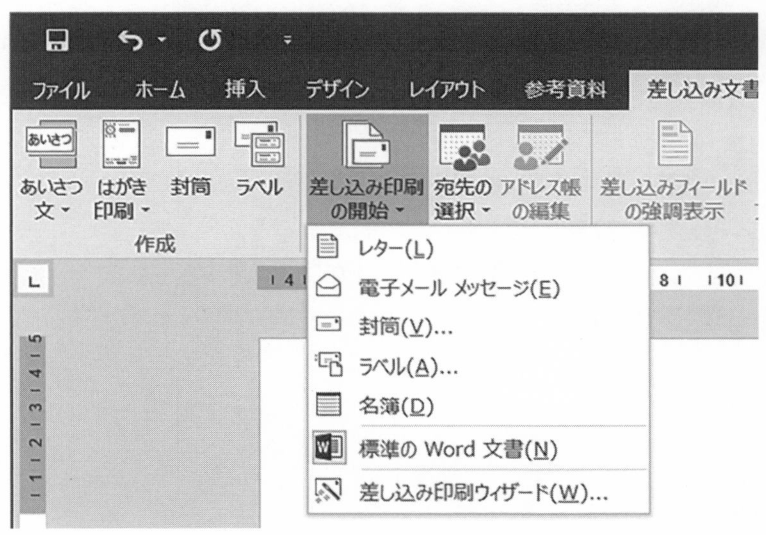

図 5-2：差し込み印刷ウィザードの起動

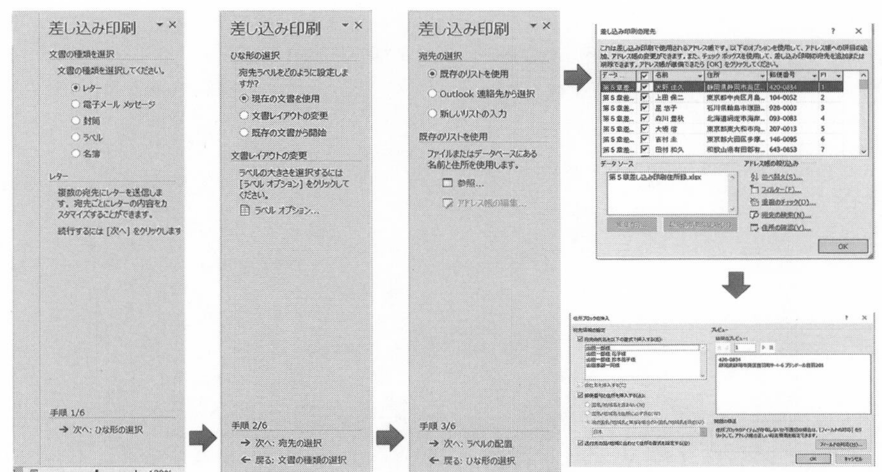

図 5-3：差し込み印刷ウィザード手順 1/6 ～ 3/6

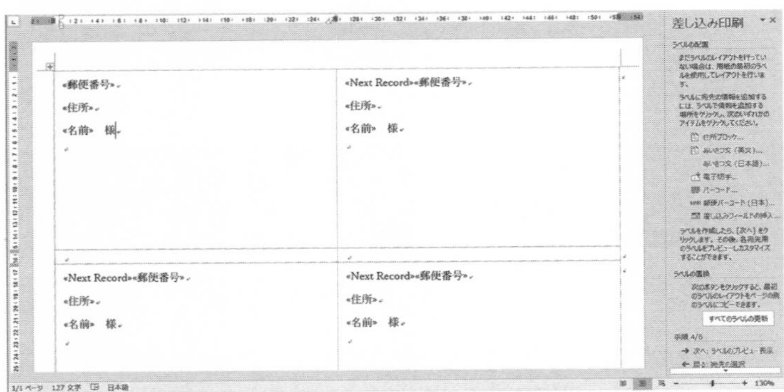

図 5-4：差し込み印刷ウィザード手順 4/6

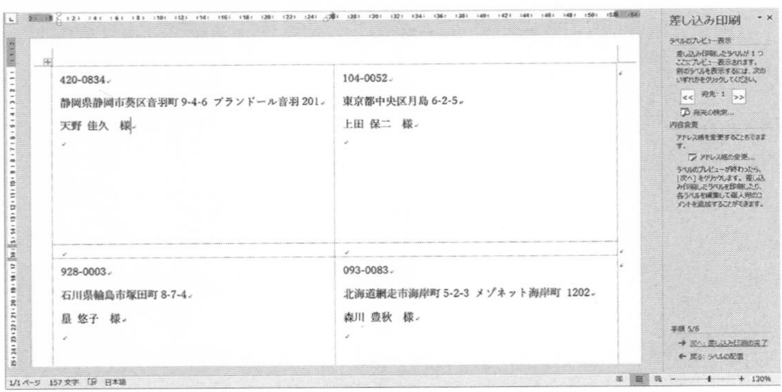

図 5-5：差し込み印刷ウィザード手順 5/6

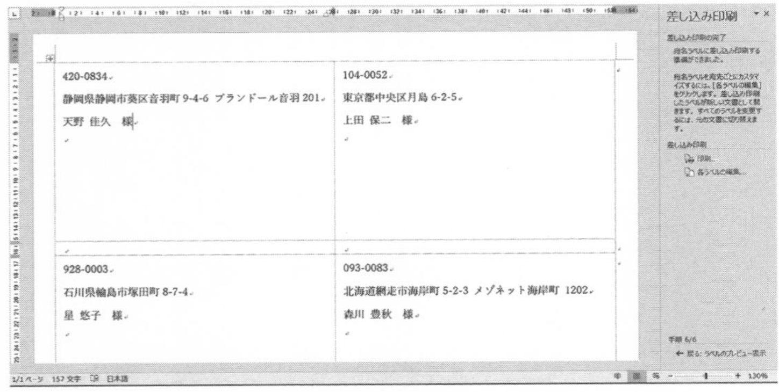

図 5-6：差し込み印刷ウィザードの完了 6/6

⑵ Excelなど外部アプリケーションとの連携

Wordで作成した文書の中で画像や動画を扱う方法は第２章で学習しましたが、ここでは、Excelで作成したグラフなど外部アプリケーションの成果物をWordで使う方法のバリエーションを学習します。

やり方は３通りあります。ひとつは、外部アプリケーションの成果物をjpgファイルなどの画像にし、貼りつける方法です。Word2016では挿入タブ▼スクリーンショットで簡単に画像化できます。この方法の利点は、Wordの中と外でその画像ファイルの見た目が変わらない、ということです。Wordの中で画像が崩れるということが起きづらいのです。Wordの中で使うグラフや表の値を変更しなくてよい場合に使えます。反対に欠点はグラフや表の値を変更するときには再度、外部アプリケーションで変更し、それをスクリーンショットで取り込まなくてはいけない点になります。

２つ目は、Wordのツールに変換する方法です。Excelで作成した表をExcel上でコピーし、Word上で貼りつけるとWordの表になります。この方法だと表の中の値は編集可能です。ただし、自動計算はしないので合計値などは各自が計算しなくてはいけません。また、Excelの表が大きいとき、Wordの編集領域からはみ出してしまうことがよく起きます。

３つ目の方法は、（外部）オブジェクトを挿入する方法です。Wordの中でExcelなどの外部アプリケーションを立ち上げるのです。第４章の最後でPowerPointの中でオブジェクトを利用しましたが、同じことがWordでも行えます。

挿入タブ▼テキスト・グループのオブジェクト・ボタンを押すと図5-7のように「オブジェクトの挿入」ダイアログボックスが表示され、Wordの中から外部アプリケーションの起動ができるようになります。たとえば、このダイアログボックスの新規作成タブから、Microsoft Office Excelワークシートを選択するとWordの文書の中にExcelの表が立ち上がります。そして、WordのリボンがExcelのリボンに代わります。この状態でExcel表にデータを入力し、関数などを使って表計算を行うことができます。Excel表の作成が終わったら、Excel表以外の部分をクリックするとWordに戻ります。Wordの状態ではExcel表は図として扱われます。Excel表の部分をダブル・クリックするとまたExcelの実行状態になります。

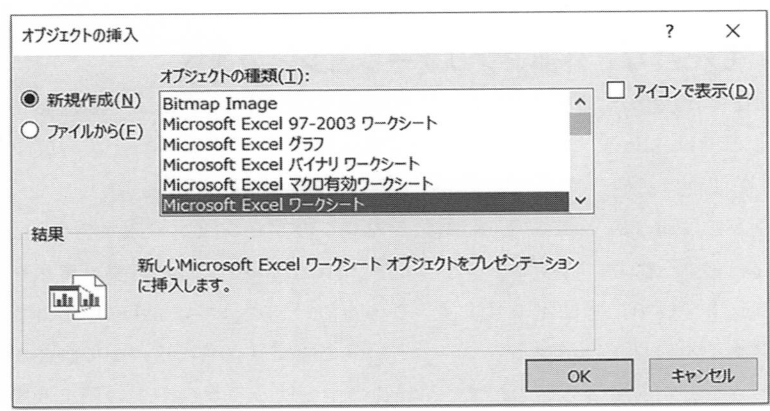

図 5–7：オブジェクトの挿入ダイアログボックス

図 5-8 は、Word で Excel の既存ファイルを実行した状態です。本文中に Excel 表が表示され、リボンが Excel のものになっています。このまま、Excel を終了してしまうと Word 文書に Excel 表の余白部分が表示される場合があります。Excel 表の外枠（右端と下）の中央部分にある黒い点をマウスでつかみ表領域をデータが入っている領域と同じにします。

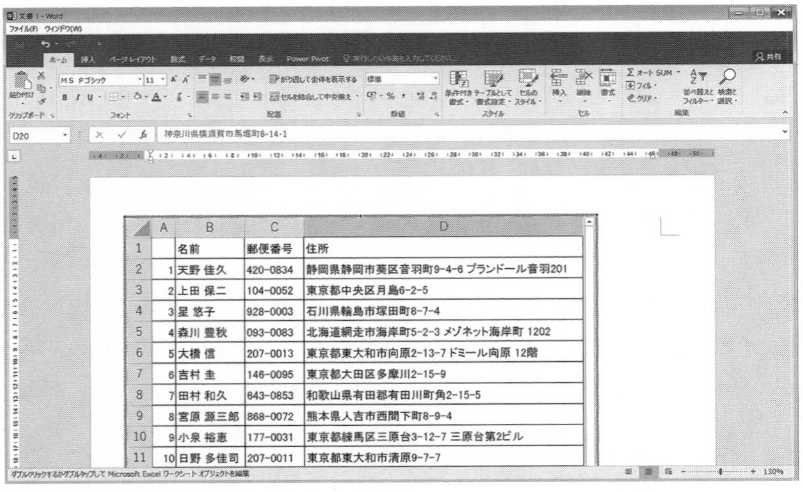

	A	B	C	D
1		名前	郵便番号	住所
2	1	天野 佳久	420-0834	静岡県静岡市葵区音羽町9-4-6 ブランドール音羽201
3	2	上田 保二	104-0052	東京都中央区月島6-2-5
4	3	星 悠子	928-0003	石川県輪島市塚田町8-7-4
5	4	森川 豊秋	093-0083	北海道網走市海岸町5-2-3 メゾネット海岸町 1202
6	5	大橋 信	207-0013	東京都東大和市向原2-13-7 ドミール向原 12階
7	6	吉村 圭	146-0095	東京都大田区多摩川2-15-9
8	7	田村 和久	643-0853	和歌山県有田郡有田川町角2-15-5
9	8	宮原 源三郎	868-0072	熊本県人吉市西間下町8-9-4
10	9	小泉 裕恵	177-0031	東京都練馬区三原台3-12-7 三原台第2ビル
11	10	日野 多佳司	207-0011	東京都東大和市清原9-7-7

図 5–8：Word 上での Excel 実行状態（リボンが Excel）

図 5-9 は、Excel 領域の外側をクリックして Word に戻した状態です。Word の実行状態では Excel 表は図として扱うことができます。図の状態のときに Excel 表の拡大・縮小ができます。

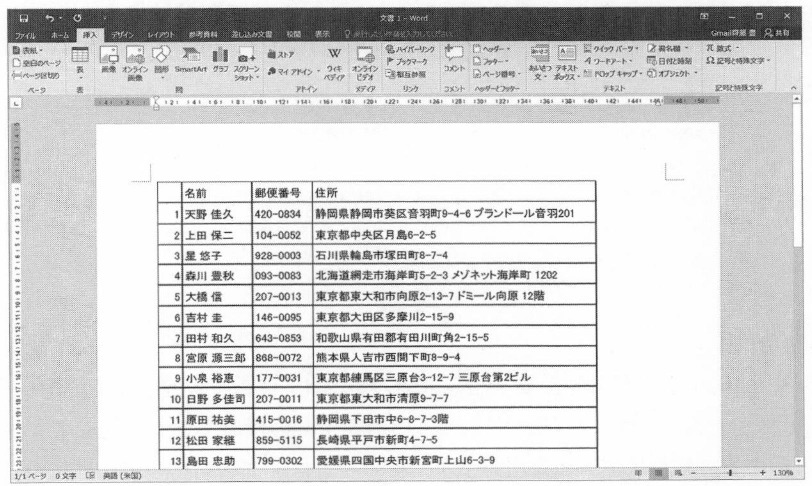

	名前	郵便番号	住所
1	天野 佳久	420-0834	静岡県静岡市葵区音羽町9-4-6 ブランドール音羽201
2	上田 保二	104-0052	東京都中央区月島6-2-5
3	星 悠子	928-0003	石川県輪島市塚田町8-7-4
4	森川 豊秋	093-0083	北海道網走市海岸町5-2-3 メゾネット海岸町 1202
5	大橋 信	207-0013	東京都東大和市向原2-13-7 ドミール向原 12階
6	吉村 圭	146-0095	東京都大田区多摩川2-15-9
7	田村 和久	643-0853	和歌山県有田郡有田川町角2-15-5
8	宮原 源三郎	868-0072	熊本県人吉市西間下町8-9-4
9	小泉 裕恵	177-0031	東京都練馬区三原台3-12-7 三原台第2ビル
10	日野 多佳司	207-0011	東京都東大和市清原9-7-7
11	原田 祐美	415-0016	静岡県下田市中6-8-7-3階
12	松田 家継	859-5115	長崎県平戸市新町4-7-5
13	島田 忠助	799-0302	愛媛県四国中央市新宮町上山6-3-9

図 5–9：Word 実行状態（表以外の部分をクリックすると Excel から戻る）

(3) ビジネス・レターの作成

ビジネス・レターとは、企業が発信する、もしくは、受け取る手紙のことです。日本企業では日本の商習慣、業界のしきたり、企業文化などにより独自の文章構成および用語で手紙を書きます。みなさんが日本企業に就職するとその企業および業界独特の用語を教えられます。そして、それらの言葉を用いた手紙の書き方を習います。ここでは、一般的なビジネス・レターの書き方を説明しますので、就職後は就職先の企業のやり方に変更してください。

① ヘッド・レターと送付状

ビジネスで最も使われるのが、ヘッド・レターや送付状と言われる手紙です。ヘッド・レターや送付状は、書類などを送付する際につけるあいさつ状兼説明書になります。

ヘッド・レターや送付状には、宛先、差出人、件名を記載し、次にあいさつ文を記述します。そして、本文で「なぜ、この手紙を送付したか」の理由を書きます。最後に締めの言葉を入れます。

令和2年6月吉日

○○○株式会社
営業部長　○○ ○○様（宛先）

△△△株式会社
○○ ○○（差出人）

○○○○○○の件について（件名）

拝啓、時下ますますご清栄のこととお喜び申し上げます。（挨拶）

さて、○○○ ○○○ ○○○ ○○○ ……………（状況説明など）

つきましては、○○○ ○○○ ○○○ ……………（依頼事項や結果報告など）

大変お手数をおかけしますが、よろしくお願い申し上げます。（締めの挨拶）

図 5–10：ビジネス・レターのフォーマット例

②　宛先

宛先には、相手が取引先企業や顧客企業の場合は「企業名」「部署名」「役職」「氏名」「様」を書きます。必要に応じて、相手先企業の住所なども併記します。受取人が不明の場合は部署宛に出します。その場合は「部署名」の後に「御中」とつけます。また、個人名ではなく、役職名を宛先とすることもあります。宛先の企業名は、（株）などとは省略せずにきちんと「○○株式会社」のように正式名称を記載します。複数の人物宛の場合は「各位」を使います。

宛先は、左揃えで書きます。

例１：

大妻商事株式会社 営業部
第１営業課第３営業係
係長　品川三郎　様

例２：

株式会社大妻興業
総務部　御中

例3：

大妻工業株式会社　人事本部
人事部　人事課長　殿

例4：

株主各位

③　差出人

差出人には「企業名」「部署名」「役職」「氏名」を記載します。これらは右寄せで書きます。「氏名」の後に印鑑を押すこともあります。また、企業名の前に住所を併記することや、氏名の後に電話番号、FAX番号、Eメールアドレスを記載することもあります。

例1：

大妻食品株式会社　営業課
課長　田町　権之助

例2：

東京都中央区明石1-1
大妻食品株式会社
人事部　浜松　町子

例3：

東京都中央区明石1-1
大妻食品株式会社
人事部　浜松　町子
Tel：03-3552-9999
Fax：03-3552-9998
Eメール：jinji @ otsuma.co.jp

④　件名

件名は、手紙の内容を端的に表したものにします。中央揃えで1行に収まる分量にします。下線を引くことやゴシック体にすることもあります。件名の後ろにかっこ書きで手紙の種類を書くこともあります。

例1：

<u>**貴社会社説明会への参加のお願い**</u>

例2：

<u>平成22年上半期納入物のお支払について（通知）</u>

⑤　あいさつ文

ビジネス・レターは本文の前に時候のあいさつの文章を入れることが一般的です。「拝啓、」から始まる文を冒頭に入れ、文末は「敬具」で締めます。

これさえ覚えておけば、就活やビジネスで恥をかかないあいさつは、「拝啓、時下ますますご清栄のこととお喜び申し上げます。」になります。覚えておきましょう。

また、時候のあいさつは、Word の挿入タブ▼テキスト・グループ▼あいさつ文▼あいさつ文の挿入、で表示されるあいさつ文ダイアログボックスから選んで挿入することもできます。

あいさつ文 ? ×

4 月のあいさつ(G): 安否のあいさつ(S):

(なし)
(なし)
陽春の候、
春暖の候、
軽暖の候、
麗春の候、
春暖快適の候、
桜花爛漫の候、
花信相次ぐ候、

貴社ますますご盛栄のこととお慶び申し上げます。
貴社ますますご盛栄のこととお慶び申し上げます。
貴社ますますご清祥のこととお慶び申し上げます。
貴社いよいよご清栄のこととお慶び申し上げます。
貴社いよいよご清祥のこととお慶び申し上げます。
貴社ますますご繁栄のこととお慶び申し上げます。
貴社いよいよご隆盛のこととお慶び申し上げます。
貴社ますます御隆昌にてお慶び申し上げます。
貴店ますますご発展のこととお慶び申し上げます。

感謝のあいさつ(A)

平素は格別のご高配を賜り、厚く御礼申し上げます。
平素は格別のご高配を賜り、厚く御礼申し上げます。
日頃は大変お世話になっております。
平素は格別のお引き立てをいただき、厚く御礼申し上げます。
平素は格別のお引き立てを賜り、ありがたく厚く御礼申し上げます。
平素は当店を御利用いただき御厚情のほど、心より御礼申し上げます。
毎々格別のご愛顧を賜り、厚く御礼申し上げます。
平素はひとかたならぬ御愛顧を賜り、厚く御礼申し上げます。
平素はひとかたならぬ御愛顧を賜り、ありがとうございます。

OK キャンセル

図 5–11：あいさつ文ダイアログボックス

例 1：

> 拝啓、時下ますますご清栄のこととお喜び申し上げます。
> … … … … … … … … …
> … … … … … … … … …
> 敬具

⑥ 本文

本文は「さて、」から始めます。最初になぜ、手紙を出したかの理由を述べます。その次は「つきましては、」とつなぎ、相手にどうして欲しいか、ということを書きます。読み手にアクションを起こさせるのが本文の目的です。

ビジネス文書は、正確で簡潔な表現を心がけましょう。冗長で形容詞や修飾語が多い文章はビジネス文書に向きません。箇条書きで書くのも良い方法です。箇条書きにすると論理が矛盾する文が発見しやすくなる利点もあります。

用件を正確に伝えることを第一に考え、文章の上手い下手はあまり気にする必要はありません。

あいまいな表現やどちらとも取れる表現は使わないのが暗黙のルールです。「…頃」では、正確に情報が伝わりません。時間がはっきりしない場合は期限を切ります。たとえば「令和2年12月末日まで」などと書きます。ビジネスにおいては、できる限り定量的表現を心がけなくてはいけません。

また「結構です」は、使い方次第で「Yes」「No」のどちらとも取れる場合がありますので、この言葉は使わず、明確な表現にします。最後に一読し、読み手によって意味を取り違える可能性がないかに重点を置いてチェックしましょう。

誤字・脱字や幼稚な言葉を使わないようにしましょう。特に社外文書は、送付してしまうと自身ではコントロールできません。誤字・脱字は読み手を惑わし、誤った情報を伝えることもあります。また、幼稚な表現は書いた本人ばかりでなく、会社の品性を疑われるおそれもあります。自分で書いた文章に自信がないのなら、上司や同僚に読んでもらい、おかしな表現がないか確認してもらいましょう。

⑦　締めの言葉

締めの言葉は「敬具」の前に入ります。最も一般的な締めの言葉は「お忙しい中、大変お手数をおかけしますが、よろしくお願いします。」になります。この他、必ず返信が欲しい場合は、期限を設定してその旨頼みましょう。期限のない返信依頼は無視されることが多くあります。

例1：

大変不躾ではございますが、準備の都合上、11月5日までにご回答をお願い申し上げます。

例２：

> お忙しい中、恐縮ではございますが、万障お繰り合わせのうえ、ご来場賜りますよう、お願い申し上げます。

例３：

> 末筆ではありますが、貴殿のより一層のご活躍をお祈りいたします。

⑷ ビジネス・メールの作成

インターネットの普及した現在、ビジネス・レターよりもビジネス・メールの利用機会が増えています。みなさんは学生時代に携帯電話でプライベートなメールを利用しているかもしれませんが、ビジネス・メールには独自のルールがあります。就職活動の前までに必ず覚えておきましょう。

① 件名

件名は、ビジネス・レターと同様に内容を端的に表したものにします。何の用件か、いつの用件か、どうしたいのか、を簡潔に書く。「こんにちは」などの件名は迷惑メールと思われる可能性があります。

件名の冒頭に【要回答】など相手に要求するアクションを付する場合もあります。

例１：

○月△日の貴社会社説明参加について

例２：

【要回答】懇親会参加のお願い

例３：

【至急】海外出張の可否について

②　宛先

宛先メールアドレスを記入する欄には、メールアドレスに先立って、半角の「”」の後に漢字の宛先名を入れ、半角の「”」で締めます。その後ろのメールアドレスの前後には「＜」「＞」を入れます。

例：” 大妻商事営業部 蒲田様 ” ＜ gamada@otsuma.co.jp ＞

本文中の宛先は、本文の冒頭に左揃えで、ビジネス・レターと同じように「企業名」「部署名」「役職」「氏名」「様」を記述します。

③　送信元

送信元メールアドレスを記入する欄には、メールアドレスに先立って、半角の「”」で、漢字の送信元を入れ、半角の「”」でしめます。その後ろのメールアドレスの前後には「＜」「＞」を入れます。

例：” 大妻食品 浜松町子 ” ＜ jinji@otsumashokuhin.co.jp ＞

④　あいさつ文

本文冒頭にも宛先（所属・氏名）を書き、改行し、次にあいさつ文を書きます。ビジネス・メールのあいさつ文には「拝啓」などは使わないのが一般的です。「いつもお世話になっております」「はじめてお世話になります」などの軽めのあいさつが使われます。

例1：

妻女商事 大木様 いつもお世話になっております。大妻食品の浜松 町子でございます。

例 2：

> 唐木田販売株式会社　人事課御中
> 初めてお世話になります。大妻女子大学人間関係学部 3 年の大妻花子と申します。

⑤　本文

本文は、ビジネス・レターと同じ要領で記述します。「さて」で用件の概要を述べ、「つきましては」で具体的なアクションを書く。

⑥　締めの言葉

締めの言葉は「敬具」を使わないほかは、ビジネス・レターと同様です。締めの言葉の最後には、送信人の所属・氏名を書きます。

ビジネス・メールの例は、図 5-12 を参照してください。

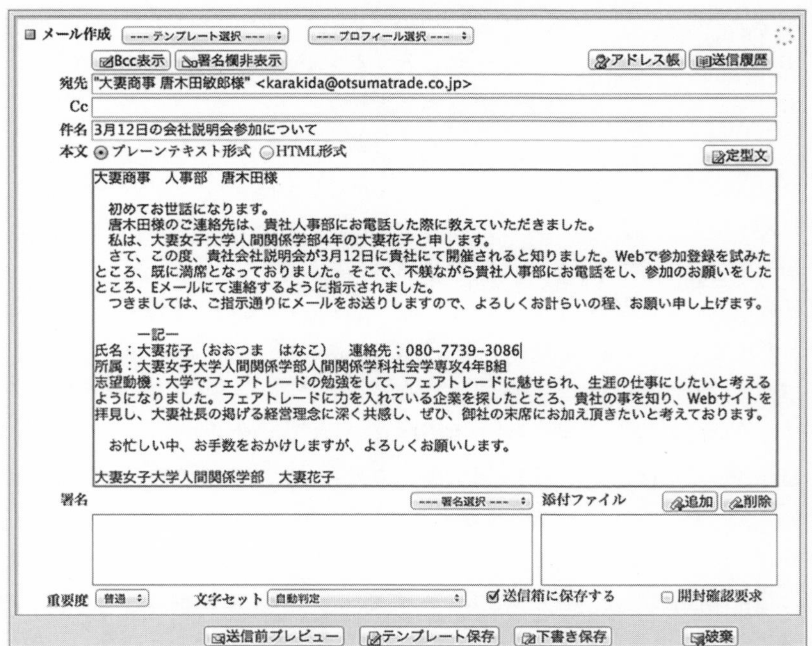

図 5–12：ビジネス・メールの例

⑸　ビジネス用語

ビジネス・レターやビジネス・メールでは、ビジネス用語を使います。ビジネス用語の基本は「尊敬語」「謙譲語」「丁寧語」の違いを理解することです。その上で正しい組み合わせで、慇懃無礼にならないように書きます。

「尊敬語」や「謙譲語」を使いすぎると慇懃無礼になり、相手を怒らせることになりかねません。相手が気持ち良く読むことのできる言い回しを使います。

以下にビジネスでよく使う言い回しを記述します。

「わかりました」　→　「承知いたしました」「かしこまりました」
「知りません」　→　「存じません」
「知っています」　→　「存じております」「存じ上げております」
「できません」　→　「いたしかねます」
「すみません」　→　「申し訳ございません」
「いいですか」　→　「よろしいでしょうか」
「どうしますか」　→　「いかがなさいますか」
「すみませんが」　→　「恐れ入りますが」
「受け取りました」　→　「受領しました」
「見てください」　→　「ご覧ください」「ご高覧ください」
「待ってください」　→　「お待ちください」
「教えてください」　→　「ご教示ください」
「知っておいてください」　→　「ご承知おきください」
「受け取ってください」　→　「ご査収ください」「お納めください」
「わかってください」　→　「ご了承ください」
「出席してください」　→　「ご臨席賜りますようお願い申し上げます」
「まじ、やばくね」　→　「本当に素晴らしいです」
「超うざいんだけど」　→　「大変込み入っておりますので（ご対応いたしかねます）」

最後の２つの言い回しは、半分冗談ですが、友達同士の学生言葉を臨機応変でビジネス用語に変えられるようにしておきましょう。この他には、ビジネス上で「鋭意検討させていただきます」と言われたら「断られた」ということだったり、電話で相手に「わたくしは、○○と申します」と言われたら自分の名前を名乗らなくてはいけなかったり、とビジネスの世界にはびっくりするような習慣もあります。ビジネス慣習は企業に入ってから身につければよいでしょう。

以下によく使われるビジネス用語を記述しますので、意味がわからない場合は各自調べてください。

・ご愛顧	・遺憾	・委託	・異動	・お取り計らい
・御社	・ご快諾	・ご回答	・各位	・格段
・格別	・賀詞	・ご勘案	・貴下	・貴兄
・貴社	・記念	・ご教示	・苦慮	・ご健勝
・ご高札	・ご厚情	・ご高配	・ご指導	・ご鞭撻
・懇願	・ご査収	・参画	・時下	・次第
・仕儀	・叱責	・失念	・謝意	・重責
・周知徹底	・受託	・遵守	・照会	・小社
・承服	・親展	・尽力	・清栄	・先般
・送付	・ご足労	・存じます	・大過なく	・卓越
・賜り物	・陳謝	・丁重	・顛末	・当社
・拝啓	・拝謁	・拝受	・拝復	・陪席
・配慮	・万障	・販路	・老朽化	・ひとかたならぬ
・引き立て	・弊社	・平素	・芳名	・邁進
・末筆	・未着	・見計らい	・ご猶予	・ご容赦
・ご用命	・～の由	・～の故	・略儀	・ご留意
・隆盛	・了解	・領収	・了承	・ご臨席

⑹　報告書（レポート）や論文の作成

大学におけるレポートや卒論では「論じる」ことが求められます。「論じる」というのは客観的な事実を述べてから自分の意見を述べることです。いくつかの客観的事実を述べることで、自分の意見が正当であると読み手に理解をさせるのです。

卒業論文（卒論）は大学４年間の集大成であり、最後の関門です。４年時に仮題目届け提出、中間発表実施、卒業論文提出といった公的な〆切りが３つもあり、どれも遅れることが許されません。遅れた場合は卒業延期を含む罰則が適用されます。また、就活においても、卒論についてはよく聞かれます。自分の卒論を簡潔に説明できることは、コミュニケーション能力、論理的な思考、ルールの厳守などの能力を企業に示す格好のチャンスです。

多くの場合、卒業論文はゼミ単位で論文集にしたり、個々の論文をそれぞれ製本したりします。この場合、指導教員は最初に用紙の大きさや１ページの文字数などをまとめた執筆要綱を学生に渡します。学生は、その執筆要綱にそって卒業論文を執筆します。もし、執筆要綱がもらえない場合は、指導教員に執筆要綱を要求しましょう。

その他、参考になる執筆要綱としては、日本社会学会の『社会学評論スタイルガイド』がインターネット上にあります。その URL は、以下の通りです。

http://www.gakkai.ne.jp/jss/bulletin/guide.php

また、自分の専攻する学問の学会の Web サイトを見て、その学会の学会誌の執筆要綱を見ることもよいでしょう。ここでは、論文の表記方法と Word におけるその設定に関して学習します。

①　卒業論文を知る

卒論は、あなたが社会学を学んだ４年間の集大成です。卒論は同じ内容の論文を２部作成し、１部は指導教官の研究室に保管され、後輩が参考にします。恥ずかしくないものを作成しましょう。

論文とは、テーマに沿って中心命題（リサーチクエスチョン）を解決する論理的な文章です。基本的な型があるので、その型に沿って作成するとよいでしょう。社会学専攻の場合、最低１万５千字を書かなくてはいけません。でも、これは卒論の平均からいえば、少ない方です。２万字から５万字の卒論を課している大学も少なくありません。

卒論の要件は以下の通りです。

・目的が１つだけで明確なこと（目的:○○というテーマで、▲▲というリサーチクエスチョンを設定して、◎◎という結論を得る）
・綿密に研ぎ澄まされたリサーチクエスチョンが１つであること（リサーチクエスチョン：テーマに対する疑問）
・問題と解決の枠組みがあること（▽▽という問題を●●という方法で解決す

る）

・リサーチクエスチョンが持つ含意に言及されていること（含意：間接的に表されるもの。例：「女性管理職が少ない」のは「男女差別が存在する」ことが直接的には考えられるが、含意としてはその背景としての「日本古来の社会背景による文化」や「女性が出産するという生物学的な役割が企業社会ではハンデとなる」などが考えられる）

・本文が整合的に構成されており、上の要素がうまく展開されていること

・序論部・結論部のあるべき基本的パターンが成り立っていること

・リサーチクエスチョンの説得力を増やす技術のうち、少なくとも「反論に対応する」と「採用した解決方法を正当化する」という2つは駆使されていること

卒論の要件が理解できたら、自分が書こうとしている論文が卒論の要件に当てはまっているかを確認しましょう。

次に卒論の基本形について説明します。以下の問いを満足できる解答が自分で出せれば卒論の基本形はOKです。

・テーマとリサーチクエスチョンは設定できたか
　例：テーマ：職場におけるジェンダー問題
　　　リサーチクエスチョン：なぜ、女性管理職は増えないのか

・なぜこのテーマ、リサーチクエスチョンにしたか（テーマ、リサーチクエスチョンの根拠・もっともらしい理由付け）
　指導教官他、聞いた人が納得する内容にする。

・先行研究のおさらい（詳しい内容、理論の説明）とこのテーマ、リサーチクエスチョンの新しい部分の説明
　少なくとも1つは社会学の既存理論を用いる。

・テーマ、リサーチクエスチョンに関する議論についてのさまざまな論争について
　先行研究の調査が浅いとこれらは見つからない。

・リサーチクエスチョンを解決するための仮説や結論
　リサーチクエスチョンが適切かどうかは、結論に至るための道筋（仮説）が説明できるかどうかにかかっている。

仮説や結論に必要なデータが集められるかが重要

・なぜこの方法で研究したか。テーマを説明するのに最も適切であることを反論を踏まえた上で説明する
仮説検証型で、先行研究を踏襲している（先行研究と同じ方法で新しいデータを用いて検証する等）と説得力が高い

・仮説検証を行うには帰納法か演繹法を用いるとよい（帰納法：事実を積み重ねて結論を得る「A 君もゲーム持っているし、B 君もクリスマスのプレゼントでゲームを買ってもらったし、C ちゃんも昔からゲーム持っているよ。だからゲーム買って！」 演繹法:周知の概念から結論を得る、三段論法等「ゲームは子供が遊ぶためにある、私は子供である、よって、ゲームを買ってもらう権利がある」）

・結論（なぜこうなったか）テーマ、リサーチクエスチョン、仮説から論理的に導き出された結論であるか、どうか。
リサーチクエスチョンがうまく設定できないときは、まず結論を考え、その結論を導くためのデータを集め、その結論に至る仮説、リサーチクエスチョンを設定する。仮説検証を逆から行って、リサーチクエスチョンを導き出す。
例：結論：女性社員が管理職になるために必要なキャリアを積む過程において、結婚（転勤の妨げ）と出産（通常勤務の妨げ）が大きなリスク要因となると考えている経営者が多い。
データ：内閣府『男女共同参画白書』など。
リサーチクエスチョン：なぜ、女性管理職は増えないのか

② 卒論のテーマを決める方法

まずは、研究ノートを作ります。紙のノートでも、スマホのメモでも、PC や iPhone のメモ帳、Evernote などのメモ・アプリでもいいのですが、気がついたときに書き留めることのできるものを用意します。思いついたアイデアを研究ノートに書き留めます。長い文章でなくて構いません。キーワードやキーフレーズを書き溜めていきます。綺麗に書かなくていいです。殴り書きでも図や絵でもいいので、情報を書き留めるということが大事です。これらが素材です。素材が溜まってきたらググッてみましょう。さまざまな情報が出てきますが、その中から興味のある情報や自分の研究に有益な情報を見つけます。

Web 上に情報を見つけたら、Web ページの概要、URL（Http:// で始まるアドレス）を書き留め、いつ見たか、見た日（参照日）も記録します。書籍などの場合は、概要を書き、著者名、タイトル、出版社、発行年を記録します。（これらは卒論執筆時に参考文献情報として必要になります）

こうやって情報を集めていき、時々研究ノートを全部読むことで自分の興味があること、やりたいことが見えてきます。見えてきたら、それらも研究ノートに書いておきましょう。情報収集とまとめを繰り返していくうちにテーマが定まってきます。すぐにひとつにせずに放置し、他のテーマを考えてみます。いくつかのテーマが出てきたら、自分の中で競わせます。放置することで程よく発酵し、競わせることで、自分の中の考えがまとまっていきます。

次に、研究テーマ、リサーチクエスチョン（課題)、仮説（仮の結論）の設定を行います。研究ノートにいろいろなことをランダムに書き溜めていき、テーマとなるものが見えてきたら、リサーチクエスチョンを設定します。テーマに対して何を解決するかの課題をリサーチクエスチョンと言います。次に設定したリサーチクエスチョンに対する仮説（仮の結論）を考えます。論文の結論とは調べて最後にわかるものではなく、リサーチクエスチョンを設定したときに仮説として仮の結論を考えると、卒論に必要な先行研究やデータが見えてきます。こうすると論文が作成しやすいです。リサーチクエスチョンから結論に至るまでに先行研究があるか、その先行研究との齟齬（そご）はあるか、自分の考えた結論を正当化するのに必要なデータがあるかどうかが、論文作成のコツです。

たとえば、テーマが企業における男女格差で、リサーチクエスチョンが「なぜ女性管理職は少ないのか」で、仮の結論（仮説）を「女性社員が管理職になるために必要なキャリアを積む過程において、結婚（転勤の妨げ）と出産（通常勤務の妨げ）が大きなリスク要因となると考えている経営者が多い」と設定したときにこの結論が出せる先行研究とデータが見つかるかどうかに論文の成否が掛かっていると言っても過言ではありません。

研究ノートが充実してきて、テーマやリサーチクエスチョンが決まったら、先行研究を見つける作業を進めます。社会学などの社会科学系の学問ではレポートの中で用いる客観的事実は先行研究で示されることが多いです。先行研究とは自分がこれから書くレポートと同じ分野の研究者が既に発表して本、雑誌、インターネットなどで公表した文書です。先行研究の中には自分と同じ意見や異なる意見がありますが、これらの先行研究をレポート内で使うときは「いつ、どこで、誰が」行ったのかを明記し、自分の意見ではないと明らかにすることが重要です。

卒業論文のレベルであれば、本文は1/4から2/5程度が先行研究など他の本からの引用になることが多いので、実際にオリジナルで書き起こす部分は残り3/4から3/5になります。みなさんは「この研究は誰もやっていないだろう」とか「オリジナリティあふれる論文を書こう」と意気込んでいるかもしれませんが、論文のプロからするとそれは大きな間違いなのです。みなさんが考え付いたことは、他の誰かが既に研究していて論文を執筆していることが多いでしょう。みなさんに必要なのは、自分が思いついたことについて過去に誰が研究しているのかを調べることです。これを先行研究調査といいます。文系の論文ではこの先行研究が非常に重要です。論文の中でいくつかの先行研究の説明に全体の30～40%程度を割くことは珍しくありません。「○○は××といい、□は△と言っているが、私は▲だと考えている。その理由は、■■というデータによって明らかになったからである」というのが一般的な論文の形式になります。

著作や論文集、Googleスカラー（https://scholar.google.co.jp）やCiNii（さいにい）（http://ci.nii.ac.jp）を使って、研究ノートに書き溜めたキーワードを検索することで、先行研究（自分と同じような興味を持った人が行った研究）が見つかります。

先行研究が見つかったら、それを読み込みます。先行研究の後ろには必ず参考文献がついていますので、その参考文献を研究ノートにコピペしましょう。いくつかの先行研究の参考文献を見比べると、どの参考文献にも共通して入っている書籍がみつかります。多くの場合、この書籍が、あなたが研究したいことに関する重要な書籍になりますので、購入したり、図書館で借りたりして読みましょう。

収集した情報を管理するためにクラウドストレージなどを使いましょう。たとえば、DropboxなどのスマホやPCで共通して使えるクラウド・ストレージを1個用意します。DropboxやiCloudなどなら無料から使えます（http://www.dropbox.com）。Web上で見つけたPDFファイルなどは、このDropboxにダウンロードしておきます。学校の行き帰りや暇な時間にスマホをみて、良さそうな文献があったら、Dropbox にダウンロードし、後日、PC で見直します。引用できそうな箇所、キーワード、キーフレーズが見つかったら、研究ノートに記載します。図書館で借りた書籍は、重要な部分を情報処理教室のスキャナを使ってファイル化したり、スマホで撮影したりしておきましょう。.jpg ファイルや .pdf ファイルに変換できます。

情報収集の効率を高めるには、PC とスマホなどを連動することを考えましょう。Dropbox はスマホ用アプリもあるので、PC とスマホの両方にアプリを入れておきましょう。通学時などにスマホで情報を見つけ、その場で Dropbox にダウンロードし、ためていきます。家や学校の PC から Dropbox にアクセスすればスマホから入れた情報が見られますから、それらを見て研究ノートに要約やまとめ等を記入しておきます。

USB メモリは紛失の危険があるので、USB メモリの内容は定期的に Dropbox に保管しましょう。卒論の執筆が始まったら、Word のファイルも Dropbox に格納するようにします。こうすることで、学校でも、自宅でも、ファイルの編集ができるようになります。

③ 引用・脚注・参考文献リストなど

本文中に他の書物やインターネットから文章を持ってきて、そのまま掲載するのが引用です。「」の中に入れたり、左側のインデントを下げたりして、自分の意見ではなく、他人の書いたことだとわかるようにします。引用の後ろに著者、発行年、引用箇所のページ（例：(齊藤豊 2013：67-9)）を示すか、脚注をつけ、どちらの場合も参考文献リストに記載します。

論文に使う例証や事例、あるいは先行研究の論文などをインターネット上で検索することがあると思いますが、論文に使える情報と使えない情報を見分けましょう。

- 検証可能性：ウィキペディア（Wiki）などに掲載されている検証不可能な情報は論文に用いてはいけません。検証不可能な情報は誰かの意見にすぎません。論文で使う情報は、検証可能でなくてはいけません。
- 原データをあたる：先行研究となる論文を読んでいるとその中で使われている例証や事例がありますが、そのまま使ってはいけません。先行研究となる論文の参考文献リストを見て、そのデータがどこから来ているのかの追跡調査を行います。そして、最初にそのデータが出たところを見つけます。それが原データ、もしくは1次データと呼ばれるもので、論文で使う上で価値の高い情報です。反対に原データを調べずに「○○に掲載されていた××が作成した△△は、…」という引用は「孫引き」といって好ましくありません。論文の中では常に元のデータである原データや1次データを使いましょう。
- インターネットで学術情報を探す場合は、国立情報学研究所が提供している CiNii（http://ci.nii.ac.jp）や Google スカラー（http://scholar.google.co.jp/）がよいでしょう。

次に脚注について説明します。Wordでは、2種類の脚注を使うことができます。ひとつは注をつけたページの下にその内容を記述する脚注と、もうひとつはすべての注の内容を文末にまとめて記述する文末脚注です。

どちらの脚注も注をつける場所を選択したあとに参考資料タブ▼脚注グループのダイアログボックスを出し、設定することができます。脚注と文末脚注ダイアログボックスでは「場所」で脚注か、文末脚注を選び「書式」で文中に表示する文字を選びます。通常は「1、2、3、…」とします。

同じ本から何回か引用する場合、注には、日本語文献の場合は「同上書」英語文献の場合は斜体で「*ibid.*」と記述します。

次は参考文献リストの説明です。参考文献リストは通常、論文の最後に配置します。参考文献リストには、本文中で使用した本、雑誌、新聞、Web サイトなどの情報を記述します。この情報を用いて第三者が参考文献を入手できるようにする必要があります。参考文献はいわば論文の証拠（エビデンス）です。論文というのは検証可能でなければなりません。あなたが論文内で論じた論理や因果関係が客観的に見て正しいということを証明するための材料を参考文献リストによって提示することで検証可能になります。論文の内容よりも参考文献リストを重要視する学者もいます。

Word には、参考資料タブ▼引用文献と文献目録というグループがあり、文献目録（参考文献リスト）を作成することができます。文献目録に登録しておくと他の論文を執筆する際にも利用することができて便利です。しかし、卒業論文1本しか書かないのであれば、この機能は使わなくてもよいでしょう。

参考文献リストの作成方法に絶対的なルールはありません。学問の種類によって異なります。したがって、参考文献リストの記載ルールは担当教員に確認する必要があります。以下に一般的なルールを記載しますので参考にしてください。

- 英語（外国語）文献の掲載順番は、著者苗字の ABC 順にする。一般的には英語の氏名は「名前　苗字（例：Adam Smith)」の順で書きますが、航空券のチケットや文献リストなどでは「苗字 ,（カンマ）　名前（例：Smith, Adam)」で記載します。
- 日本語文献の掲載順番は、著者苗字名前のあいうえお順にする。
- 英語文献は、氏名、発行年、論文タイトル（章の名前)、掲載本の名前、（編者の名前)、（出版地)、出版社、掲載ページ範囲の順に記述します。掲載本でなく、著書（1 冊の本）の場合は、論文タイトルと掲載ページ範囲は記述しません。論文タイトルは「'」（シングル・クォーテーション）で囲み、掲載本や著書の名前はイタリック体（斜字）で記述します。みなさんが英語で論文を書く場合は参考文献リストには出版地が必要ですが、日本語で論文を書く場合はなくてもよいでしょう。（記述例：Portes, Alejandro 1981, 'International Migration: Conditions for the Mobilization and Use of Migrant Labor under World Capitalism', Labor, Class and the International System, Academic Press, pp.21-65)
- 日本語文献は、著者氏名、発行年、論文タイトル（章の名前)、掲載本の名前、出版社、掲載ページ範囲の順に記述します。発行年は著者氏名の次に（ ）（小かっこ）もしくは［ ］（大かっこ）で括って記述するか、出版社の後ろに XXXX 年という形で記述します。前者の方法は本文中で引用する場合に便利です。掲載本でなく、著書（1 冊の本）の場合は、論文タイトルと掲載ページ範囲は記述しません。論文タイトルは「 」（カギかっこ）で囲み、掲載本や著書の名前は『 』（2 重カギかっこ）で括ります。（記述例：池田秀一、齊藤豊（1996)『第 2 世代クライアント / サーバー開発環境とは何か Oracle の RDBMS 戦略』ソフトバンク）
- 雑誌の場合は掲載本の名前の後ろ（2 重かぎかっこの外）に巻・号を記述します。（記述例：榊原清則（1997)「国家超越企業とシリコンバレーモデル」『オペレーションズ・リサーチ：経営の科学』Vol.42,No.10 日本オペレーションズ・リサーチ学会）
- インターネット資料の場合は、著者名、発行年、タイトル、URL、参照日を記載します。（記述例：日本オラクル株式会社（2007）『第22期（平成19年5月期）有価証券報告書』 URL：http://www.oracle.co.jp/corp/IR/securities.html　参照日：2010年10月12日）

- 同じ著者の文献は発行年順に並べます。このとき、2番目以降の著者名表示には氏名ではなく「—」（ダッシュ）を使います。
- 外国語文献とその翻訳書の両方を参考文献にする場合は、外国語文献の後ろに翻訳書の情報を入れます。（記述例：Saxenian, AnnaLee 2006, The New Argonauts: Regional Advantage in a Global Economy. Harvard University Press.［本山康之，星野岳穂（監修），酒井泰介（翻訳）『最新・経済地理学 グローバル経済と地域の優位性』日経BP社，2008年］）
- ページ番号は、日本語文献の場合は「XXページ」もしくは「XX頁」英語文献の場合は、単独ページなら「p.XX」複数ページに渡る場合は「pp.XX-XX」と記述します。

本文）
　経営の3大資源は、ヒト・モノ・カネであるが、起業時には、特にヒトがあげる成果が重要である。クリステンセン（2003）は「組織が設立間もない頃にあげる成果は、その資源、特に人材に負うところが大きい」[1]と論じている。………………

脚注）
　[1]：クリステンセン、レイナー（2003）232ページから引用。

参考文献リスト）
　クレイトン・クリステンセン、マイケル・レイナー著、玉田俊平太、櫻井祐子訳『イノベーションへの解』翔泳社、2003年

図5-13：引用・脚注・参考文献リストの例

続いて、図表番号と出典・単位について説明します。グラフや図、表をレポートや卒論で使用する場合は、図表番号と出典などを必ず記載します。表は列と行からなるマス目に文字や数字が入ったもので、それ以外のものはすべて図になります。図の場合は図の下に　図1：日本の人口（出典：総務省2021年）　のようにナンバリングした図番号：タイトル（出典）を書きます。表の場合は、表の上に表1：日本の人口（出典：総務省 2021年）のようにナンバリングした表番

号：タイトル（出典）を書きます。グラフや表には、縦軸、横軸の単位をたとえば、単位：万人、のように記述します。なお、出典に記述したものは参考文献リストに入れ、読者がその証拠を探せるようにします。他の人が書いた表や図に変更を加えた場合は、出典を書いてから「筆者が一部改変」などと記載します。独自に作成した表や図は「出典：筆者作成」と記載します。

指導教員によっては、図表番号一覧を論文の後ろにつけることを要求することもあります。図を選んでからマウスの右クリック▼図表番号の挿入を使って図表番号を振っておけば、任意の場所に参考資料タブ▼図表目次の挿入をクリックすることで図表目次を自動的に作成することができます。

④ 用紙の設定と表紙、目次、要旨

卒業論文を刊行する場合、原稿の大きさは、A4 です。提出時には、大学の購買部で卒論用のファイルを購入し、それに綴じなくてはいけないかもしれません。最終的にどういう体裁（本の形）で提出すればいいかについては、なるべく早く確認しておきましょう。締め切りに遅れると大学は提出を受け付けないことが原則になります。

用紙の大きさが決定したら、1 行の文字数、1 ページの行数の設定を「ページレイアウト」から行います。A4 であれば、1 行 40 文字以下、1 ページ 30 行以下のことが多いです。原則として、見出し（章・節・項）はゴシック体、本文は明朝体のフォントを使います。卒論が 1 万 5 千字の場合、1 ページ 40 行、1 行 30 文字であれば、全体で 12 ～ 13 ページになります。

フォントの大きさの指定がない場合でも本文は明朝体の 10.5 ポイント以上を使いましょう。みなさんは若いから小さい文字でも苦になりませんが、指導教官は高齢な場合があり、老眼などで小さい文字が読めないことがあります。ちなみに老眼は 40 歳を過ぎると始まります。

次に論文の表紙・目次について説明します。論文の表紙は指定がある場合は、指定に従います。指定がない場合は、タイトル、副タイトル、提出日、氏名などを記載します。（卒論の場合は、必要に応じて、所属学部・学科・専攻・ゼミ名などを記載します）目次は教員の指示に従うか、論文のボリュームによってつけるか、どうかを検討しましょう。30 ページ以内の論文であれば、必要ないかもしれません。

Word には自動的に目次をつける機能があります。ホーム・タブ▼スタイル・グループのクイック・スタイルで「見出し」のいずれかを本文中に設定しておき、参考資料タブの目次グループの目次ツール▼目次の自動作成を実行すると目次が作成されます。

最後に概要（要旨）について説明します。概要（要旨）は、論文の要約です。これから論文を読む読者に「とっかかり」を与えるものです。読者の理解を助け、自分の主張が受け入れられる下地を作るための読み物です。卒論の場合は、要旨を中間発表で発表し、副査に自分の卒論の概要を理解してもらいます。

概要（要旨）を何文字以内で記述するか、というのは指定されることが多いので、指定された場合にはその指定に従って記述します。指定されない場合は、論文の量により、100 字から 2,000 字の間で記述します。

概要（要旨）の先頭には、論文の目的や意義を記述します。この論文で証明したい因果関係を端的に書くとよいでしょう。そして、自分の問題意識を述べ、先行研究を述べます。この時点で読者に自分勝手な理論ではなく、先行研究に基づいたものであるということを意識させます。次にこの論文の結論を述べ、最後に今後の課題を記述して締めくくります。論文の要旨がよくできていて、参考文献リストにその研究で必須となる文献が入っていれば読者の印象は良いものとなるでしょう。

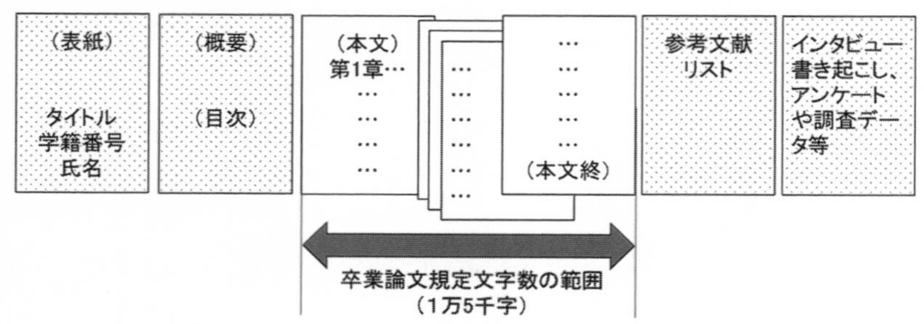

図 5-14：提出用の卒業論文における規定文字数の考え方

⑤　論理的な文章を書くために

論理的に文章を書くためには、日本語の文法上で正しい文章を書かなくてはいけません。自信の無い人は本多勝一著『日本語の作文技術』（朝日新聞出版）や細谷功著『入門『地頭力を鍛える』32 のキーワードで学ぶ思考法』（東洋経済新報社）などで勉強してください。

さて、論理的な文章とは、読者に突飛な印象を与えない文章です。文章の構成として、A を説明し、B を説明し、A と B の関係を説明するというのは論理的です。しかし、論理的な文章を書きなれていない人は、A を説明し、B を説明し、その次に A と今まで説明されていない C についての関係を説明することが多く起きます。読者は唐突に現れた C に戸惑うのです。これが推理小説などの物語ならそういう手法もアリかもしれませんが論文では NG です。

論文では論理の積み重ねが重要なのです。「A という現象が起きたときに必ず B という現象が起きます」と記述したら、A とは何なのか、B とは何なのか、を明らかにしてから、次の論理に入ります。文系の論文では例証することが多くありますが、例証に使う例についても詳しく説明しましょう。同じ言葉でも読み手によって意味が変わることはよくあります。「グローバリゼーション」という言葉を聞いたときにある人は、1990 年代以降のグローバリゼーションを思い起こし、ある人は、1920 年代のグローバリゼーションを思い、また、ある人は大航海時代のグローバリゼーションを思うかもしれません。自分の論文にとって重要な言葉は誤解の起きないように詳しく説明しましょう。

(7)　練習問題 5

※ Word を立ち上げ、新規文書を作成し、ドキュメントに自分の漢字氏名＋日付（例：大妻花子 20210610.docx）で保存しましょう。同じ日付で複数のファイルを保存する場合は「-」（ハイフン）と 1 から始まる連番を日付の後につけましょう。

①　履歴書送付レター

みなさんが就職活動を行っているときに意中の企業に履歴書を郵送することになりました。「履歴書を同封して送ります」という内容のヘッド・レターを作成しましょう。(A4　1 枚以内)

宛先：大妻商事株式会社　人事部人事課採用係

件名：履歴書の送付について

本文：適切な挨拶文を入れた後に 「会社訪問したいという電話をしたら人事課の人に履歴書を送るように言われたので送ります」という内容をビジネスに適した文章に直して書く。締めの言葉も忘れないようにしましょう。

②　会社説明会参加依頼メール

次の会社説明会広告を見て、出席の依頼をするメールを書きましょう。

宛先：開催概要を参照

件名：会社説明会参加のお願い

本文：適切なあいさつ文を入れた後に 「貴社の会社訪問広告を見て、そこにあった応募要領に従って、申し込みのメールをしています」という内容をビジネスに適した文章に直して書く。開催概要に記載された内容も忘れずに書き、締めの言葉も忘れないようにしましょう。

開催概要：
　件名：大妻食品工業株式会社2023年度新卒向け会社説明会
　日時：2022年3月1日（集合時刻は出席者のみに通知）
　場所：本社会議室（東京都千代田区紀尾井町4-1）
　申込手順：
　① 会社訪問予約
　　・以下の内容を記入したEメールを送付してください。
　　　折り返し、出席の可否を伝えます。
　　　件名：2023年度新卒向け会社説明会への出席希望
　　　本文：住所、氏名、大学名、学部名、学科名
　　　　　　400文字以内の自己紹介文
　　・送付先：2023Shinsotsu@otsumashokuhin.co.jp
　　・締め切り：2021年1月末日
　② 会社説明会当日
　　・弊社から送付したEメールに添付されている出席票を
　　　紙に印刷して持参してください。
　　・来社方法などは、出席票添付のEメールを参照してください。

以　上

③　アウトラインを使った論理的な文章

コーヒー産業におけるフェアトレードに関して、エチオピアのコーヒー生産者団体が行っている活動を中心に論じましょう。

A）A4 の大きさで、1 ページに 1,200 文字の設定で、3 ページ以内に書きましょう。

B）アウトライン表示を使って序論・本論・結論に分けます。論理的な文章を書いてください。

C）図・表・脚注・参考文献リストをそれぞれ必ずひとつ以上入れてください。

第6章

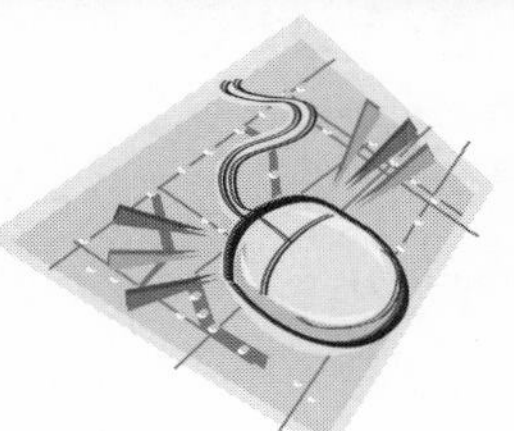

Microsoft Office Excelの応用

※本章は、第３章 Microsoft Office Excel の基礎の続編です。第３章を学習してからこの章を学んでください。

⑴　AI・RPA・ビッグデータ

①　AI

AI はその語感から人間の脳のようなイメージを持つかもしれませんが、それは現時点では間違っています。人間が経験や勘によって直感的にわかるようなことも膨大な量の計算を行ってそこにたどり着きます。コンピュータの計算速度は人間よりもものすごく速いので、あたかも直感的にそこにたどり着いたように感じますが、実際には定型的な計算が何万回と繰り返されているのです。現在のノイマン型と呼ばれるコンピュータ・アーキテクチャでは人間の脳になることはできません。非ノイマン型のコンピュータが作られる日がそのうち来ます。

Office 2016 から AI（人工知能）が取り入れられて、アプリが使用者に色々な提案を行うようになりました。操作アシストは、探している機能を瞬時に見つけ出してくれる機能です。実行したい作業に関するキーワードを入力するだけで、最適な機能を提示します。たとえば、グラフやチャート、表の作り方がわからないときなどに役立ちます。レポートや資料作りを時短できる便利な機能です。リボンの上部にある電球マークのところに「実行したい作業を入力してください」とありますので、ここにやりたい作業をいれるとやり方を教えてくれます。

また、PowerPoint では、デザインの案を提示してくれます。使いこなすには時間がかかりますが、AI が使用者のくせを理解した後は強い味方になってくれるでしょう。このように世の中ではAIの利用が広がっています。AIの利用によって多くの職業がなくなると言われていますが、そんなことはありません。たとえば、その昔、ATMが開発されたとき、銀行員はいらなくなると言われていましたが、ATMが導入されて以降は銀行員が減るどころかむしろ増えています。確かにAIによって無くなる職業もあるかもしれませんが、多くの職業は生産性を高めて残っていきます。AIの得意なことは定型業務ですが、クリエイティブな作業は苦手です。これからの職業は、AIを使いこなしてクリエイティブな作業を行なっていくものが主役になるでしょう。詳しくはキャリア系科目の教員に聞いてください。

② RPA

RPA（ロボティック・プロセス・オートメーション）は、ホワイトカラーのデスクワークを、パソコンの中にあるソフトウェア型のロボットが代行・自動化する概念です。日本国内では2016年からRPAという言葉が使われ始め、そのわかりやすさや即効性から2017年にはブームが始まりました。以前はワークフローと呼ばれていたものも今ではRPAと呼ばれます。たとえば、コンビニの店員が専用端末を使って商品仕入れ情報を卸売店に発注すると、卸売店では人手を介すことなくRPAによって、その発注情報を処理し、在庫の確認を行い、受注が可能かどうかを判断して、受注可能であれば、受注確認と配送の手配を行い、それに基づいて出荷作業が開始されます。このように日常的な定型作業の多くは自動化されています。RPAにAIは、必ずしも必要ではありません。従来からある判断ロジックの組み合わせで対応可能です。今後、RPAにAIがより多く組み込まれて自動化の範囲がさらに広がるでしょう。卸売会社の受発注作業が自動化されてそれぞれの実務担当者が必要なくなり、それらの人材は新たな得意先や仕入先の開拓作業に従事するようになるかもしれません。

③ ビッグデータ

ビッグデータとは、従来のデータベース管理システムなどでは記録や保管、解析が難しいような巨大なデータの塊のことです。明確な定義があるわけではありません。多くの場合、ビッグデータとは単に量が多いだけでなく、さまざまな種類・形式が含まれる非構造化データ・非定型的データです。

グローバル社会では、24時間365日、時系列性・リアルタイム性のあるデータが無尽蔵に作り出されて保管されています。今までは管理しきれないため見過ごされてきたそのようなデータの塊を記録・保管して解析することで、ビジネスや社会に有用な知見を得ることができ、これまでにないような新たな仕組みやシステムを産み出す可能性が高まっています。

これまでの社会調査では主にサンプル（標本）調査が行われていましたが、ビッグデータと AI の組み合わせによって全量（全数）調査が簡単に行えるようになりました。全数調査は、集団の中をすべて調査しますので、集計した結果には、標本調査では必ず生ずる「標本誤差」が含まれません。したがって、全体の結果はもちろんのこと、男女別の結果や詳細な地域別の結果なども統計として利用できます。

現在までのところ、AI をビッグデータの分析に使うとたくさんの相関を見つけることができます。これらの相関をデータアナリストと呼ばれる職業人が精査して因果関係を見つけます。見つかった新たな因果関係は新たなビジネスを生み出す可能性を持っています。AI をビッグデータの分析に繰り返し使うことで AI はさまざまなことを学習します。これをディープラーニングと言います。ディープラーニングによって人間にとってより有益な情報を生み出せるようになります。

⑵　誕生日のパラドックス

みなさんは、同じクラスの中に同じ誕生日の生徒がいたことはありませんか。自分と誰かではなく、クラスメートの誰かと誰かが同じ誕生日というのはそう珍しいことではありません。しかし、1 年は 365 日もあり、誕生日が同じ日なんていうのは 300 人以上いないとありえないのではないか、とも直感的に考えられます。ここでは、同じクラスに同じ誕生日の 2 人がいる確率を Excel の表計算機能を用いて計算してみましょう。

ワークシートの 1 行目に 1 から 5 までをオートフィル機能を使って書きましょう。これはグループの人数を表しています。ひとりのときは同じ誕生日の人はいませんが、数式を作る上で必要なので、1 から始めます。ここでは閏(うるう)年は考えず、1 年は 365 日とします。2 人が集まったとき、1 人目が 2 人目と異なる誕生日の確率は、364/365 で計算できます。3 人集まったとき、2 人目が 1 人目と異なるのは今の計算式で求められ、3 人目が 1 人目、2 人目と異なる誕生日の確率は 363/365 で求められます。全員異なる誕生日となる確率（p1 とする）を求める式は、364/365*363/365 になります。数式で表すと（p1）＝(365−n＋1)/365 となります。

n 人目がそれまでの全員と異なる誕生日となる確率は、(365−n＋1)/365 で求められます。そのグループの全員が異なる誕生日を出すには n−1 のときの全員異なる誕生日の確率にこれをかけることで求められます。数式で表すと（p1)! となります。！は階乗を表します。階乗とは、1 からある数までの連続する整数の積のことです。1 から n までの連続する n 個の整数の積を n の階乗といい、n! と書き表します。ここでは（p1)! となっていて、4 行目で設定した（p1）＝(365−n＋1)/365 の式をかける（積を求める）ことになります。n は 1 から n までの連続する n 個の整数となります

同じ誕生日の人がいる確率は 1 からこの全員が異なる誕生日の確率を引けばよいです。このようにして求めると、同じ誕生日の人がいる確率は 30 人で 70％を超えます。Excel の計算機能とオートフィル機能を使えば、簡単に求めることができます。

	A	B	C	D	E	F	G	H
1								
2		グループ人数(n)	1	2	3	4	5	←1つずつ加算していくようにオートフィルで入力
3		=(365−n+1)	365	364	363	362	361	←C3セルなら =365−C2+1 以降同じ（オートフィル）
4		1人目が他のメンバと異なる誕生日確率(p1)=(365−n＋1)/365	1.000	0.997	0.995	0.992	0.989	←D4セルなら =D3/365 以降同じ（オートフィル）（C4セルも同じ）
5		全員が異なる誕生日確率 =(p1)!	1.000	0.997	0.992	0.984	0.973	←D5セルなら =C5*D4 以降同じ（オートフィル）（C5セルは、 =C4）
6		同じ誕生日の人がいる確率(p2) =1−(p1)!	0.000	0.003	0.008	0.016	0.027	←D6セルなら =1−D5 以降同じ（オートフィル）（C6セルも同じ）
7		同　%表示	0.0%	0.3%	0.8%	1.6%	2.7%	← 小数点以下1位まで表示の%

図 6−1：誕生日のパラドックス

では、この表をオートフィルで広げていって、グループの人数が何人になれば、同じ誕生日の人がいる確率が 99.9％を超えるでしょうか。試してみましょう。

⑶　インターネットからのデータ入手方法

①　表形式ファイルのダウンロードでデータ取り込み

インターネット上を検索し、Excel に取り込みたいデータを見つけたときにそのデータが、表形式ファイル（.xls .xlsx .csv .txt 等）であったときは、そのファ

イルをダウンロードしてExcelで開くことにより、原データを利用することができる場合があります。これは、省庁や役所などの公的なデータや有料のデータを購入した場合などに多くみられます。

表のダウンロード方法についての表示がある場合はそれに従い、表示がない場合は、マウスの右ボタンを押して現れたメニューに「ファイルの保存」があれば、それをクリックします。しかし、プロテクトなどがかけられていてダウンロードできない場合もあります。この場合は②の方法を試しましょう。

② IEのエクスポート機能でデータ取り込み

Webサイトの中には、表形式のデータが表示されていることがあります。これらの表の中には、インターネット・エクスプローラー（IE）の機能を使ってExcel上に表を表示させることができるものがあります。Windows 10にはInternet Explorer 11が標準装備されています。IEで表示された表の上でマウスの右ボタンを押して現れたメニューから「Microsoft Excelにエクスポート」を選びます。そうすると、Excelが立ち上がり、ワークシート上にWeb上の表のデータを挿入してくれます。

しかし、Webサイトによってはエクスポートできないものもあります。この場合は、③を試しましょう。

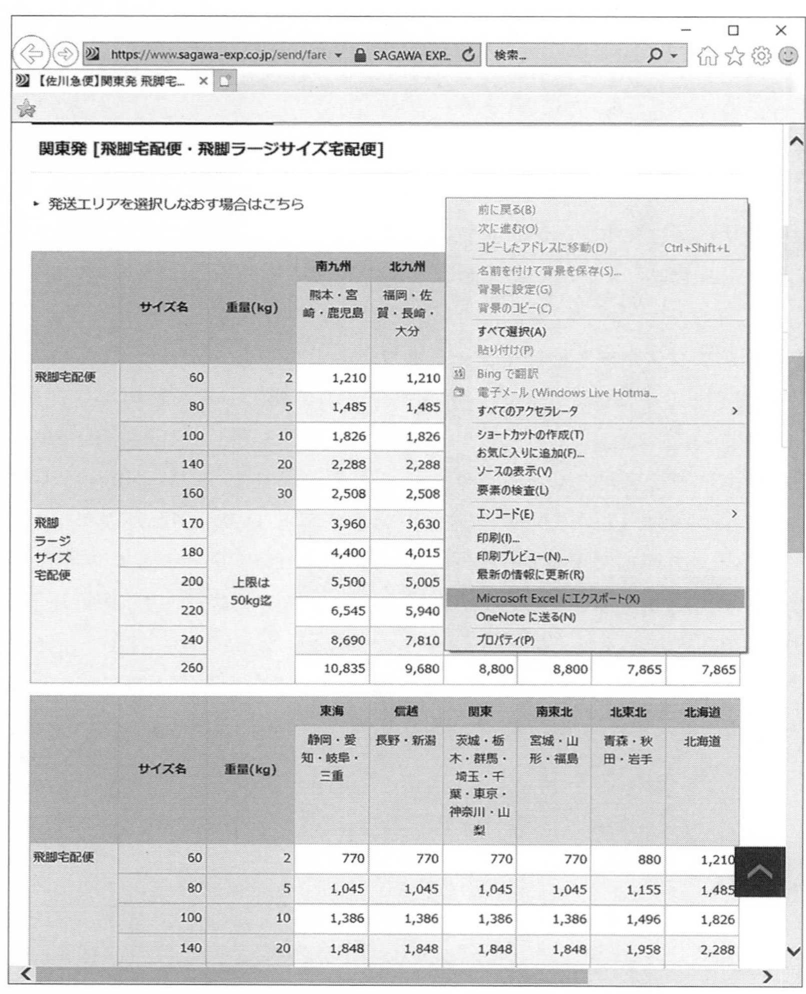

図 6–2：Web 上の表の Excel へのエクスポート（出典：佐川急便 Web サイト）

	A	B
1	ホーム	
2	送る・受け取る	
3	輸送料金	
4	料金一覧	
5	飛脚宅配便・飛脚ラージサイズ宅配便	
6	料金表 関東発 飛脚宅配便・飛脚ラージサイズ宅配便	
7	発送エリアを選択してください。	
8	北海道	
9	北海道	
10	北東北	
11	青森・秋田・岩手	
12	南東北	
13	宮城・山形・福島	
14	関東	
15	茨城・栃木・群馬・埼玉・千葉・東京・神奈川・山梨	
16	信越	
17	長野・新潟	
18	東海	
19	静岡・愛知・岐阜・三重	

図 6–3：エクスポートされた表（Excel 上でレイアウトを行う）

③ Excel の Web クエリでデータ取り込み

Excel には外部データをワークシートに取り込む方法がいくつか用意されています。ここでは「Web クエリ」を説明します。Web クエリを実行するには、データ・タブ▼外部データの取り込み▼ Web クエリ、を選択します。新しい Web クエリ・ダイアログボックスが現れますので、アドレス・ボックスに Excel に取り込みたい表のある Web サイトの URL を入れ、移動ボタンを押します。

新しい Web クエリ・ダイアログボックスに目的の Web サイトが表示されます。Web サイト画面にはところどころに黄色い四角に右向き矢印が描かれているマークがつきます。この矢印は、Excel に取り込む表の単位を表しています。より外側の矢印のほうが広範囲の取り込みを行います。これらの矢印の中から自分が Excel に取り込みたい表の範囲を示している矢印をクリックすると、矢印がチェックマークに変わります。取り込みボタンを押すとデータのインポート・ダイアログボックスが現れますので、データのインポート先（ワークシート名とセル名）を指定し、OK ボタンを押します。

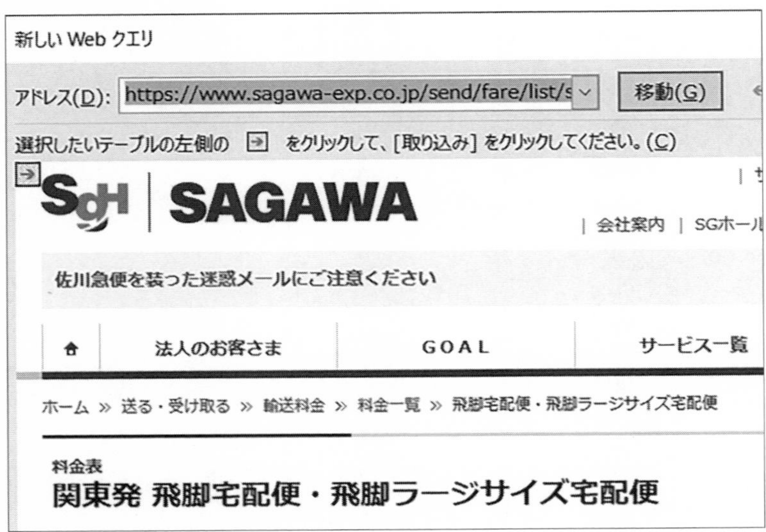

図 6–4：新しい Web クエリ・ダイアログボックス

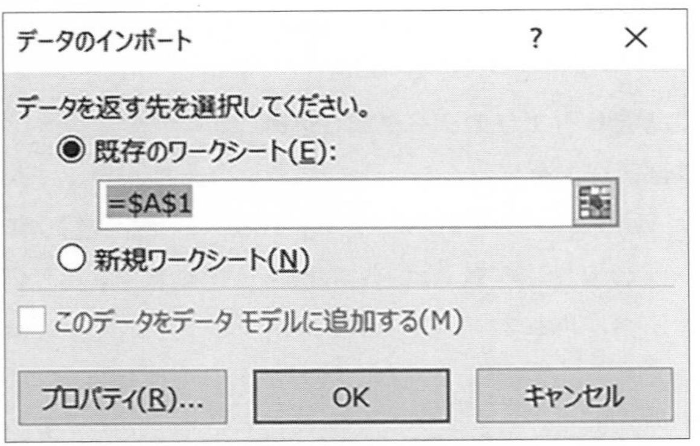

図 6–5：データのインポート・ダイアログボックス

Excel に取り込むと②の図 6-3 と同じようになりますので、Excel に取り込んだら、いらない行やセルなどを削除しながらきれいな表に整えます。

④　テキスト・コピーでの表の作成

Web 上にある表の中には、表の形式ではダウンロードできないものがあります。しかし、その表の内容をテキスト形式でコピーできるものがあります。テキスト・コピーできるものは、いったんメモ帳に貼り付け、テキスト・ファイルとして保存し、Excel で開くことで表形式に変更することができます。

いままでと同じデータを使ってやってみましょう。Web 上の表の最も左上のセルにカーソルを持っていき、マウスの左ボタンを押し、ドラッグしたまま、マウスを動かして、取り込む表のテキスト範囲を指定し、マウスの右ボタンを押して、コピーを行います。メモ帳を開き、コピーしたテキストをマウスの右ボタンを押して貼り付けます。メモ帳のファイル・メニューから名前を付けて保存を選び、自分の漢字氏名と今日の日付をファイル名にし、保存先をドキュメントにして保存します。

Excel を立ち上げ、Office ボタンを押して「開く」ボタンを押し、ファイルを開くダイアログボックスを表示し、ダイアログボックス右下の「Excel ファイル」と表示されている箇所の▼をクリックして「テキスト ファイル」を選びます。ファイルが一覧表示されている中から目的のファイルを選び「開く」ボタンを押します。

「テキスト ファイル ウィザード」が立ち上がりますので「カンマやタブなどの区切り文字によってフィールドごとに区切られたデータ」のラジオボタンを押して「次へ」ボタンを押します。区切り文字で「スペース」にチェックマークをつけ、完了ボタンを押します。

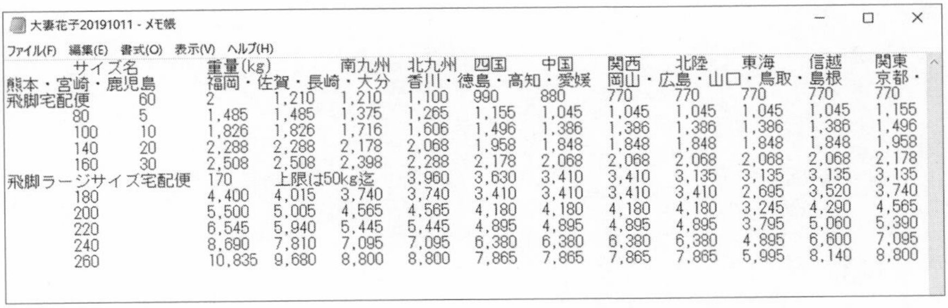

```
大妻花子20191011 - メモ帳
ファイル(F)  編集(E)  書式(O)  表示(V)  ヘルプ(H)
       サイズ名          重量(kg)            南九州  北九州  四国    中国    関西    北陸    東海    信越    関東
熊本・宮崎・鹿児島      福岡・佐賀・長崎・大分  香川・徳島・高知・愛媛  岡山・広島・山口・鳥取・島根  京都・
飛脚宅配便      60      2       1,210   1,210   1,100   990     880     770     770     770     770     770
       80       5       1,485   1,485   1,375   1,265   1,155   1,045   1,045   1,045   1,045   1,045   1,155
       100      10      1,826   1,826   1,716   1,606   1,496   1,386   1,386   1,386   1,386   1,386   1,496
       140      20      2,288   2,288   2,178   2,068   1,958   1,848   1,848   1,848   1,848   1,848   1,958
       160      30      2,508   2,508   2,398   2,288   2,178   2,068   2,068   2,068   2,068   2,068   2,178
飛脚ラージサイズ宅配便  170     上限は50kg迄    3,960   3,630   3,410   3,410   3,135   3,135   3,135   3,135
       180              4,400   4,015   3,740   3,740   3,410   3,410   3,410   3,410   2,695   3,520   3,740
       200              5,500   5,005   4,565   4,565   4,180   4,180   4,180   4,180   3,245   4,290   4,565
       220              6,545   5,940   5,445   5,445   4,895   4,895   4,895   4,895   3,795   5,060   5,390
       240              8,690   7,810   7,095   7,095   6,380   6,380   6,380   6,380   4,895   6,600   7,095
       260              10,835  9,680   8,800   8,800   7,865   7,865   7,865   7,865   5,995   8,140   8,800
```

図 6-6：テキスト・コピーしたデータをメモ帳で保存

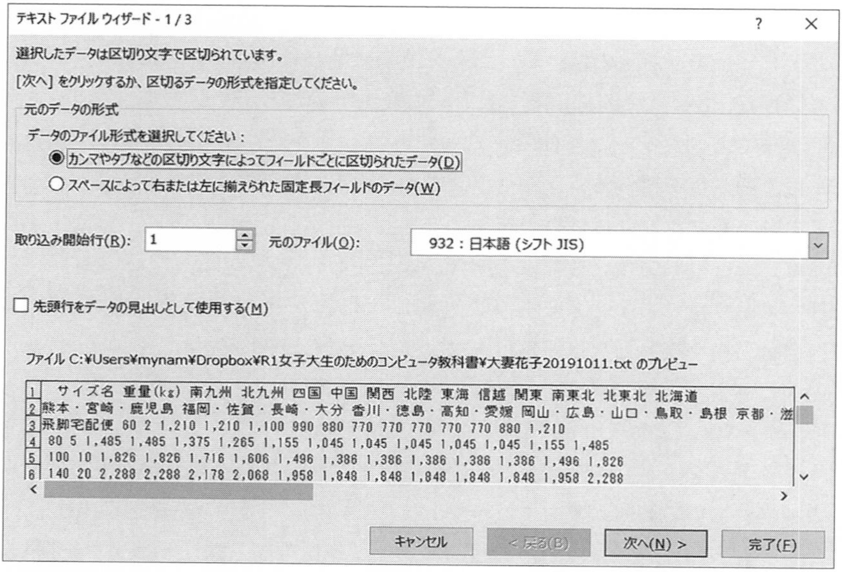

テキスト ファイル ウィザード - 1 / 3　?　×

選択したデータは区切り文字で区切られています。

[次へ] をクリックするか、区切るデータの形式を指定してください。

元のデータの形式

データのファイル形式を選択してください：

◉ カンマやタブなどの区切り文字によってフィールドごとに区切られたデータ(D)

○ スペースによって右または左に揃えられた固定長フィールドのデータ(W)

取り込み開始行(R): 1　元のファイル(O): 932：日本語（シフト JIS）

☐ 先頭行をデータの見出しとして使用する(M)

ファイル C:¥Users¥mynam¥Dropbox¥R1女子大生のためのコンピュータ教科書¥大妻花子20191011.txt のプレビュー

```
1   サイズ名 重量(kg) 南九州 北九州 四国 中国 関西 北陸 東海 信越 関東 南東北 北東北 北海道
2 熊本・宮崎・鹿児島 福岡・佐賀・長崎・大分 香川・徳島・高知・愛媛 岡山・広島・山口・鳥取・島根 京都・滋
3 飛脚宅配便 60 2 1,210 1,210 1,100 990 880 770 770 770 770 770 880 1,210
4  80 5 1,485 1,485 1,375 1,265 1,155 1,045 1,045 1,045 1,045 1,045 1,155 1,485
5  100 10 1,826 1,826 1,716 1,606 1,496 1,386 1,386 1,386 1,386 1,386 1,496 1,826
6  140 20 2,288 2,288 2,178 2,068 1,958 1,848 1,848 1,848 1,848 1,848 1,958 2,288
```

キャンセル　< 戻る(B)　次へ(N) >　完了(F)

図 6–7：テキスト ファイル ウィザード

テキスト ファイル ウィザード - 2 / 3　?　×

フィールドの区切り文字を指定してください。[データのプレビュー] ボックスには区切り位置が表示されます。

区切り文字

☑ タブ(T)

☐ セミコロン(M)

☐ カンマ(C)

☐ スペース(S)

☐ その他(O):

☐ 連続した区切り文字は 1 文字として扱う(R)

文字列の引用符(Q): "

データのプレビュー(P)

	サイズ名	重量(kg)	南九州	北九州
熊本・宮崎・鹿児島	福岡・佐賀・長崎・大分	香川・徳島・高知・愛媛	岡山・広島・山口・鳥取・島根	京都・滋賀
飛脚宅配便	60	2	1,210	1,210
	80	5	1,485	1,485
	100	10	1,826	1,826
	140	20	2,288	2,288

キャンセル　< 戻る(B)　次へ(N) >　完了(F)

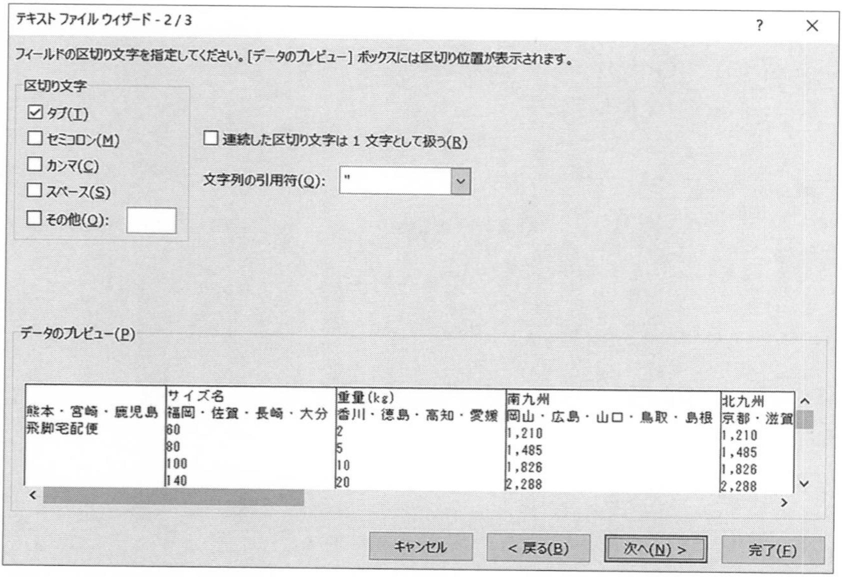

図 6–8：テキスト ファイル ウィザード（完了ボタンを押す）

	サイズ名	重量(kg)	南九州	北九州	四国	中国	関西	北陸	東海	信越	関東	南東北	北東北	北海道
			熊本・宮崎・鹿児島	福岡・佐賀・長崎・大分	香川・徳島・高知・愛媛	岡山・広島・山口・鳥取・島根	京都・滋賀・奈良・和歌山・大阪・兵庫	富山・石川・福井	静岡・愛知・岐阜・三重	長野・新潟	茨城・栃木・群馬・埼玉・千葉・東京・神奈川・山梨	宮城・山形・福島	青森・秋田・岩手	北海道
飛脚宅配便	60	2	1,210	1,210	1,100	990	880	770	770	770	770	770	880	1,210
	80	5	1,485	1,485	1,375	1,265	1,155	1,045	1,045	1,045	1,045	1,045	1,155	1,485
	100	10	1,826	1,826	1,716	1,606	1,496	1,386	1,386	1,386	1,386	1,386	1,496	1,826
	140	20	2,288	2,288	2,178	2,068	1,958	1,848	1,848	1,848	1,848	1,848	1,958	2,288
	160	30	2,508	2,508	2,398	2,288	2,178	2,068	2,068	2,068	2,068	2,068	2,178	2,508
飛脚ラージサイズ宅配便	170	上限は50kg迄	3,960	3,630	3,410	3,410	3,135	3,135	3,135	3,135	2,420	3,190	3,410	3,960
	180		4,400	4,015	3,740	3,740	3,410	3,410	3,410	3,410	2,695	3,520	3,740	4,455
	200		5,500	5,005	4,565	4,565	4,180	4,180	4,180	4,180	3,245	4,290	4,565	5,500
	220		6,545	5,940	5,445	5,445	4,895	4,895	4,895	4,895	3,795	5,060	5,390	6,985
	240		8,690	7,810	7,095	7,095	6,380	6,380	6,380	6,380	4,895	6,600	7,095	8,745
	260		10,835	9,680	8,800	8,800	7,865	7,865	7,865	7,865	5,995	8,140	8,800	10,945

(税込み/単位：円)

図 6–9：展開した表を修正し、完成させた表

Excel のワークシートに表が挿入されます。このとき、データがずれているようであれば、修正します。もし、大きくずれている場合は、メモ帳でデータを保存する前にデータが区切れる場所で、エンター（Enter）キーとタブ（Tab）キー、もしくは、スペースキーをそれぞれ押しておき「テキスト ファイル ウィザード」での区切り文字の指定を「タブ」もしくは「スペース」にします。メモ帳でテキスト・ファイルを作成する際、エンターキーは行が変わるときに押し、タブキー、もしくは、スペースキーは、データの切れ目（セルが変わるとき）に押します。

⑤　取り込めない表

いままで説明した 4 つの方法で Web 上にある表のほとんどは、Excel 上に取り込むことができます。しかし、Flash や PDF で作られたデータの中にはこれらの方法を使っても Excel に取り込めないものがあります。

Excel に取り込めない表は、取り込みたい表を選択してコピー＆ペーストするか、地道に手打ち入力で Excel に入力するか、Excel に取り込まず、図（画像）として使う方法も視野に入れましょう。挿入タブ▼スクリーンショットもしくは、キーボードのプリント・スクリーン（PrtSc）キーを押すと画面のハードコピーを取ることができます。画面上にいくつか、ウィンドウがあるときは、オルト（Alt）キーを押しながらプリント・スクリーン（PrtSc）キーを押すことで、アクティブ・ウィンドウ（一番手前にあるウィンドウ）のみのハードコピーをとることができ

ます。

そして、Excel、Word、PowerPointなどのイメージデータを扱うことのできるアプリケーションを開き、マウスの右ボタンを押して「貼り付け」を行うとハードコピーした内容が貼り付けられます。貼り付けられた図（画像）を選択し、図ツール・タブの書式タブを選び、リボン右端のサイズ・グループの中からトリミングを選択し、黒くて短くて太い線をドラッグして図（画像）の余分な部分をカットしていき、必要な部分のみ表示します。

ハードコピーを報告書などで使うときも必ず、出典を記述しましょう。

⑷　データ操作

Excelで大きなワークシートを作成したときや使用しなくてはいけないときに便利な機能である並べ替えと抽出、自動集計を学びましょう。

①　データの作成

これから実習を行うためのデータを作成します。使用するデータは、総務省統計局が提供する「社会生活統計指標　都道府県の指標」からダウンロードします。ここでは、都道府県別の総人口、総面積、県内総生産、一般病院数をひとつの表にします。

図6-10が表のサンプルです。ページの関係で全体を載せることができません。A列は都道府県コードです。北海道から順番に2ケタのコードが割り振られています。B列は都道府県名です。C列は都道府県別の総人口です。D列は総面積、E列は県内総生産、国内総生産（GDP）の都道府県版です。総務省統計局の「社会生活統計指標　都道府県の指標」のWebサイト（https://www.stat.go.jp/data/shihyou/naiyou.html#toukei1）の「II 基礎データ」の「A 人口・世帯」「B 自然環境」「C 経済基盤」「I　健康・医療」のそれぞれの項目からExcel表をダウンロードし、該当のデータをコピーしてひとつの表に貼り付けを行います。元データにはところどころに空白行があるので、最後にそれを削除します。なお、総務省統計局のWeb上のデータは修正されることがあるので、サンプルにかかわらず、実習時に入手できるデータを使ってください。

	A	B	C	D	E	F
1	コード	都道府県	総人口 (2017) 単位：人	総面積 (2017) 単位：k㎡	県内総生産 (2015) 単位：億円	一般病院数 (2016) 単位：施設
2	01	北海道	5,320,000	83,423.84	189,612	493
3	02	青森県	1,278,000	9,645.64	45,402	80
4	03	岩手県	1,255,000	15,275.01	47,229	78
5	04	宮城県	2,323,000	7,282.22	94,816	113
6	05	秋田県	996,000	11,637.52	33,669	53
7	06	山形県	1,102,000	9,323.15	39,542	55
8	07	福島県	1,882,000	13,783.90	78,236	105
9	08	茨城県	2,892,000	6,097.19	129,921	158
10	09	栃木県	1,957,000	6,408.09	90,163	89
11	10	群馬県	1,960,000	6,362.28	86,669	116
12	11	埼玉県	7,310,000	3,797.75	223,323	293
13	12	千葉県	6,246,000	5,157.61	202,186	252
14	13	東京都	13,724,000	2,193.96	1,043,392	601
15	14	神奈川県	9,159,000	2,416.17	339,188	294
38	…	…	…	…	…	…
39	37	香川県	967,000	1,876.77	37,780	80
40	38	愛媛県	1,364,000	5,676.23	49,155	127
41	39	高知県	714,000	7,103.86	23,997	119
42	40	福岡県	5,107,000	4,986.52	188,611	400
43	41	佐賀県	824,000	2,440.68	27,556	93
44	42	長崎県	1,354,000	4,130.88	43,822	123
45	43	熊本県	1,765,000	7,409.48	55,646	174
46	44	大分県	1,152,000	6,340.73	43,782	132
47	45	宮崎県	1,089,000	7,735.32	36,339	123
48	46	鹿児島県	1,626,000	9,187.01	53,885	215
49	47	沖縄県	1,443,000	2,280.98	41,416	81

出典：社会生活統計指標－都道府県の指標－2019
基礎データ 参照日：2019/10/25
URL: https://www.e-stat.go.jp/stat-search/files?page=1&layout=datalist&toukei=00200502&tstat=000001124715&cycle=0&year=20190&month=0&tclass1=000001124717

図 6-10：都道府県別データの収集

② 並べ替え

Excel ではワークシートのある列の項目を基準にして並べ替えることができます。先ほど、作成した表は、都道府県コードの順番で並んでいます。これを総人口の多い順にする、とか、一般病院数の少ない順にすることができます。

この並べ替えは、列の値が小さい順（昇順）か、列の値が大きい順（降順）のいずれかで行えます。列方向ではなく、行方向で並べ替えを行いたい場合は、並べ替えのオプションで設定することができます。

並べ替えを行う場合は、データ・タブの「並べ替えとフィルタ」グループの並べ替えを選択します。図 6-11 のように並べ替えダイアログボックスが現れます。一番上の右側に「先頭行をデータの見出しとして使用する」にチェックが入っていると先頭行は並べ替えをしません。このチェックを外すと先頭行も並べ替えの対象になります。「列　優先されるキー」では、各列の見出しが表示されますので、どれかを選びます。「並べ替えのキー」では「値」を選びます。「順序」では小さい値から大きい値の順に並べるなら「昇順」大きい値から小さい値の順に並べるなら降順を選びます。

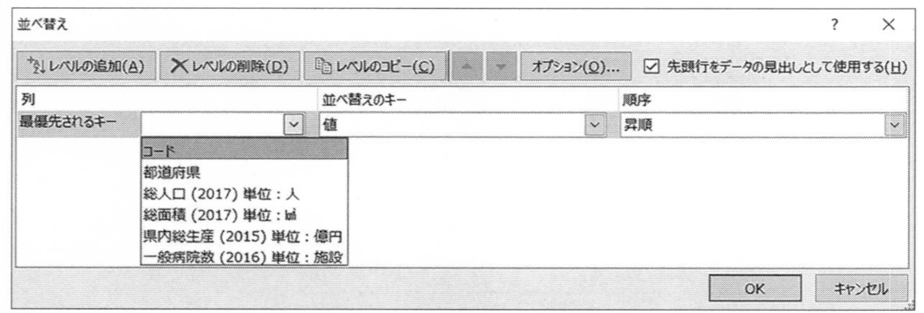

図 6–11：並べ替えダイアログボックス

たとえば、都道府県別人口ランキングを求めるであれば「優先されるキー」を「総人口」「並べ替えのキー」を「値」「順序」を「降順」にし、OK を押します。そうすると図 6-12 のような結果になります。

	A	B	C	D	E	F
1	コード	都道府県	総人口 (2017) 単位：人	総面積 (2017) 単位：㎢	県内総生産 (2015) 単位：億円	一般病院数 (2016) 単位：施設
2	13	東京都	13,724,000	2,193.96	1,043,392	601
3	14	神奈川県	9,159,000	2,416.17	339,188	294
4	27	大阪府	8,823,000	1,905.14	391,069	483
5	23	愛知県	7,525,000	5,172.92	395,593	285
6	11	埼玉県	7,310,000	3,797.75	223,323	293
7	12	千葉県	6,246,000	5,157.61	202,186	252
8	28	兵庫県	5,503,000	8,400.94	204,950	318
9	01	北海道	5,320,000	83,423.84	189,612	493
10	40	福岡県	5,107,000	4,986.52	188,611	400
11	22	静岡県	3,675,000	7,777.42	172,924	150
12	08	茨城県	2,892,000	6,097.19	129,921	158
13	34	広島県	2,829,000	8,479.63	119,411	213
14	26	京都府	2,599,000	4,612.20	103,455	159
15	04	宮城県	2,323,000	7,282.22	94,816	113
16	15	新潟県	2,267,000	12,584.15	88,456	111
17	20	長野県	2,076,000	13,561.56	85,580	115
18	21	岐阜県	2,008,000	10,621.29	75,515	90

誕生日のパラドックス　インターネット1　インターネット2　S ...

図 6–12：都道府県別総人口ランキング

このとき、総人口以外の列も総人口と同じ順序に並べ替えられているのを確認してください。

並べ替えは、最初に優先されるキー、次に優先されるキーというように複数のキーを組み合わせて並べ替えを行うこともできます。たとえば、住所録などの場合、同姓同名がいるときに郵便番号の大小で順序をつける、というようなことができます。

表の一部を並べ替えることもできます。最初に並べ替えをする範囲を選択してから並べ替えの操作をします。集計行があるときなどは集計行を外して表を選択することで集計行を並べ替えの対象から外すことができます。

③　抽出

ワークシートから条件に合致する行を抜き出すことを抽出といいます。データ・タブの「並べ替えとフィルタ・グループ」のフィルタを選ぶと、ワークシートの見出し項目すべてに▼マークがつきます。この▼マークをクリックするとその列に含まれるすべてのデータが表示されます。このとき、表示したいデータだけにチェックマークをつけることで選んだデータのある行だけ表示することができます。

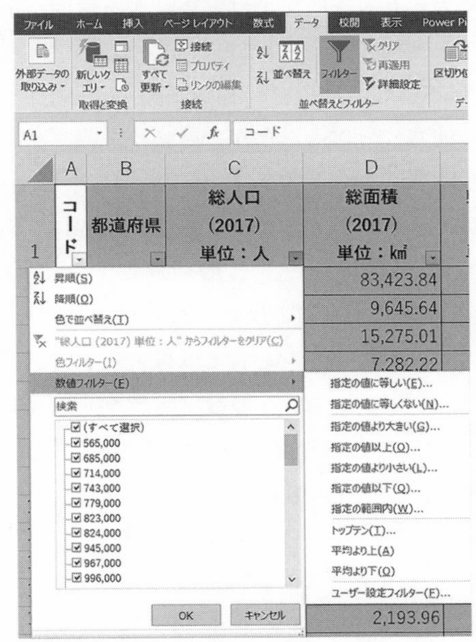

図 6–13：抽出の例（総人口フィルタ）

数値フィルタを選び､条件を選ぶとオートフィルタオプション･ダイアログボックスが表示されますので、詳しい抽出条件を入れます。

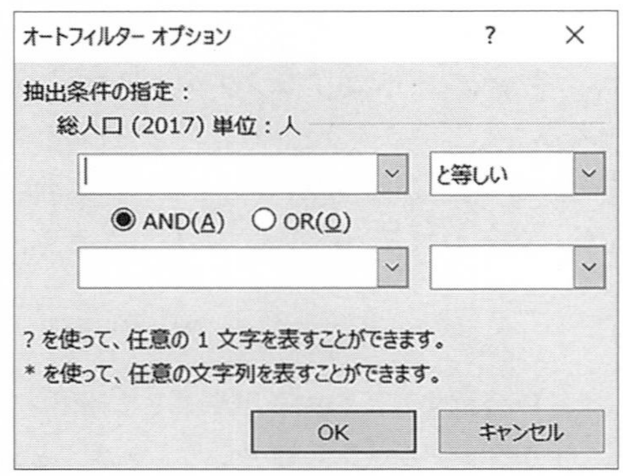

図 6–14：オートフィルタ　オプション

④　自動集計

Excel には、ワークシートの各項目を自動集計する機能があります。ここでは、自動集計を設定する前に表にひとつの列を追加しましょう。都道府県列の前に地方列を追加します。日本は「北海道」「東北」「関東」「中部」「近畿」「中国」「四国」「九州」の 8 つの地方に分けることができます。

データ･タブの右端にあるアウトライン･グループの小計をクリックします｡「グループの基準」に「地方」を選び「集計の方法」を「合計」「集計するフィールド」の「総人口」「総面積」「県内総生産」「一般病院数」のそれぞれにチェックをつけます。さらに「現在の集計表と置き換える」と「集計行をデータの下に挿入する」にもチェックをつけ、OK ボタンを押します。

そうすると、画面の左側に 1、2、3 の数字と線が現れ、地方ごとに集計行がつきます。最下行には総計行もつきます。これで､地方ごとに「総人口」「総面積」「県内総生産」「一般病院数」の自動集計が行えました。

画面左側の数字と線はアウトラインを表しています。ここでのアウトラインは小計を設定した単位でデータをグループ化したもの、各行、すべての行の総計の 3 つのレベルになります。レベル 1 が総計、レベル 2 が小計単位、レベル 3 が各行となっています。それぞれの数字をクリックすることで、それぞれのレベルを表示することができます。図 6-15 は、レベル 3 を表示している状態です。

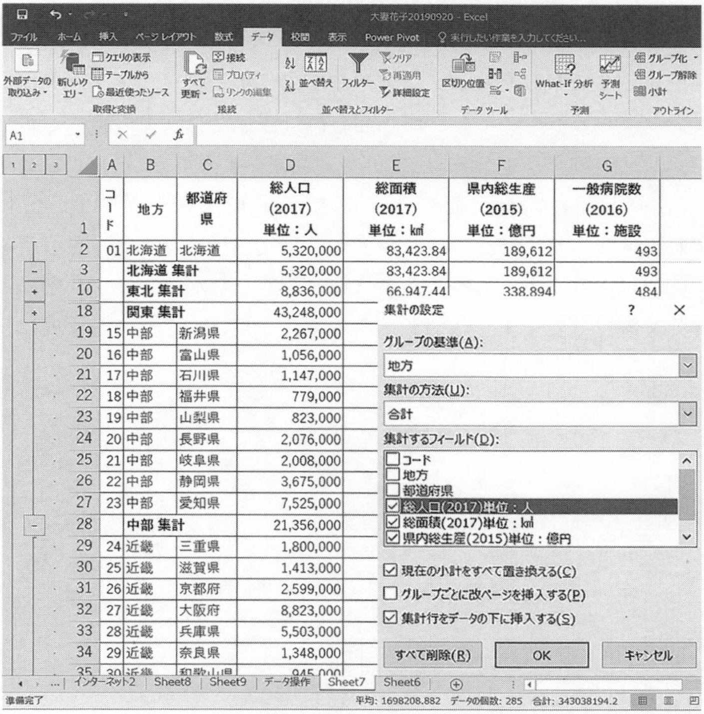

図 6–15：自動集計の設定

また、今作成した表の範囲全体を選んで、挿入タブ▼テーブル・グループのテーブルをクリックすることで、表をテーブルに変換することができます。テーブルに変換することでテーブルツールが使えるようになり、スタイルなどを変更できます。テーブルツールは、変換したテーブルを選んで、テーブルツール・タブのデザイン・タブを選ぶとリボンがテーブルツールの各機能に変化します。好みのテーブルスタイルを選んで見た目を良くすることができます。

⑤ ピボットテーブル

大学生の意識調査などのアンケート調査を行い、データを個票から集計し、そのデータを分析するときに便利なのがピボットテーブルです。ここでは、あるスポーツクラブの会員属性データを用いて、年代別の血液型の状況を分析します。

まず、ピボットテーブルに使う表の範囲指定を行います。次に挿入タブ▼ピボットテーブルを選びます。新規ワークシートにピボットテーブルを作成するラジオボタンを確認してから OK ボタンを押します。新しいワークシートにピボットテーブルのフィールドダイアログが画面右側に表示され、その中にレポートフィルター、行エリア、列エリア、値エリアが表示されますので、フィールド名をドラッグして、レポートフィルター、行ラベル、列ラベル、値（個数、合計など）にドロップして入れます。ここでは、フィールドから年代を行ラベルに、血液型を列ラベルと値の両方に入れます。これで、年代別血液型一覧ができます。出来上がった表は、操作を続けると変更されてしまうので、とっておきたい結果表は、コピー

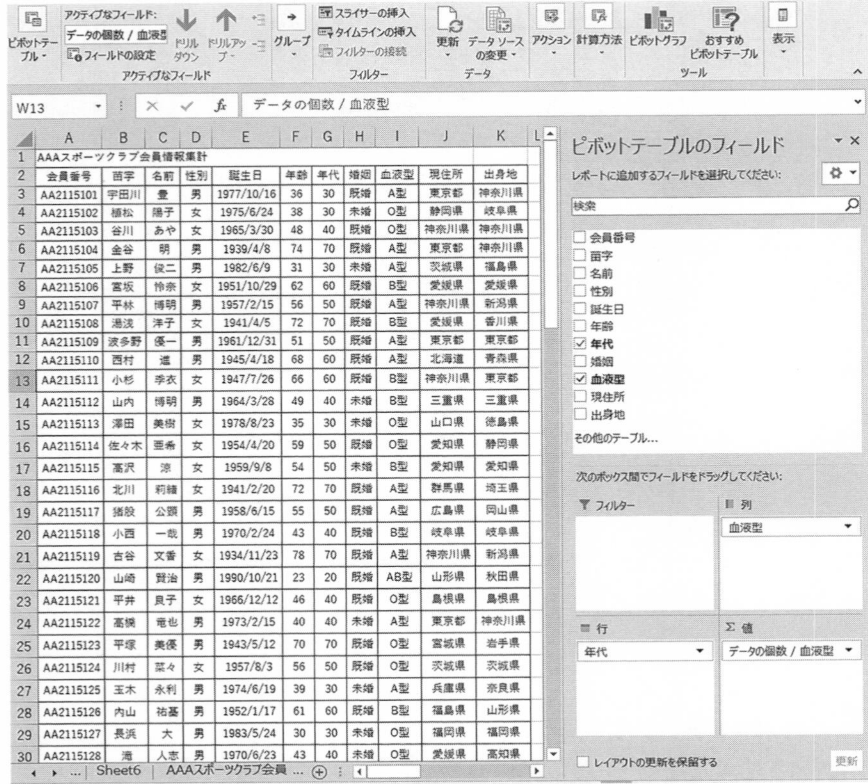

AAAスポーツクラブ会員情報集計

会員番号	苗字	名前	性別	誕生日	年齢	年代	婚姻	血液型	現住所	出身地
AA2115101	宇田川	豊	男	1977/10/16	36	30	既婚	A型	東京都	神奈川県
AA2115102	植松	陽子	女	1975/6/24	38	30	未婚	O型	静岡県	岐阜県
AA2115103	谷川	あや	女	1965/3/30	48	40	既婚	O型	神奈川県	神奈川県
AA2115104	金谷	明	男	1939/4/8	74	70	既婚	A型	東京都	神奈川県
AA2115105	上野	俊二	男	1982/6/9	31	30	未婚	A型	茨城県	福島県
AA2115106	宮坂	怜奈	女	1951/10/29	62	60	既婚	B型	愛媛県	愛媛県
AA2115107	平林	博明	男	1957/2/15	56	50	既婚	A型	神奈川県	新潟県
AA2115108	湯浅	洋子	女	1941/4/5	72	70	既婚	B型	愛媛県	香川県
AA2115109	波多野	優一	男	1961/12/31	51	50	既婚	A型	東京都	東京都
AA2115110	西村	進	男	1945/4/18	68	60	既婚	A型	北海道	青森県
AA2115111	小杉	季衣	女	1947/7/26	66	60	既婚	B型	神奈川県	東京都
AA2115112	山内	博明	男	1964/3/28	49	40	未婚	B型	三重県	三重県
AA2115113	澤田	美樹	女	1978/8/23	35	30	未婚	O型	山口県	徳島県
AA2115114	佐々木	亜希	女	1954/4/20	59	50	既婚	O型	愛知県	静岡県
AA2115115	高沢	涼	女	1959/9/8	54	50	未婚	B型	愛知県	愛知県
AA2115116	北川	莉緒	女	1941/2/20	72	70	既婚	A型	群馬県	埼玉県
AA2115117	猪股	公顕	男	1958/6/15	55	50	既婚	A型	広島県	岡山県
AA2115118	小西	一哉	男	1970/2/24	43	40	既婚	B型	岐阜県	岐阜県
AA2115119	古谷	文香	女	1934/11/23	78	70	既婚	A型	神奈川県	新潟県
AA2115120	山崎	賢治	男	1990/10/21	23	20	既婚	AB型	山形県	秋田県
AA2115121	平井	良子	女	1966/12/12	46	40	既婚	O型	島根県	島根県
AA2115122	高橋	竜也	男	1973/2/15	40	40	未婚	A型	東京都	神奈川県
AA2115123	平塚	美優	男	1943/5/12	70	70	既婚	O型	宮城県	岩手県
AA2115124	川村	菜々	女	1957/8/3	56	50	既婚	O型	茨城県	茨城県
AA2115125	玉木	永利	男	1974/6/19	39	30	未婚	A型	兵庫県	奈良県
AA2115126	内山	祐基	男	1952/1/17	61	60	既婚	B型	福島県	山形県
AA2115127	長浜	大	男	1983/5/24	30	30	未婚	O型	福岡県	福岡県
AA2115128	滝	人志	男	1970/6/23	43	40	未婚	O型	愛媛県	高知県

図 6–16：ピボットテーブルの作成

し、別のワークシートなどに形式を選択して貼り付けで値のみを指定することにより、動的に変更されない表とすることができます。

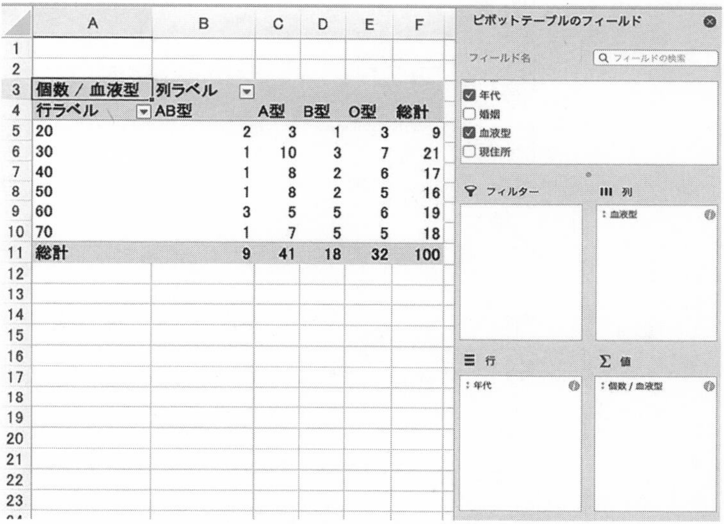

個数 / 血液型	列ラベル				
行ラベル	AB型	A型	B型	O型	総計
20	2	3	1	3	9
30	1	10	3	7	21
40	1	8	2	6	17
50	1	8	2	5	16
60	3	5	5	6	19
70	1	7	5	5	18
総計	9	41	18	32	100

ピボットテーブルのフィールド
フィールド名
年代
婚姻
血液型
現住所
フィルター
列
血液型
行
年代
値
個数 / 血液型

図 6–17：ピボットテーブルでの分析

AAAスポーツクラブ会員情報集計

会員番号	苗字	名前	性別	誕生日	年齢	年代	婚姻	血液型	現住所	出身地
AA2115101	宇田川	豊	男	1977/10/16	36	30	既婚	A型	東京都	神奈川県
AA2115102	植松	陽子	女	1975/6/24	38	30	未婚	O型	静岡県	岐阜県
AA2115103	谷川	あや	女	1965/3/30	48	40	既婚	O型	神奈川県	神奈川県
AA2115104	金谷	明	男	1939/4/8	74	70	既婚	A型	東京都	神奈川県
AA2115105	上野	俊二	男	1982/6/9	31	30	未婚	A型	茨城県	福島県
AA2115106	富坂	怜奈	女	1951/10/29	62	60	既婚	B型	愛媛県	愛媛県
AA2115107	平林	博明	男	1957/2/15	56	50	既婚	A型	神奈川県	新潟県
AA2115108	湯浅	洋子	女	1941/4/5	72	70	既婚	B型	愛媛県	香川県
AA2115109	波多野	優一	男	1961/12/31	51	50	既婚	A型	東京都	東京都
AA2115110	西村	進	男	1945/4/18	68	60	既婚	A型	北海道	青森県
AA2115111	小杉	季衣	女	1947/7/26	66	60	既婚	B型	神奈川県	東京都
AA2115112	山内	博明	男	1964/3/28	49	40	未婚	B型	三重県	三重県
AA2115113	澤田	美樹	女	1978/8/23	35	30	未婚	O型	山口県	徳島県
AA2115114	佐々木	亜希	女	1954/4/20	59	50	既婚	O型	愛知県	静岡県
AA2115115	高沢	涼	女	1959/9/8	54	50	未婚	B型	愛知県	愛知県
AA2115116	北川	莉緒	女	1941/2/20	72	70	既婚	A型	群馬県	埼玉県
AA2115117	猪股	公顕	男	1958/6/15	55	50	既婚	A型	広島県	岡山県
AA2115118	小西	一哉	男	1970/2/24	43	40	既婚	B型	岐阜県	岐阜県
AA2115119	古谷	文香	女	1934/11/23	78	70	既婚	A型	神奈川県	新潟県
AA2115120	山崎	賢治	男	1990/10/21	23	20	既婚	AB型	山形県	秋田県
AA2115121	平井	良子	女	1966/12/12	46	40	既婚	O型	島根県	島根県
AA2115122	高橋	竜也	男	1973/2/15	40	40	未婚	A型	東京都	神奈川県
AA2115123	平塚	美優	男	1943/5/12	70	70	既婚	O型	宮城県	岩手県
AA2115124	川村	菜々	女	1957/8/3	56	50	既婚	O型	茨城県	茨城県
AA2115125	玉木	永利	男	1974/6/19	39	30	未婚	A型	兵庫県	奈良県
AA2115126	内山	祐基	男	1952/1/17	61	60	既婚	B型	福島県	山形県
AA2115127	長浜	大	男	1983/5/24	30	30	未婚	O型	福岡県	福岡県
AA2115128	滝	人志	男	1970/6/23	43	40	未婚	O型	愛媛県	高知県
AA2115129	福井	文	女	1967/2/15	46	40	既婚	A型	福岡県	高知県
AA2115130	水島	俊二	男	1946/1/29	67	60	既婚	O型	愛知県	愛知県
AA2115131	矢口	春子	女	1969/4/30	44	40	既婚	A型	北海道	青森県
AA2115132	小椋	啓介	男	1948/11/7	65	60	既婚	O型	福岡県	高知県
AA2115133	松本	隆司	男	1978/12/1	34	30	未婚	A型	和歌山県	和歌山県
AA2115134	戸塚	里奈	女	1990/11/19	23	20	未婚	B型	茨城県	栃木県
AA2115135	高畑	麗奈	女	1988/5/18	25	20	既婚	O型	滋賀県	三重県
AA2115136	小柳	なつ	女	1950/12/15	62	60	既婚	AB型	神奈川県	神奈川県
AA2115137	田原	佑	男	1951/8/9	62	60	既婚	O型	大阪府	兵庫県
AA2115138	加納	葵	女	1970/2/12	43	40	既婚	A型	三重県	愛知県
AA2115139	柴田	博之	男	1957/1/30	56	50	未婚	O型	新潟県	新潟県
AA2115140	安斎	陽子	女	1947/11/8	66	60	既婚	AB型	神奈川県	新潟県
AA2115141	畠中	優	男	1950/6/12	63	60	既婚	O型	千葉県	埼玉県
AA2115142	小野田	綾女	女	1961/10/18	52	50	既婚	A型	神奈川県	神奈川県
AA2115143	鬼頭	江美	女	1980/9/8	33	30	既婚	A型	新潟県	富山県
AA2115144	神山	菜里菜	女	1979/1/12	34	30	未婚	O型	三重県	愛知県
AA2115145	黒川	千恵美	女	1954/4/30	59	50	未婚	O型	宮崎県	宮崎県
AA2115146	西口	寒史	男	1954/8/24	59	50	既婚	A型	静岡県	愛知県
AA2115147	伊藤	俊	男	1984/2/15	29	20	未婚	O型	熊本県	長崎県
AA2115148	岸本	幸平	男	1979/10/17	34	30	未婚	B型	秋田県	秋田県
AA2115149	横尾	渚	女	1976/4/29	37	30	既婚	B型	広島県	山口県
AA2115150	浅利	梨香子	女	1980/3/1	33	30	既婚	B型	兵庫県	大阪府
AA2115151	高畑	健	男	1941/4/15	72	70	既婚	O型	神奈川県	神奈川県
AA2115152	篠原	達也	男	1971/3/4	42	40	既婚	O型	千葉県	東京都
AA2115153	目黒	敬三	男	1973/11/11	40	40	既婚	O型	兵庫県	大阪府
AA2115154	江原	真美	女	1983/8/4	30	30	既婚	A型	群馬県	群馬県
AA2115155	島津	亮	男	1977/5/24	36	30	既婚	A型	愛知県	三重県
AA2115156	伊集院	杏	女	1969/4/5	44	40	既婚	A型	神奈川県	東京都
AA2115157	脇田	樹里	女	1951/4/26	62	60	既婚	O型	東京都	東京都
AA2115158	角田	美幸	女	1958/7/9	55	50	既婚	AB型	東京都	神奈川県
AA2115159	井上	徹	男	1934/6/1	79	70	既婚	O型	和歌山県	奈良県
AA2115160	杉村	豊	男	1949/4/15	64	60	既婚	AB型	兵庫県	兵庫県
AA2115161	吉川	結衣	女	1970/1/14	43	40	既婚	A型	愛媛県	高知県
AA2115162	比嘉	大	男	1958/12/1	54	50	既婚	B型	埼玉県	群馬県
AA2115163	松下	優一	男	1938/1/1	75	70	既婚	A型	静岡県	静岡県
AA2115164	河田	真一	男	1935/7/15	78	70	既婚	A型	石川県	福井県
AA2115165	秋山	由美	女	1975/5/3	38	30	既婚	O型	愛知県	静岡県
AA2115166	益田	桃子	女	1949/12/26	63	60	未婚	A型	千葉県	千葉県
AA2115167	平山	一輝	男	1950/8/1	63	60	既婚	B型	茨城県	栃木県
AA2115168	市村	精児	男	1981/8/11	32	30	既婚	A型	大阪府	京都府
AA2115169	津田	詩織	女	1950/2/9	63	60	既婚	A型	群馬県	群馬県
AA2115170	菅澤	杏果	女	1941/7/22	72	70	既婚	A型	山口県	徳島県
AA2115171	船橋	彩夏	女	1940/1/5	73	70	既婚	AB型	東京都	千葉県
AA2115172	谷川	れに	女	1990/2/3	23	20	未婚	AB型	島根県	島根県
AA2115173	篠田	恵梨	女	1947/3/14	66	60	既婚	B型	熊本県	大分県
AA2115174	篠山	敦子	女	1981/3/8	32	30	既婚	O型	大阪府	京都府
AA2115175	松尾	郁恵	女	1935/4/14	78	70	既婚	O型	神奈川県	神奈川県
AA2115176	川上	雅子	女	1950/11/24	62	60	既婚	A型	奈良県	和歌山県
AA2115177	大沢	美咲	女	1973/1/13	40	40	既婚	AB型	静岡県	岐阜県
AA2115178	吉川	美嘉	女	1965/11/3	48	40	既婚	O型	福井県	福井県
AA2115179	田原	雅彦	男	1987/12/12	25	20	既婚	O型	広島県	山口県
AA2115180	小市	宏行	男	1938/7/2	75	70	既婚	O型	福島県	山形県
AA2115181	早坂	美月	女	1943/3/30	70	70	既婚	B型	大阪府	大阪府
AA2115182	有賀	千夏	女	1957/11/4	56	50	既婚	A型	新潟県	富山県
AA2115183	篠原	博美	女	1941/11/2	72	70	既婚	B型	愛知県	静岡県
AA2115184	松川	雅彦	男	1934/11/28	78	70	既婚	B型	静岡県	静岡県
AA2115185	河野	明宏	男	1974/3/5	39	30	既婚	AB型	熊本県	大分県
AA2115186	梅沢	健二	男	1940/7/12	73	70	既婚	A型	東京都	千葉県
AA2115187	大久保	美加	女	1973/5/20	40	40	既婚	A型	東京都	東京都
AA2115188	小松	信太	男	1981/9/17	32	30	既婚	O型	鹿児島県	沖縄県
AA2115189	織田	敦	男	1960/3/15	53	50	既婚	A型	東京都	千葉県
AA2115190	沢田	礼子	女	1969/5/9	44	40	既婚	A型	大阪府	大阪府
AA2115191	椎名	育二	男	1948/11/18	65	60	既婚	O型	東京都	神奈川県
AA2115192	寺田	貴美	女	1991/10/17	22	20	既婚	A型	茨城県	福島県
AA2115193	河原	隆太	男	1976/4/19	37	30	既婚	A型	宮城県	宮城県
AA2115194	畑 哲	奈央	女	1978/7/18	35	30	既婚	A型	愛知県	三重県
AA2115195	大崎	勝久	男	1959/6/23	54	50	既婚	A型	埼玉県	群馬県
AA2115196	相田	和之	男	1957/4/25	56	50	既婚	O型	東京都	東京都
AA2115197	二宮	陽介	男	1945/4/6	68	60	既婚	A型	神奈川県	新潟県
AA2115198	本村	公頭	男	1986/8/28	27	20	未婚	A型	岡山県	島根県
AA2115199	朝倉	惇	男	1986/2/26	27	20	既婚	A型	栃木県	栃木県
AA2115200	野崎	陽介	男	1940/1/10	73	70	既婚	B型	北海道	青森県

図6-18：ピボットテーブル用スポーツクラブデータ

⑸　多様なグラフ

①　棒グラフと折れ線グラフの複合グラフ

種類の違う２つのグラフをひとつのグラフエリアに表示することにより、３次元の情報を一覧できるようになります。人口ピラミッド・グラフの作成で主軸と第２軸の２つの「横軸」を使うグラフを学びましたが、ここでは、主軸と第２軸の２つの「縦軸」を持つグラフを学びます。

図6-19は左側の主軸は清涼飲料水メーカーの売上高を表しており、右側の第２軸では同じく清涼飲料メーカーの平均給与（年収）を表しています。主軸を使うグラフは縦棒グラフで、第２軸を使うグラフは折れ線グラフです。このグラフから売上げランキングの８位の大塚ホールディングスの平均給与が飛びぬけて高いということを読み取ることができます。

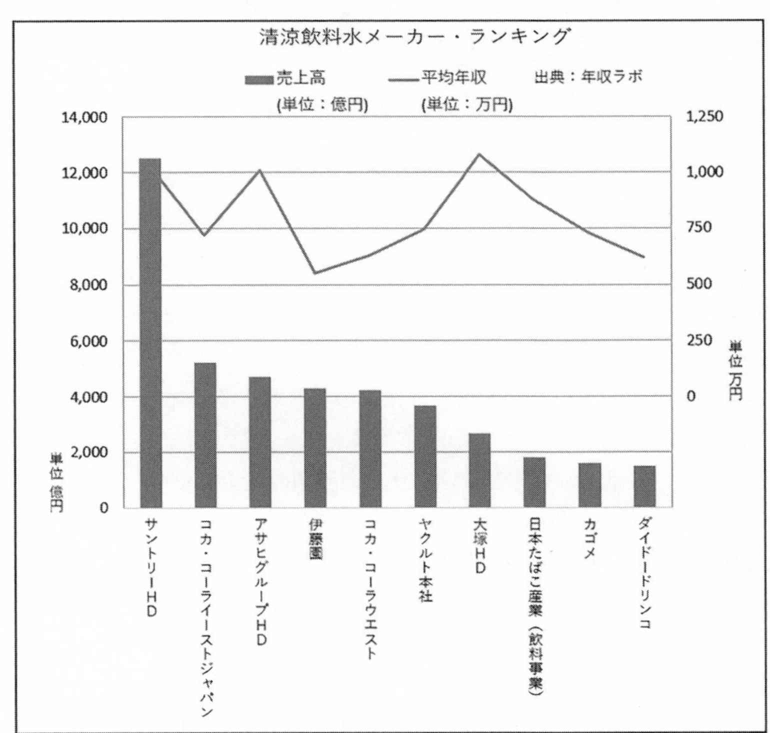

図6–19：２つの縦軸を持つグラフの例

では、図6-19のグラフを作成しましょう。図6-19で使用する表は図6-20に表しています。このデータは毎年新しくなるので、グラフを作成するときは、インターネットを検索して最新のデータを用いてください。

	A	B	C	D
1		清涼飲料水メーカーランキング	売上高 (単位：億円)	平均年収 (単位：万円)
2	1	サントリーＨＤ	12,492	1,032
3	2	コカ・コーライーストジャパン	5,232	717
4	3	アサヒグループＨＤ	4,714	1,008
5	4	伊藤園	4,305	551
6	5	コカ・コーラウエスト	4,244	630
7	6	ヤクルト本社	3,679	744
8	7	大塚ＨＤ	2,671	1,080
9	8	日本たばこ産業（飲料事業）	1,813	875
10	9	カゴメ	1,593	726
11	10	ダイドードリンコ	1,495	620

図6–20：清涼飲料水メーカー売上高・平均給与（出典：年収ラボ）
https://nensyu-labo.com/gyousyu_drink.htm

この表のB1セルからD11セルを選択し、挿入タブ▼グラフ・グループの縦棒▼2-D縦棒の集合縦棒、を選択します。作成されたグラフの中の平均給与を表す縦棒（短い縦棒）を選択し、マウスの右ボタンを押し「データ系列の書式設定」を選びます。現れたデータ要素の書式設定ダイアログボックスの「系列のオプション・タブ」の中から「使用する軸」の第2軸のラジオボタンを押します。グラフの右側に新たな軸（第2軸）が現れます。次に平均給与を表す縦棒の上で再度マウスの右ボタンを押して「グラフの種類の変更」を選び、折れ線グラフ▼2-D折れ線（集合）を選び､折れ線グラフを書きます。折れ線グラフを選択し、マウスの右ボタンを押し「軸の書式設定」を選びます。現れた軸の書式設定ダイアログボックスの「軸のオプション・タブ」の「最小値」「最大値」「目盛間隔」をそれぞれ「–500」「1250」「250」と設定し、書式設定ダイアログボックスの表示形式タブの「表示形式コード」を「#,##0；」（最後の；を忘れないように）と設定し、追加ボタンを押し「閉じる」を押します。こうすることで負（マイナス）の数字を表示しない形で第2軸の表示設定ができます。後はタイトルを入れ、凡例を上に持ってきて、主軸と第２軸の軸ラベルに単位を入れ、横軸の文字の配置を縦書きにして、グラフエリアの大きさを調節し、出典を入れれば、グラフは出来上がります。

この縦棒グラフと折れ線グラフの複合グラフは、利用頻度が高いので作り方をマスターし、さらに軸の最小値・最大値・目盛間隔の設定を使って見やすいグラフを作成できるようになりましょう。

② 散布図

散布図について学習しましょう。散布図というのは、X 軸と Y 軸のあるグラフエリアにデータを点で表したグラフです。データの数だけ点があります。図 6-21 を見てください。これは、2019 年度前期のコンピュータ基礎成績一覧表から出席率と点数の関係を散布図として表した例です。●は学生ひとりを表しています。この散布図から、コンピュータ基礎では出席率の高い学生の点数が高いという相関がわかります。

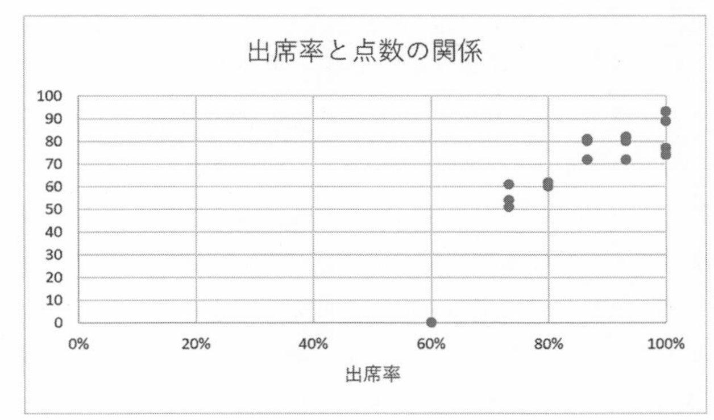

図 6–21：散布図例（出席率と点数の関係）

それでは、この散布図を作成しましょう。まず、Excel を開いて、図 6-22 の表を作成します。学籍番号の入力はオートフィルを使い、出席率は出席回数と欠席回数から計算します。成績は、この通りに入力します。（関数を用いて点数から成績を自動設定する方法がわかる人は、関数を用いても構いません）

	A	B	C	D	E	F	G	H	I
1	コンピュータ基礎　成績一覧（2021年前期）								
2	学科等	学籍番号	学生氏名	回数			出席率	点数	成績
3				出席	欠席	遅刻			
4	大人社A1	1411111501	赤坂　奈津美	12	3	0	80%	60	C
5	大人社A1	1411111502	市ヶ谷　萌	13	2	0	87%	72	B
6	大人社A1	1411111503	浦安　亜紀	14	1	0	93%	82	A
7	大人社A1	1411111504	恵比寿　涼子	14	1	1	93%	80	A
8	大人社A1	1411111505	押上　しおり	15	0	0	100%	93	S
9	大人社A1	1411111506	神楽坂　優	14	1	0	93%	72	B
10	大人社A1	1411111507	北千住　瑠璃	13	2	0	87%	81	A
11	大人社A1	1411111508	九段　小枝子	15	0	0	100%	74	B
12	大人社A1	1411111509	小伝馬　展子	11	4	0	73%	51	D
13	大人社A1	1411111510	桜田　紋子	11	4	0	73%	54	D
14	大人社B1	1411111511	渋谷　凛	15	0	0	100%	77	B
15	大人社B1	1411111512	神保　町子	13	2	0	87%	80	A
16	大人社B1	1411111513	水天宮　清美	11	4	1	73%	61	C
17	大人社B1	1411111514	千駄木　志穂	14	1	0	93%	82	A
18	大人社B1	1411111515	雑司　麗華	9	6	0	60%	0	E
19	大人社B1	1411111516	竹橋　千佳	12	3	0	80%	62	C
20	大人社B1	1411111517	月島　舞	15	0	0	100%	89	A

図 6–22：コンピュータ基礎成績一覧表

次に出席率（G2 ～ G20）と点数（H2 ～ H20）を選択し、挿入タブ▼散布図▼散布図（マーカーのみ）を選択します。

グラフのデザイン▼グラフ要素を追加を使い、凡例を「なし」にし、軸ラベル▼主横軸ラベル▼軸ラベルを軸の下に表示、を選び「出席率」と入力します。出席率の数字を選び、マウスの右ボタン▼軸の書式設定を開き、軸のオプションで最大値を固定、1.0 と変更し、表示形式をパーセンテージに変更します。グラフ上部の「点数」を「出席率と点数の関係」に変更して出来上がりです。（図 6-21 参照方）

③　人口ピラミッド・グラフ

A）概要

Excel で作成するのは一見、不可能に思える人口ピラミッド・グラフを一緒に作りましょう。人口ピラミッド・グラフというのは、一国の0歳から100歳以上までの人口推計データを用い、年齢を5歳ごとに区切り、それぞれの人口（5歳階級）を男女別に横棒グラフで表しているグラフです。一般的な横棒グラフと違うのは、男性の横棒は左向きで女性の横棒は右向きになるところです。この左右に開いた横棒の全体像がピラミッドのように見えるので人口ピラミッド・グラフと言います。

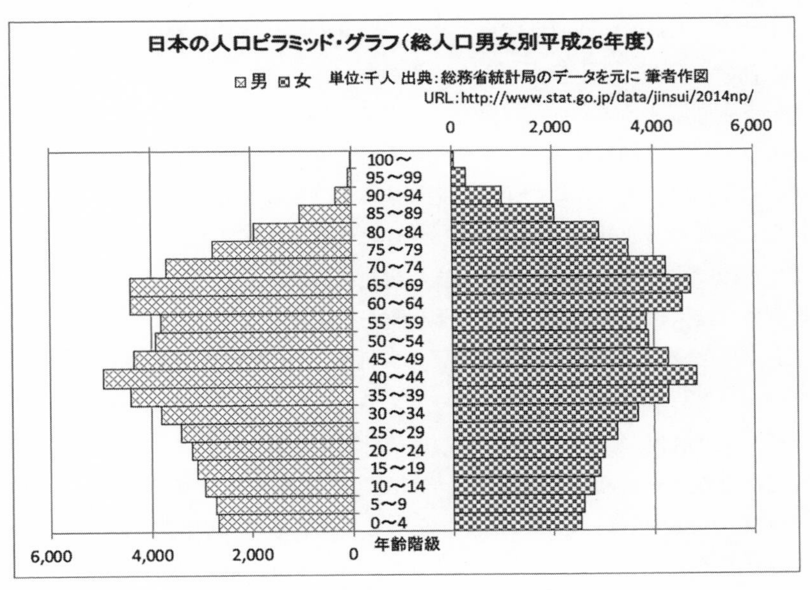

図6–23：人口ピラミッド・グラフ

使用する人口推計データは、政府統計の中にあります。今回の実習では、使用するデータをインターネットから探し出し、自分のPCにダウンロードして、そのデータを用いてExcelでグラフを作る、という作業を行います。みなさんは、この実習を通して、インターネット上でのデータ検索能力とExcel上での複雑なグラフの作成能力を身につけてください。

B）データ検索

まず、人口統計をインターネットから探しましょう。今回の目的は、男女別で

5歳ごとに区切られた日本の人口データを見つけることです。人口データというのは日本政府がさまざまな政策を実施するのに必要不可欠なデータなので、政府がデータの整備を行っています。みなさんは日本の人口がどれくらいか知っていますか？　約1億2千7百万人です。これだけたくさんの人がいると実は正確な人数というのはわからないのです。日本では5年に1回だけ国勢調査という調査が行われます。国勢調査のときには調査員がアンケート用紙を家まで持ってきます。原則として全国民にアンケート用紙を配布して回答してもらい、回収するのですが、100%の回収は望めません。なぜなら、国内には失踪者やホームレスなど社会とのかかわりを拒否した人たちがいるので、こういった人たちからアンケートを回収するのは非常に難しいのです。回答を得られなかった部分に関しては人口分析の専門家が推測し、値を決定するのです。また、5年に一度の調査では調査年以外の年の人口を正確に把握することはできません。毎年、生まれる人、亡くなる人、海外移住をする人、日本に帰化をする人などがいるので人口は変化するのです。こういった変化も人口分析の専門家が推測するのです。これらの推測された人口データのことを「人口推計」と呼びます。

インターネットで検索するときは「人口推計」「男女別」「5歳階級」の3つをキーワードとして検索しましょう。そうすると、検索結果の中に「統計局ホームページ / 人口推計 / 結果の概要」や「政府統計の総合窓口」というものが現れます。統計局ホームページは総務省統計局が開設しているWebサイトを指し、政府の統計窓口（e-Stat）は、総務省統計局を含む中央省庁や政府関係機関が提供している統計のポータルサイトになっています。ポータルサイトというのは、検索エンジンのYahooのようにさまざまな情報が1箇所に集まっているサイトのことです。統計のポータルサイトというのはさまざまな統計の情報を1箇所に集めたものになります。

さて「統計局ホームページ / 人口推計 / 結果の概要」のWebサイトをみると「全国:年齢（5歳階級）, 男女別人口」という文言が見つかります。人口ピラミッド・グラフの作成では、5歳階級の男女別人口データが必要ですので、この「全国：年齢（5歳階級）, 男女別人口」が目的のデータとしてふさわしそうです。

「全国:年齢（5歳階級）, 男女別人口」のデータがあるページをみると「月別」と「各年10月1日現在人口」の2系統のデータがあります。今回は何の指定もないですが、年単位のデータの方がふさわしいと思われますので「各年10月1

日現在人口」の最新年のものを用いて人口ピラミッド・グラフを作成しましょう。本書では平成 26 年のデータを用いますが、実習では最新のデータを使ってください。

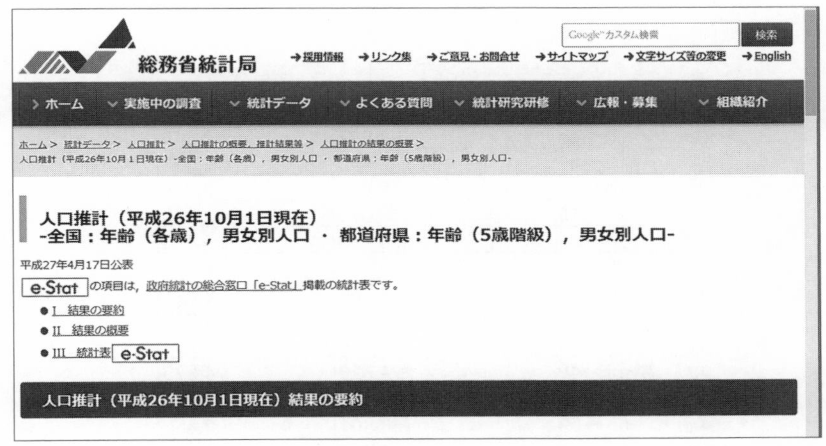

図 6–24：平成 26 年の人口推計
（出典：http://www.stat.go.jp/data/jinsui/2014np/index.htm）

図 6-24 の画面にある「Ⅲ 統計表（e-Stat)」をクリックすると統計表の一覧画面になりますので「表番号　全国　3」の「年齢（5 歳階級），男女別人口及び割合–総人口（各年 10 月 1 日現在)」の Excel ボタンを押し、表を PC のドキュメント・フォルダにダウンロードします。ファイル名はそのままにして保存します。保存したファイル名を忘れないでください。

もし、図 6-24 の Web サイトが変更されていたら、全国の年齢（5 歳階級）男女別総人口が掲載されている統計表を総務省統計局の Web サイトから探し出してください。Web サイトの内容は頻繁に変更されます。

C）表の作成

ドキュメントを開き、ダウンロードした表のファイルをダブル・クリックして開きます。Excel が起動されて「第 3 表 年齢（5 歳階級)，男女別」の表が表示されます。この表の中のデータを使って、グラフを作成します。ここには縦に 3

つの表があります。これらの表の中から人口ピラミッド・グラフ作成に必要なデータを引き出して新しいワークシートを作成します。

今、開いている第3表の下方にある「ワークシートの挿入」タブをクリックし、新しい表を出して、図 6-25 にある表と同じ体裁の表を作成しましょう。

	A	B	C	D
1	平成26年10月1日現在人口推計日本の総人口、男女別、年齢(5歳階級)			
2		男	女	
3	0～4	2,673	2,540	
4	5～9	2,716	2,591	
5	10～14	2,927	2,786	
6	15～19	3,075	2,930	
7	20～24	3,190	3,013	
8	25～29	3,414	3,264	
9	30～34	3,788	3,678	
10	35～39	4,394	4,277	
11	40～44	4,956	4,837	
12	45～49	4,329	4,279	
13	50～54	3,903	3,888	
14	55～59	3,801	3,853	
15	60～64	4,406	4,574	
16	65～69	4,414	4,741	
17	70～74	3,689	4,239	
18	75～79	2,768	3,501	
19	80～84	1,944	2,925	
20	85～89	1,029	2,033	
21	90～94	312	993	
22	95～99	63	289	
23	100～	8	52	
24	備考:			
25	出典:政府統計の総合窓口　全国年齢(5歳階級)、男女別人口(各			
26	年10月1日現在)			
27	総務省統計局「国勢調査」(年齢不詳の人口を各歳別にあん分して			
28	含めた。)			
29	URL: http://www.e- stat.go.jp/SG1/estat/List.do?lid=000001132435 参照日:2015/6/19 単位:千人			

図 6–25：全国年齢男女別人口推計表

D）グラフの作成

では、グラフを作成しましょう。「年齢階級」A2 セルから「女性の 100 歳以上」C23 セルまでを選択します。挿入タブ▼グラフ・グループの横棒グラフ▼ 2D 集合横棒を選択します。図 6-26 のグラフが作成されます。このグラフから男の棒グラフを左向きに変え、縦軸を真ん中に持っていきます。どうすればよいか、少し考えてみましょう。(完成図である図 6-23 と見比べてみましょう)

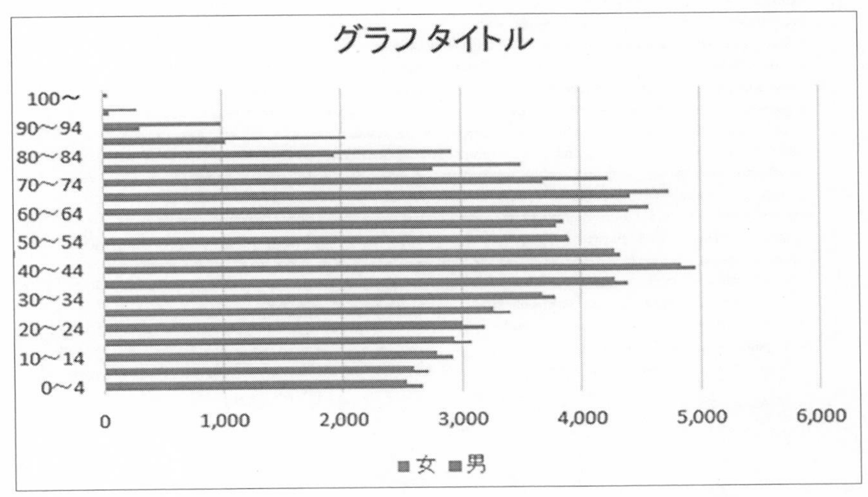

図 6–26：2-D 集合横棒グラフ

今、横軸は下だけにありますが、完成図には上側にもあります。男が下、女が上の横軸を使っています。実は、Excel のグラフでは、主軸と第 2 軸という 2 つの軸を使うことができるのです。主軸を下に第 2 軸を上に表示し、主軸を男系列、第 2 軸を女系列と設定すればよさそうです。

女に第 2 軸の設定を行うには、女の横棒をどれかひとつクリックします。そうするとすべての女の横軸に○印がつきます。この状態になると「データ系列の書式設定」が右側に現れます。縦棒グラフの記号をクリックすると「系列のオプション」が表示され、「使用する軸」のラジオボタンで「第 2 軸」を選択します。これでグラフの上下に横軸が設定できました。

次に男の横軸の向きを変えます。下の横軸の数字をクリックし、横軸を選択します。画面右側に「軸の書式設定」が表示されますので「軸のオプション」の中から「軸を反転する」をクリックし、チェックマークをつけます。図 6-27 になります。

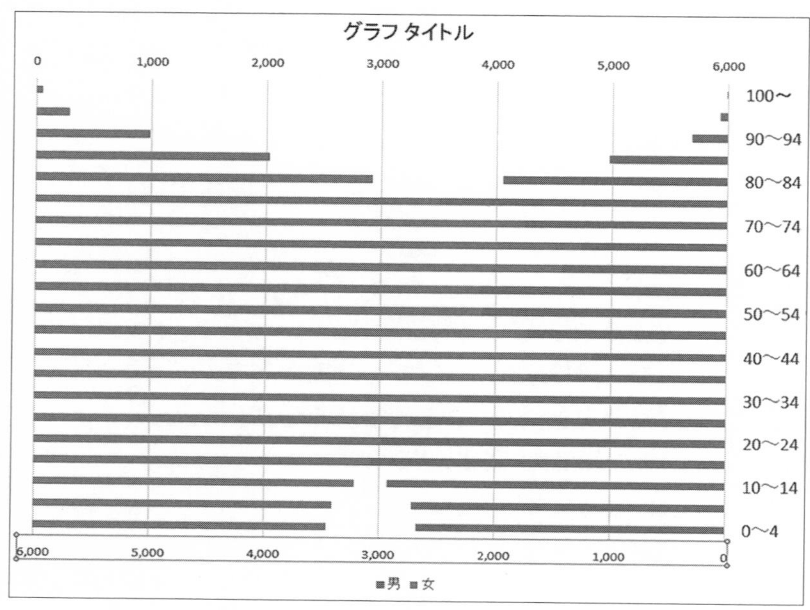

図 6–27：主軸・第 2 軸の設定と主軸の反転

さぁ、中間を過ぎましたよ。縦軸が右側に表示されていますのでこれを真ん中に持っていきます。これはどうすればよいでしょうか。とても高度な問題です。まず、横軸の最大値を見ます。どちらも「6,000」ですね。縦軸の幅はどれくらい必要だと思いますか？　とりあえず「2,000」あれば収まりそうです。横軸の幅（男）が「6,000」で、その右側の縦軸の幅が「2,000」で、さらにその右側の第 2 横軸の幅（女）が「6,000」なので、合計「14,000」の横幅が必要になります。

下の横軸（主軸）を選んでマウスの右ボタンを押し「軸の書式設定」を選びます。「軸のオプション」タブに「最小値」「最大値」「目盛間隔」があるので、それぞれ「–8000」「6000」「2000」と入れ「閉じる」を押します。「–8000」というのは、横軸の始まる 0 よりも右側に「8000」の幅をとるということで、この幅に縦軸と第 2 軸（女）が入ります。

同様に上の横軸（第 2 軸）を選んでマウスの右ボタンを押し「軸の書式設定」を選びます。「軸のオプション」タブに「最小値」「最大値」「目盛間隔」があるので、それぞれ「−8000」「6000」「2000」と入れ「閉じる」を押します。図6-29になります。男女それぞれを重ねるときに縦軸の幅の分だけずらして重ねているのです。

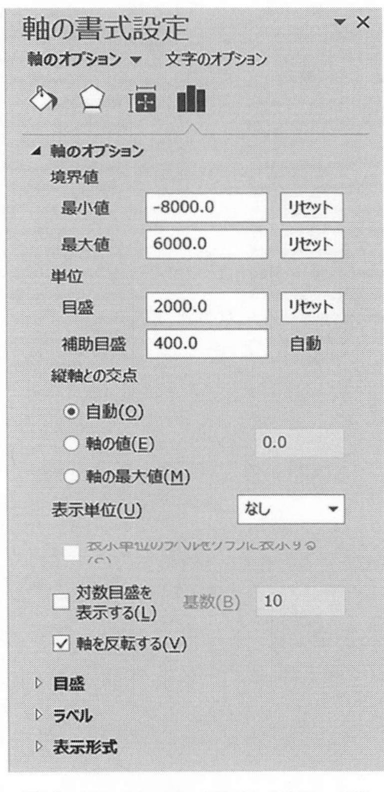

図6–28：軸の書式設定（主軸：男）

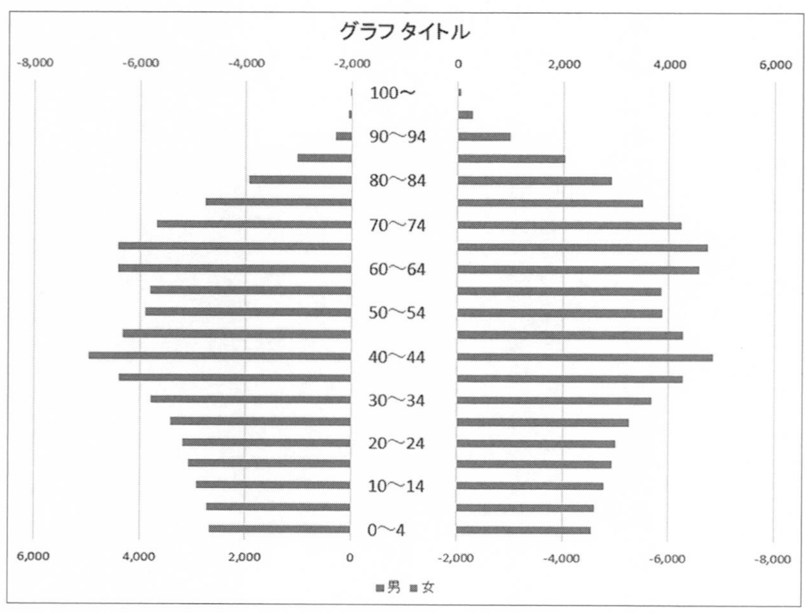

図 6–29：最小値・最大値・目盛間隔の設定

次に主軸と第 2 軸のマイナスの数字を消します。それぞれの軸の書式設定の表示形式にある表示形式コードを「#,##0；」にします。これでマイナスの数字が消えます。縦軸が領域内に収まっていないので、グラフの外枠をドラッグして横にグラフエリアを広げて縦軸が領域内に収まるようにします。(図 6-30 参照)

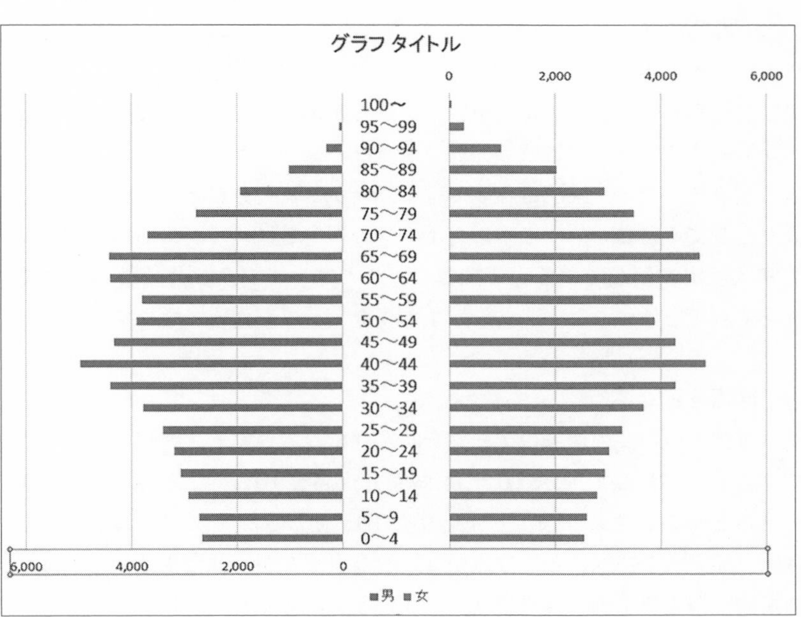

図 6–30：横軸のマイナス数字消去とグラフエリアの拡大

あと一息です。グラフにタイトルを入れ、凡例を上に表示し、備考欄を設けます。このグラフはヒストグラムの一種ですので、横棒の幅を調整して上下をくっつけます。

グラフのデザイン・タブの「グラフ要素を追加」をクリックし、グラフタイトルで「グラフの上」を選びます。グラフ上に表示されたタイトル・ボックスに「日本の人口ピラミッド・グラフ（総人口男女別平成 26 年）」と入力します。次にグラフのデザイン・タブの凡例で「凡例を上に配置」を選択します。最後にグラフのデザイン・タブの書式タブで図形の挿入グループの横書きテキストボックスを選び、現れた領域に「単位：千人 出典：総務省統計局のデータを元に 筆者作図 URL：http://www.stat.go.jp/data/jinsui/2014np/」と入れ、マウスで領域の大きさを調整し、右上に配置します。凡例が邪魔になる場合には凡例を移動させます。

横棒の上下を密着させるには、男女それぞれの横棒を選択し、画面右側に現れたデータ系列の書式設定の系列のオプションにある縦棒マークをクリックして

「要素の間隔」を「0%」にします。次に系列のオプションにある色の設定ツール(バケツをひっくり返した絵）をクリックし、塗りつぶしで塗りつぶし（パターン）を選び、枠線の色として、線（単色）の黒を選ぶことで、白黒で印刷したときにもわかりやすくします。これで完成です。(図6-23参照)

人口ピラミッド・グラフは作成できましたか？　自分ひとりでできるまで何回も繰り返してください。マウスの右ボタンで現れるメニューにある軸やデータ系列の書式設定で何ができるかを把握してください。グラフ作成時に色々なオプションや設定を使いこなすことでさまざまなグラフが作成できます。

④　回帰分析

ある事柄についての過去のデータを時系列でみていくと、将来を予測することができます。たとえば､過去10年間､毎年売上高を10%伸ばしている企業があったとすると、この企業は来年も売上高を10%伸ばすハズですよね。まぁ「一寸先は闇」ですから実際にどうなるかはわかりませんが、社会生活の中ではさまざまな場面で将来を予測しなくてはいけないときがあります。政府が今後実施する政策を決める際にも統計を基にして将来を予測しなくてはなりません。将来を予測する方法はいろいろとあるのですが、最も簡単な将来予測方法は「回帰分析」です。

回帰分析とは、2つの項目、たとえば、Xの変化とYの変化の関係を求めることです。回帰分析を数式で表すとY＝aX＋bになります。Yの値は、Xの値にaという定数を掛けて､bを足したものになります。Xが0ならYはbです。うーん、むずかしいですか。

ある期間のGDPからその期間の翌年のGDPを推定したいときに回帰分析を使うことができます。具体的にはどうするのでしょうか。最小二乗法という方法を使います。図6-31を見てください。(x1,y1)(x2,y2)(x3,y3)(x4,y4)にデータがあります。このデータからY軸と平行に線を引き、直線Y＝aX＋bと交差した点までの距離をそれぞれd_1、d_2、d_3、d_4と表します。この距離の値をそれぞれ二乗してすべて足してSを求めます。$S=d_1^2+d_2^2+d_3^2+d_4^2$という数式になります。このとき、直線Y＝aX＋bは何本も書けるのですが、これらの直線の中からSの値が最小になる直線Y＝aX＋bを選びます。これが回帰直線です。それぞれの値を二乗して、その二乗した値の合計が一番小さくなるようにする、ということから最小二乗法と呼びます。

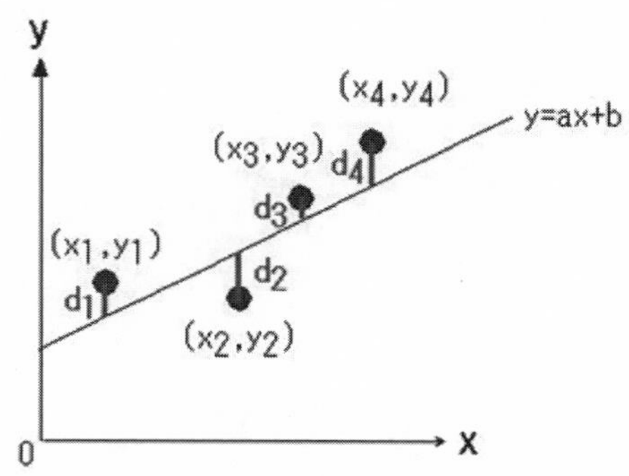

図 6–31：最小二乗法による線形近似曲線

さて、ここでは、X を時間にしましょう。時間が進むとどういう風に y が変化するか、というのを調べるのです。簡単に言えば、連続データの予測ですが、これも回帰分析の一種です。

図 6-32 は、昭和 60 年（1985 年）から平成 27 年（2015 年）の結婚数と出生数の実データです。データは 5 年ごとに作成されています。もし、現在が 2019 年だとすると令和 2 年（2020 年）の実データは存在しません。しかし、1985 年から 2015 年までのデータの傾向（トレンドと言います）を見て、2020 年を予測することができます。

Excel2016 からは、FORECAST.LINEAR（フォーキャスト・リニア）関数を使います。Excel2013 までは FORECAST 関数でしたが、Excel2016 では FORECAST 関数の種類が増えました。FORECAST.LINEAR 関数は、回帰直線を利用して将来の値を予測することのできる関数です。関数の式は、以下の通りです。

FORECAST.LINEAR (予測に使う x, y の範囲 , x の範囲)

・予測に使う x：y の値を予測するために使う x の値を指定します。

・y の範囲：すでにわかっている y の値をセル範囲または配列で指定します。

・x の範囲：すでにわかっている x の値をセル範囲または配列で指定します。

例：I3 セルに FORECAST.LINER(2020, B3:H3, B2:H2) を入れる

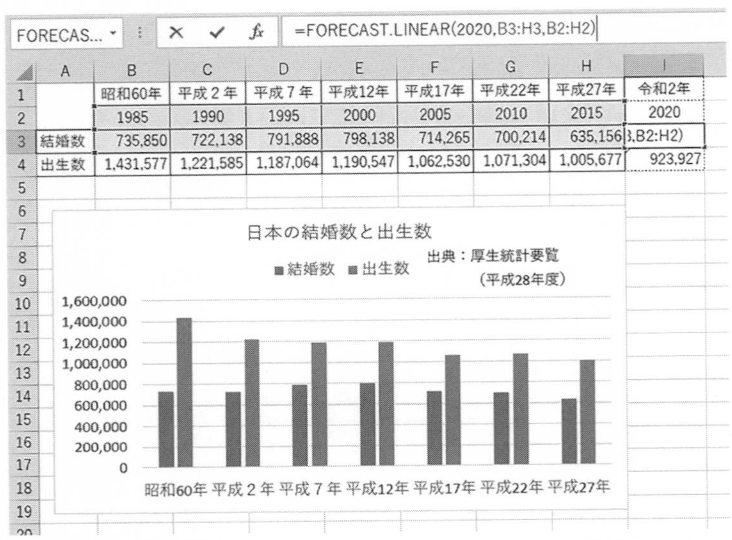

	A	B	C	D	E	F	G	H	I
1		昭和60年	平成２年	平成７年	平成12年	平成17年	平成22年	平成27年	令和2年
2		1985	1990	1995	2000	2005	2010	2015	2020
3	結婚数	735,850	722,138	791,888	798,138	714,265	700,214	635,156	,B2:H2)
4	出生数	1,431,577	1,221,585	1,187,064	1,190,547	1,062,530	1,071,304	1,005,677	923,927

図 6–32：日本の結婚数と出生数（出典：厚生労働省『厚生統計要覧』平成 28 年度）

グラフでの回帰直線の求め方は、グラフ上のデータ系列を選択し、マウスの右ボタンを押し「近似曲線の追加」を選び、近似曲線の書式設定ダイアログボックスを表示させ「線形近似」を選び「閉じる」を押します。これで描かれた直線を延長すると将来の予測値になります。

図 6-33 は、FORECAST.LINER 関数で 2020 年の結婚数と出生数を推計し、グラフにそれを表し、さらに線形近似曲線を描いたものになります。

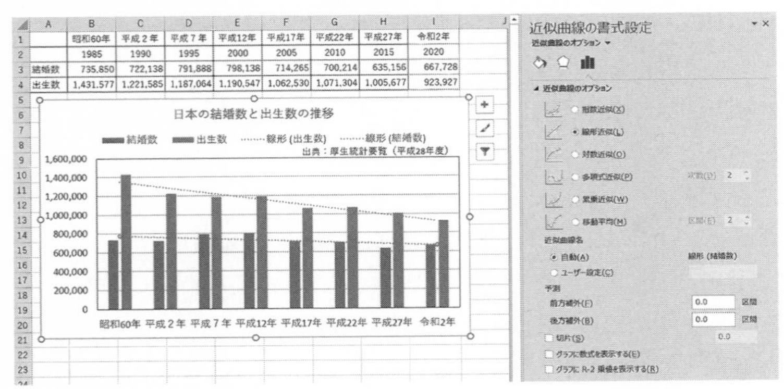

	A	B	C	D	E	F	G	H	I
1		昭和60年	平成２年	平成７年	平成12年	平成17年	平成22年	平成27年	令和2年
2		1985	1990	1995	2000	2005	2010	2015	2020
3	結婚数	735,850	722,138	791,888	798,138	714,265	700,214	635,156	667,728
4	出生数	1,431,577	1,221,585	1,187,064	1,190,547	1,062,530	1,071,304	1,005,677	923,927

図 6–33：近似曲線の書式設定ダイアログボックスと適用したグラフ

これは回帰分析の最も基本的な設定方法です。各種の統計で回帰分析を行う場合は、統計によって処理のやり方が決まっている場合がありますから、専門教育やゼミなどで特定のデータを回帰分析する場合はそれぞれの講義やゼミの教員に相談してください。

⑤ ヒストグラム

Excelには、ヒストグラムや回帰分析などができるデータ分析機能が用意されています。しかし、そのままでは使うことができない形式になっていて、Excelに追加して使うための設定をしなくてはいけません。これを「アドイン」といいます。

データ分析ツールは、Excelアドインという形式で提供されています。インストールするには、Excelを立ち上げ、ファイル▼Excelのオプション▼アドイン▼「管理:Excelアドインの設定」を選択します。分析ツールの左側をクリックし、チェックマークをつけてOKボタンを押します。もし、インストールするかどうか聞いてきたら「はい」を選択します。インストールが始まり、終了するとデータ・タブに分析グループが追加され、データ分析ツールが表示されます。

このようにExcelにアドインを追加してExcelの機能アップを図るということが可能です。アドインの追加は、Excel以外のOffice製品でも可能です。

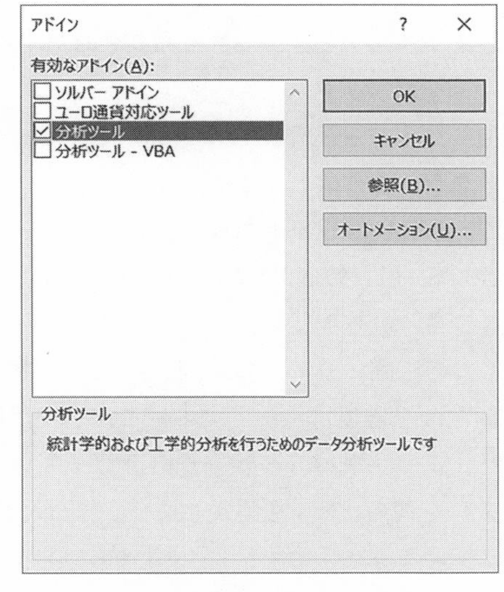

図 6–34：Excel アドインの設定

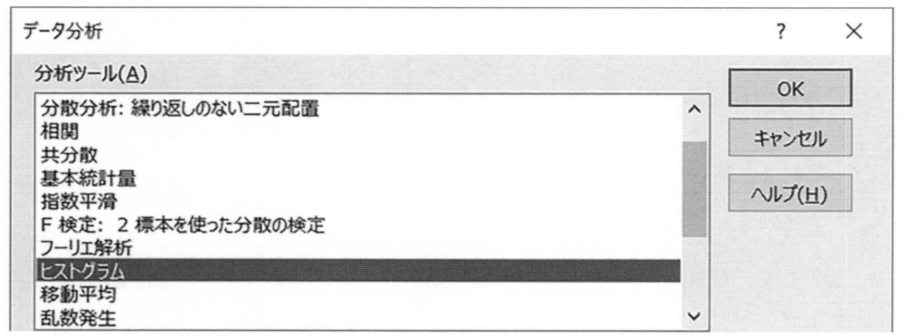

図 6–35：データ分析ツール・ダイアログ

度数分布表とヒストグラムを作成しましょう。度数分布表とは、データのばらつき具合を見るための表です。データの上限と下限の間で一定の範囲に分けて各範囲に入るデータの数を表にまとめたものです。この一定の範囲を「データ区間」といい、各区間に入るデータの数を「度数」と言います。ヒストグラムとは、この度数分布表を縦棒や横棒グラフの形式で表したものです。人口ピラミッド・グラフもヒストグラムの一種です。

みなさんは、回転すしのシャリを握るロボットがあるのを知っていますか？このシャリ握りロボットの開発メーカーでは、シャリ玉の大きさが一定になるようにロボットを調整します。このとき、度数分布表とヒストグラムを使い、シャリ玉の大きさのばらつきを調べます。

ここでは、シャリ握りロボット試作機の握る 50 個のシャリ玉の大きさを測って度数分布表とヒストグラムを作成します。

図 6-36 は、試作機で作成した 50 個のシャリ玉の重量を測った表です。この表のデータの個数は 50 個、最大値は 24.7 g、最小値は 16.0 g です。この 50 個は、最大 8.7 g の重量の違いがあります。これを「範囲」と言います。

次にこの範囲をいくつの区間に分けるのか、ということが問題になるのですが、一般的にはデータの個数の平方根（ルート　√）を使って区間の数を求めます。Excel では、平方根の計算は、累乗（べき乗）の計算で用いられる「 ^ 」（アクサンシルコンフレクス）を使い、0.5 を累乗します。ここでは、小数点以下第 2 位を四捨五入すると 7.1 になりますので、7 つの区間に分けるのが良いということになります。

	A	B	C	D	E	F	G	H
1	シャリ玉の重量(g)（実験で得られたデータ50個）							
2	22.3	22.4	18.4	21.0	16.0		下限境界値	上限境界値
3	21.2	21.7	18.9	22.8	20.5		16.0	17.3
4	21.6	23.3	19.7	23.6	20.7		17.3	18.6
5	17.2	21.6	23.8	19.0	18.4		18.6	19.9
6	17.5	19.5	20.2	17.3	19.8		19.9	21.2
7	19.8	18.1	20.2	24.6	19.3		21.2	22.5
8	17.7	21.0	18.6	21.2	22.6		22.5	23.8
9	22.5	19.8	19.4	19.9	23.5		23.8	25.1
10	21.1	19.0	24.7	21.0	19.8			
11	19.2	19.9	24.4	16.8	16.4			
12	（ヒストグラム用のデータを、関数を駆使して作る）							
13	データの個数		50	=COUNT(A2:E11)				
14	最大値		24.7	=MAX(A2:E11)				
15	最小値		16.0	=MIN(A2:E11)				
16	範囲		8.7	=C14-C15				
17	区間の数		7.1	=C13^0.5				
18	仮の区間の幅		1.2304	=C16/C17				
19	区間の幅		1.3	C18から類推				

図 6–36：シャリ玉の重量（g）と度数範囲、下限・上限境界値一覧

シャリ玉の範囲は、8.7 なので、これを 7 つに分けるとひとつあたりの区間の幅は 1.3 がよさそうです。この 1.3 を使い、データ範囲の下側境界値・上側境界値のデータ範囲表を作成します。

このとき、G3 セルには「＝C15」と入れ、H3 セルには「＝G3＋C$19」と入れ、オートフィル機能を使って B30 セルまでコピーします。次に G4 セルに「＝H3」と入れ、G9 セルまでオートフィル機能を使ってコピーします。これで図 6-36 の右側にあるデータ範囲の表が出来上がります。

ここまでできたら、データ・タブ▼分析グループの「データ分析ツール」をクリックし、ヒストグラムを選択します。図 6-37 のヒストグラム･ダイアログボックスが現れますので、入力範囲にシャリ玉 50 個の重量のデータ表全体（A2 セルから E11 セル）を選択し、データ区間にデータ範囲の表の上側境界値の 17.3 から 25.1 までの範囲（H3：H9）を指定します。次に出力先に任意のセル（G10 セル）を指定し「グラフ作成」の左側をクリックし、チェックを入れ、OK ボタ

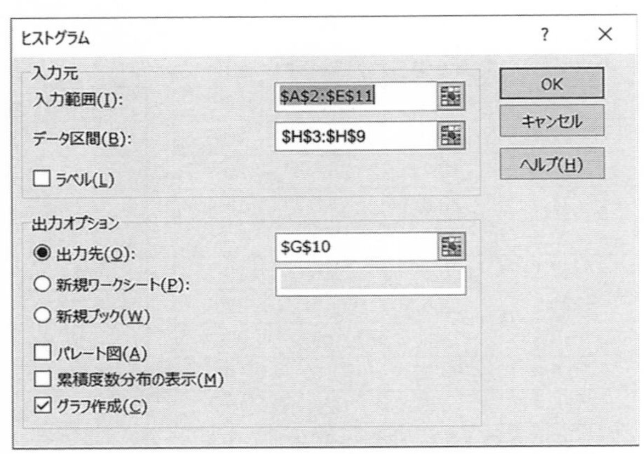

図 6–37：ヒストグラム・ダイアログボックス

ンを押します。

度数分布表のデータ区間を図 6–38 のように変更します。17.3 の上に 16.0 を入れ，グラフのデータ選択ダイヤログで横軸に 16.0 を追加します。横軸をななめにして、図形の線を使ってリードする線を書きます。

これで、16.0 ～ 17.3 の間に 4 件のデータがあると、視覚的に理解しやすくなります。

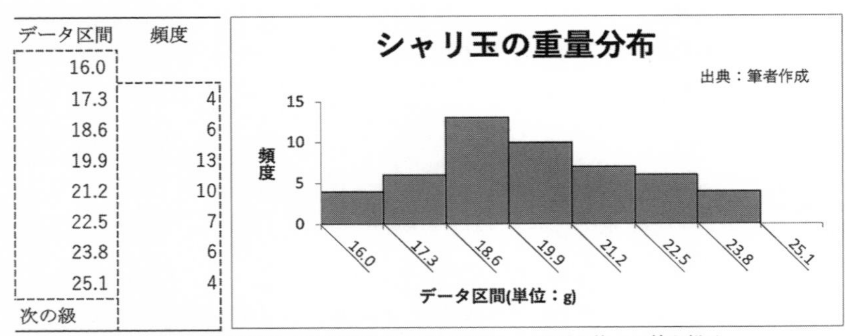

データ区間	頻度
16.0	
17.3	4
18.6	6
19.9	13
21.2	10
22.5	7
23.8	6
25.1	4
次の級	

・グラフのデータの選択範囲を点線の枠内のように変更し、図形を使って線を描く

図 6–38：ヒストグラムの完成

これで、度数分布表とヒストグラムの完成です。度数分布表やヒストグラムをみると 18.6 ～ 19.9 g に山があり、正規分布に近い形ですが、上下のばらつき

が多いようです。精密技術を誇る日本の製造業としては、シャリ玉重量の誤差は18.6～21.2 g の間で抑えたいところです。そして、この会社は、シャリ握りロボットの誤差を縮める改良を行い、再度、サンプル調査を行い、すべてのシャリの重さが規定の範囲内になるまで改良を繰り返します。

これはデータ分析の例ですが、みなさんが卒業後に企業などに就職すると同じような事例に出会うかもしれません。「これは技術系の仕事」と考えてはいけません。製造現場に配属された大卒一般事務職の女性が Excel を使ってこういった分析をしている場面には何度となく出会っています。みなさんもその日に備えて Excel でのデータ分析も覚えておきましょう。

⑹　関数を応用した表

①　売上伝票に商品データを自動入力する

企業の事務作業でよく使う関数が VLOOKUP 関数です。VLOOKUP 関数は、別の表からデータを持ってくるときに使います。図 6-39 を見てください。「商

B15　=VLOOKUP(A15, $A$3:$C$11,2,FALSE)

	A	B	C	D	E
1	商品コード表				
2	商品コード	商品名	単価		
3	A001	最高級鉛筆	147		
4	A002	高級鉛筆	94		
5	A003	普通鉛筆	63		
6	A004	事務用鉛筆	630		
7	A005	ゴム付鉛筆	756		
8	A006	マークシート用鉛筆	525		
9	A007	リサイクル鉛筆	630		
10	A008	かきかた鉛筆	1,134		
11	A009	赤青鉛筆	756		
12					
13	注文伝票				
14	商品コード	商品名	単価	数量	金額
15	A003	普通鉛筆		10	0
16	A005			32	0
17	A007			46	0
18	A001			72	0
19	A009			12	0
20			消費税額		0
21	消費税率	10%	合計		0

図 6-39：VLOOKUP の例

品コード表」と「注文伝票」の2つの表があります。「商品コード表」には「商品コード」「商品名」「単価」が入っています。注文伝票は「商品コード」と「数量」は入力されていますが「商品名」「単価」「金額」は入力されていません。VLOOKUP関数を使って、これら「商品名」「単価」を商品コード表から自動入力することができます。「金額」は「単価」と「数量」を掛けて求めます。

B15セルは商品コードA003に対応する商品名ですが、VLOOKUP関数を使って「＝VLOOKUP(A15,$A$3:$C$11,2)」と定義します。VLOOKUP関数の引数は「検索する値」「検索範囲」「列数」となります。この場合「検索する値」は商品コードA003なので、その値の入っているセル「A15」と入力して「検索範囲」は商品コード表全体なので「A3:C11」ですが後でコピー＆ペーストすることを考えて絶対参照にするために$マークをつけて「$A$3:$C$11」とします。最後の「列数」は、目的の値が入っている列を範囲の左端にある列から数えて何列目かを指定します。ここでは、商品名は2列目なので「2」と定義します。

こうして、B15セルが定義できたら、B15セルをコピーし、B16セルからB19セルまでとC15セルに貼り付けます。C15セルに貼り付けたVLOOKUP関数の検索する値を「A15」にして「列数」を「2」から「3」に変更し、コピーしてC16セルからC19セルに貼り付けます。E15セルは「単価」×「数量」なので「＝C15*D15」とし、E15セルをコピーし、E16セルからE19セルにコピーします。E20セルはE15セルからE19セルの合計に消費税10%をかける式「＝SUM(E15:E19)*0.1」を入れます。E21セルは総合計なので、E15からE20までをSUM関数を使って合計します。

②　カテゴリー別に集計する

Excelの表を使っているとカテゴリー別に自動集計したくなります。この場合、判断を行う論理関数を使います。論理関数は、論理式を表すための関数です。難しい言葉が並びましたね。論理式は「「△が○○である」は真である」というような式で、ある条件が正しいか、間違っているかを判断するものです。Excelを用いた表の中でセルの値によって判断が必要な場合に使用することが多くあります。論理式の結果は「真（正しい）」(TRUE)「偽（正しくない）」(FALSE)のいずれかになります。

D3 fx =IF(C3>=90,"S",IF(C3>=80,"A",IF(C3>=70,"B",IF(C3>=60,"C","D"))))

	A	B	C	D	E	F	G	H	I	J	K	L
1	番	氏名	国語		数学		英語			国語	人数	%
2	号		点数	評価	点数	評価	点数	評価		S		
3	1	青山一郎	78	B	63		82			A		
4	2	赤坂花子	67		84		80			B		
5	3	井の頭権蔵	90		81		71			C		
6	4	恵比寿誠	87		71		62			D		
7	5	大井町男	76		62		54			合計		
8	6	大森克夫	65		53		81					
9	7	神楽坂美香	55		83		80			数学	人数	%
10	8	神田聖子	89		81		61			S		
11	9	九段翔子	87		61		48			A		
12	10	五反田凛	64		45		81			B		
13	11	新橋清十郎	47		83		89			C		
14	12	千駄木良	89		92		72			D		
15	13	祖師谷順子	99		72		70			合計		
16	14	田町慶子	77		71		71					
17	15	日本橋圭子	75		71		62			英語	人数	%
18	16	沼部小太郎	76		62		58			S		
19	17	八丁堀力也	65		57		49			A		
20	18	三田ミリヤ	60		47		72			B		
21	19	有楽町子	49		72		50			C		
22	20	代々木美恵	77		72		62			D		
23		平均点								合計		

図 6–40：成績表

たとえば、図 6-40 のような成績表があり、各教科の点数から S（90 点以上）、A（80 ～ 89）、B（70 ～ 79）、C（60 ～ 69）、D（59 点以下）の評価をつけるという場面を想定してください。最も単純な入力方法は、点数を目で見ながら入力者が評価を判断し、手で入力する方法です。でも、面倒くさいですね。なんとか、自動的に行いたくないですか？　論理式を使うとできるのです。しかし、とても複雑な IF 関数を使った式になるので、まずは、基本の IF 関数を学びましょう。

IF 関数は、指定された条件が TRUE（真）のとき真の場合を返し、FALSE（偽）のとき偽の場合を返します。IF 関数を使用して値または数式が条件を満たしているかどうかをテストできます。

書式：　IF（論理式 , 真の場合 , 偽の場合）

例：IF（C3 ＞＝ 90,"S"," "）

もし、C3 セルが 90 以上だったら「S」を入れ、90 未満だったら空白にする

図 6-40 の例なら、D3 セルに「＝ IF(C3 ＞＝ 90,"S"," ")」と入れることで C3 セルの点数によって D3 セルの値を設定することができます。

条件判定は「＞＝」は「以上」「＞」は「より大きい」「＜＝」は「以下」「＜」は「より小さい」「＝」は「と等しい」「＜＞」は「と等しくない」を表します。関数で値として文字を使う場合は「"」（ダブル・クォーテーション）で囲みます。

しかし、この論理式では S 以外の成績はつけられません。ここで、IF 関数の引数にある「偽の場合」に注目します。ここでの定義は「C3 が 90 以上だったら」という条件ですから「偽の場合」は「90 未満」ということになります。次の成績の A は「80 〜 89」の範囲ですから、この「偽の場合」に IF 関数を入れてしまいましょう。どういう条件設定にしたらよいと思いますか？「C3 セルが 80 以上」という条件にすればいいのです。

IF 関数の入れ子例：　IF(C3 ＞＝ 90,"S",IF(C3 ＞＝ 80,"A"," "))

IF(C3 ＞＝ 90,"S", IF(C3 ＞＝ 80,"A"," "))は、C3 セルが最初の IF 関数での判断が偽であった場合（C3 セルが 90 未満）に次の IF 関数を実行し、80 以上かどうか判断します。ここで真になった場合、C3 セルの値は 80 以上 90 未満ということになります。関数の中で別の関数を使う場合は、（ ）で括ります。

ここまでくれば、あとはわかりますね。「偽の場合」に IF 関数を追加していき「B」と「C」の判断をして「C」の判断が「偽の場合」に「D」を設定するようにすればいいのです。

完成した IF 関数：
IF(C3 ＞＝ 90,"S",IF(C3 ＞＝ 80,"A",IF(C3 ＞＝ 70,"B",IF(C3 ＞＝ 60,"C","D"))))

D3 セルに IF 関数が完成したら、その式を他のセルにコピー（オートフィル）すれば、すべての点数の評価が自動で行われます。

Excel2016 からは、この入れ子の IF 関数式を簡略化できる IFS 関数が登場しました。同じ表で IFS 関数を使う場合は、以下のようにします。

書式：IFS(論理式 1, 真の場合 , 論理式 2, 真の場合 , 論理式 3, 真の場合 ,…)

＝ IFS（C3 ＞＝90,"S",C3 ＞＝ 80,"A",C3 ＞＝ 70,"B",C3 ＞＝ 60,"C",
C3 ＜ 60,"D")

統計関数は、統計分析を行っていくうえで必要な関数です。数が多いので代表的なものを覚えてください。

図 6−40 右側の表は、それぞれの評価の人数と評価の割合を％で表示する表です。数を数える関数にはいくつかありますが、第 3 章で使用した COUNT 関数は、引数で指定した範囲内にある数値データの入ったセル数を数えます。

COUNTA 関数は、引数で指定した範囲内にあるセルの中で空白以外のセル（文字や数値、数式の入っているセル）の数を計算します。

次に列もしくは行方向のグループの中から同じ値をもったセルがいくつあるかを数える関数が、COUNTIF 関数です。たとえば、K3 セルに「＝ COUNTIF (D3:D22,"S")」と入れます。は、D 列の成績欄を D3 から D22 までを見て、S が入っているセルの数を数えて自動入力をします。図 6-41 を見てください。

番号	氏名	国語		数学		英語	
		点数	評価	点数	評価	点数	評価
1	青山一郎	78	B	63	C	82	A
2	赤坂花子	67	C	84	A	80	A
3	井の頭権蔵	90	S	81	A	71	B
4	恵比寿誠	87	A	71	B	62	C
5	大井町男	76	B	62	C	54	D
6	大森克夫	65	C	53	D	81	A
7	神楽坂美香	55	D	83	A	80	A
8	神田聖子	89	A	81	A	61	C
9	九段翔子	87	A	61	C	48	D
10	五反田凛	64	C	45	D	81	A
11	新橋清十郎	47	D	83	A	89	A
12	千駄木良	89	A	92	S	72	B
13	祖師谷順子	99	S	72	B	70	B
14	田町慶子	77	B	71	B	71	B
15	日本橋圭子	75	B	71	B	62	C
16	沼部小太郎	76	B	62	C	58	D
17	八丁堀力也	65	C	57	D	49	D
18	三田ミリヤ	60	C	47	D	72	B
19	有楽町子	49	D	72	B	50	D
20	代々木美恵	77	B	72	B	62	C
	平均点	73.6		69.2		67.8	

国語	人数	%
S	2	10.0%
A	4	20.0%
B	6	30.0%
C	5	25.0%
D	3	15.0%
合計	20	100.0%

数学	人数	%
S	1	5.0%
A	5	25.0%
B	6	30.0%
C	4	20.0%
D	4	20.0%
合計	20	100.0%

英語	人数	%
S	0	0.0%
A	6	30.0%
B	5	25.0%
C	4	20.0%
D	5	25.0%
合計	20	100.0%

図 6-41：成績表（評価の設定）

その他の論理関数は、以下の通りです。

AND：　すべての引数が TRUE のときに TRUE を返します。

FALSE：　論理値 FALSE を返します。

IFERROR：　数式がエラーとして評価される場合は指定の値を返し、それ以外の場合は数式の結果を返します。

NOT：　引数の論理値（TRUE または FALSE）を逆にして返します。

OR：　いずれかの引数が TRUE のときに TRUE を返します。

TRUE：　常に論理値 TRUE を返します。

③　日付・時刻関数

Excel では日付や時刻をそのまま数式で使うことができますが、その際に日付や時刻の関数を使うこともできます。

TODAY 関数は、本日日付を返します。引数はありません。YEAR 関数と組み合わせて「YEAR(TODAY())」とすると「今年が西暦で何年」を返します。MONTH 関数と組み合わせれば「今月は何月」を返し、DAY 関数と組み合わせれば「今日は何日」を返します。これらの関数を使うときは、セルの表示形式を「日付」ではなく「標準」もしくは「数値」にします。

「今日は何曜日」を知りたいときは「TEXT(TODAY(),”ddd”)」とすると「Wed」のように曜日の短縮形で表示し、”ddd” を ”dddd” とするとその曜日の完全表記(例：「Wednesday」) を返します。

NOW 関数は、本日の日付と時刻を返します。上記の TODAY 関数と同じ使い方をすることができます。

TODAY 関数も NOW 関数も再計算すると再計算したときの日付や時刻を返しますので、注意が必要です。

さて、ワークシート上に「生年月日」がある場合、その生年月日の隣のセルに年齢を自動表示する設定を行いたいのですが、どうすればいいと思いますか？少し考えてみましょう。C3 セルに「生年月日」が入っていて、D3 セルに年齢を入れると仮定します。D3 セルに入れる数式は「＝ DATEDIF(C3,TODAY（）,”Y”)」となります。たとえば、今年が 2019 年なら、C3 セルに 2001/1/9 と入れると D3 セルは 18 となります。

２つのセルに入った日付の期間を求めるには、DATEDIF 関数を使います。DATEDIF 関数の引数は「開始日付」「終了日付」「単位」です。「開始日付」と「終了日付」は表示形式が日付フォーマットのセルもしくは定数、TODAY 関数などを使います。「単位」は「年数」なら ”Y”「月数」なら ”M”「日数」なら ”D” を使います。

④ 文字列関数

文字列関数は、セルに入っている文字列を操作するときに使います。たとえば、ワークシートに住所録があり「郵便番号」「住所１(都道府県)」「住所２(市町村)」「住所３（番地)」が入っているセルがそれぞれあるときに、これらを連結してハガキに印刷する場合などに使います。第３章でフラッシュ機能を使いましたが、フラッシュ機能が使えない場合は、CONCATENATE 関数を使います。

CONCATENATE 関数は、複数のセルに入った文字列などを連結することのできる関数です。図 6-42 は、B4 セルに CONCATENATE 関数で A2、B2、C2、

D2 を連結した値を入れています。このとき、郵便番号と東京都の間にスペースを 1 文字分（”　”）入れています。

B4　=CONCATENATE(A2," ",B2,C2,D2)

	A	B	C	D	E
1	郵便番号	都道府県	市町村	番地	
2	1040043	東京都	中央区	湊3－1－1	
3					
4	結合	1040043 東京都中央区湊3－1－1			

図 6–42：COCATENATE 関数の例

ISBLANK 関数は、対象が空白セルを参照するときに TRUE を返し、それ以外のときは FALSE を返します。IF 関数と組み合わせて使うことが多くあります。セル値を参照して、データが有るときと無いときで別のアクションをする場合に使います。ちなみにスペースはブランクではありません。

ISBLANK 関数以外に IS で始まる関数がいくつかあり、これらを IS 関数と呼びます。IS 関数は、指定されたテストの対象をチェックし、その結果に応じて論理値 TRUE または FALSE を返します。

⑤　INDIRECT 関数を使って動的にデータを把握する

少し高度な関数の使い方を試してみましょう。日々データ更新されるワークシートでデータを合算したサマリ表などを作ることは企業ではよく行われます。

ここにある個人の預金の入出力明細表があります。この情報を用いて、日々変わっていく残高を把握するためにサマリ表と費目別合算表を作成しましょう。

	A	B	C	D	E
1	取引日	お引出金額	お預入金額	残高	お取引内容
2	2021/4/1	20,000		560,776	キャッシュカード
3	2021/4/1	216		560,560	手数料
4	2021/4/2	7,416		553,144	公共料金　ガス
5	2021/4/3	30,000		523,144	キャッシュカード
6	2021/4/3	216		522,928	手数料
7	2021/4/6	18,619		504,309	振替 ZZZ
8	2021/4/6	234,512		269,797	振替 ZZZ
9	2021/4/6		30,000	299,797	振込 ABC
10	2021/4/6	59,050		240,747	振替 XYZ
11	2021/4/9	49,000		191,747	送金 GGG
12	2021/4/11	216		191,531	手数料
13	2021/4/11	10,000		181,531	送金 FFF
14	2021/4/15	216		181,315	手数料
15	2021/4/19	13,000		168,315	キャッシュカード
16	2021/4/22	60,188		108,127	振替 XYZ
17	2021/4/22	50,000		58,127	送金 FFF
18	2021/4/25	216		57,911	手数料
19	2021/4/25		586,557	644,468	給与 MMM
20	2021/4/25	20,000		624,468	キャッシュカード
21	2021/4/25	108		624,360	手数料
22	2021/4/27	4,644		619,716	振替 XYZ
23	2021/4/27	69,120		550,596	振替 XYZ
24	2021/4/27	10,000		540,596	キャッシュカード
25	2021/4/27	108		540,488	手数料

図 6–43：入出金明細表

G	H	I	J
サマリ表	お引出金額	お預入金額	残高
期初			580,776
合算	656,845	616,557	
期末			540,488
期初～期末 差異			-40,288
費目別合算表	お取引内容	件数	金額
お預入金額	給与	1	586,557
	振込	1	30,000
お引出金額	キャッシュカード	5	93,000
	振替	6	446,133
	送金	3	109,000
	公共料金	1	7,416
	手数料	7	1,296

図 6–44：サマリ表と費目別合算表

実習を行うためにまずは、入出金明細表を作成してください。できたら、サマリ表と費目別合算表を作成します。

サマリ表の期初の残高（J2）は、入出金明細表の最初のデータの残高の直前の金額(2021/4/1 の最初の取引前のデータ)になります。この金額を求めるには、D2 の残高に最初のお引出金額を足すか、お預入金額を引きます。お引出金額とお預入金額はどちらかにしか値が入らないので、D2＋B2−C2 とします。

サマリ表のお引出金額の合算は、B 列の合計になりますが、B 列は何行あるかわかりません。同様にお預入金額の合算は C 列の合計になりますが C 列も何行あるかわかりません。合計は SUM 関数を使って計算しますが、このままでは範囲指定を指定することができません。そこで、引出でも預入でもどちらでもデータが入っている残高（D 列）を使ってデータの個数を数え、その個数からセル名を設定できれば、SUM 関数を使うことができます。

そのために INDIRECT 関数を使用します。INDIRECT 関数は間接的にセル名を指定することができます。＝ SUM($B$2:INDIRECT（"B" &とすることで、SUM 関数の指定範囲の終わりのセルを動的に設定できます。この式はまだ途中です。この後ろにはCOUNT関数を使い、範囲の終わりのセルを設定します。残高の入っているD列をD2セルからD99セルまで見て数値データの入っているセルの数を数えます。(ここでは便宜的にどちらも最大99行としていますが、行数は任意に設定できます。前提として有効なデータはD列の連続したセルに入っており、途中に空白セルはない、とします)

SUM関数を完成させると以下のようになります。どうですか。最後に1を足しているのは、データが2行目から始まっているので行数はCOUNT関数で求めた数＋1になるからです。

＝SUM($B$2:INDIRECT ("B"&COUNT($D$2:$D$99)+1))

同様にして、お預入金額の合算値、期末の残高を求めます。期末の残高は、この入出金明細表が空っぽでもエラーが起きないようにするために以下のようにします。

＝IF($D$2 ＜＞ "",INDIRECT("D"&COUNT($D$2:$D$99)+1),0)

最後に期末の残高−期初の残高を計算して、期間内の取引金額を計算すれば、サマリ表の完成です。

＝J4−J2

費目別合算表は、件数の計算にCOUNTIF関数、金額の計算にSUMIF関数を使います。INDIRECT関数を使ってセル名を動的に把握するのは、一緒です。

件数の計算は、以下のようになります。ここでは給与の件数を合算しています。条件が"給与＊"と給与の後ろに＊がついていますが、これの＊はワイルドカードといって、どんな文字列や数列でもよいという記号になり、ここでは、給与の後ろになにかデータが続いていますよ、ということを表しています。

＝COUNTIF($E$2:INDIRECT("E"&COUNT($D$2:$D$99)+1),"給与＊")

次に金額の合算の式は以下のようになります。少し複雑ですが、まず、条件が入っている列の指定、条件の指定を行い、最後にその条件に従って合計を計算する範囲を指定します。

＝SUMIF($E$2:INDIRECT("E"&COUNT($D$2:$D$99)+1),"給与＊",

$C$2:INDIRECT("C"&COUNT($D$2:$D$99)+1))

この式を変形して、それぞれのセルに入れれば完成です。計算が間違っていないか、確かめてください。

次にデータが増えてもきちんと動くか確かめるために以下の3件のデータ入出金明細表に追加してください。残高も計算してください。（例：D26は、=D25−B26+C26です。ひとつ前の残高からお引出金額を引き、お預入金額を足します。お引出金額かお預入金額のどちらかしかデータはないですが、どちらでも計算できるようにしておけば、オートフィルでコピー&ペーストできます）

・日付：2021/4/28 お引出金額：14,070円　お取引内容：公共料金　電気
・日付：2021/4/29 お引出金額：4,659円　お取引内容：公共料金　電話
・日付：2021/4/30 お預入金額：26,368円　お取引内容：振込　PPP

(7) その他の便利な機能

① スパークライン機能

スパークラインを使用すると、ひとつのセル内に小さなグラフを作成できます。重要なデータの傾向をすばやく簡単に強調でき、分析の時間を節約できます。

Googleで「人口動態総覧」を検索し、厚生労働省の「人口動態統計（確定数）の概況」を検索し、最新の情報にアクセスします。

例　https://www.mhlw.go.jp/toukei/saikin/hw/jinkou/kakutei17/index.html

「人口動態統計（確定数）の概況」Webページの下のほうに「統計表をxls形式でダウンロードできます」というリンクがあるのでクリックします。Excelでダウンロードしたファイルを開き、Excelの「第4表」というタブを開き「第4表　母の年齢（5歳階級）・出生順位別にみた出生数」の表を図6-45のように加工しましょう。

各年齢階級の右端に傾向を表示するセルを作成します。それぞれのセルに挿入タブ▼スパークライン・グループの折れ線を選びます。それぞれの年齢階級の最初のデータから最後のデータ（例：1970年から2010年）の範囲を指定すれば、

母の年齢（５歳階級）別にみた出生数の年次推移（出典：厚生労働省『人口動態統計』）

母の年齢	昭和45年	50年	55年	60年	平成２年	7年	12年	17年	22年
	1970年	1975年	1980年	1985年	1990年	1995年	2000年	2005年	2010年
14歳以下	12	9	14	23	18	37	43	42	51
15～19	20,165	15,990	14,576	17,854	17,478	16,075	19,729	16,531	13,495
20～24	513,172	479,041	296,854	247,341	191,859	193,514	161,361	128,135	110,956
25～29	951,246	1,014,624	810,204	682,885	550,994	492,714	470,833	339,328	306,910
30～34	358,375	320,060	388,935	381,466	356,026	371,773	396,901	404,700	384,385
35～39	80,581	62,663	59,127	93,501	92,377	100,053	126,409	153,440	220,101
40～44	9,860	8,727	6,911	8,224	12,587	12,472	14,848	19,750	34,609
45～49	523	312	257	244	224	414	396	564	773
50歳以上	25	7	1	1	-	-	6	34	19

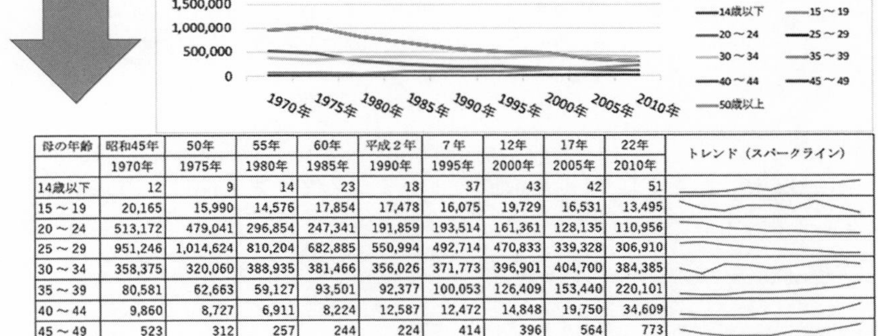

母の年齢	昭和45年	50年	55年	60年	平成２年	7年	12年	17年	22年	トレンド（スパークライン）
	1970年	1975年	1980年	1985年	1990年	1995年	2000年	2005年	2010年	
14歳以下	12	9	14	23	18	37	43	42	51	
15～19	20,165	15,990	14,576	17,854	17,478	16,075	19,729	16,531	13,495	
20～24	513,172	479,041	296,854	247,341	191,859	193,514	161,361	128,135	110,956	
25～29	951,246	1,014,624	810,204	682,885	550,994	492,714	470,833	339,328	306,910	
30～34	358,375	320,060	388,935	381,466	356,026	371,773	396,901	404,700	384,385	
35～39	80,581	62,663	59,127	93,501	92,377	100,053	126,409	153,440	220,101	
40～44	9,860	8,727	6,911	8,224	12,587	12,472	14,848	19,750	34,609	
45～49	523	312	257	244	224	414	396	564	773	
50歳以上	25	7	1	1	-	-	6	34	19	

図 6–45：スパークラインの例

スパークラインが書けます。

② 条件付き書式

セルの値によってセルの背景の色などを変更する方法を学びましょう。企業の事務において多用されていますのでしっかり覚えましょう。

まず、図 6-46 の表を作成します。

	A	B	C	D
1	支店名	売上		前期比
2		前期	後期	
3	北海道支店	4,653,000	4,332,000	-321,000
4	東北支店	7,863,000	8,856,000	993,000
5	関東支店	20,678,000	23,022,000	2,344,000
6	東京本店	52,878,000	67,922,000	15,044,000
7	東海支店	45,763,000	46,521,000	758,000
8	関西支店	44,329,000	44,478,000	149,000
9	四国支店	10,786,000	12,789,000	2,003,000
10	九州支店	11,213,000	10,245,000	-968,000

図 6–46：支店別売上管理表

次に B3 セルから C10 セルを選択し、ホーム・タブ▼条件付き書式▼カラースケールをクリックします。

支店名	売上		前期比
	前期	後期	
北海道支店	4,653,000	4,332,000	-321,000
東北支店	7,863,000	8,856,000	993,000
関東支店	20,678,000	23,022,000	2,344,000
東京本店	52,878,000	67,922,000	15,044,000
東海支店	45,763,000	46,521,000	758,000
関西支店	44,329,000	44,478,000	149,000
四国支店	10,786,000	12,789,000	2,003,000
九州支店	11,213,000	10,245,000	-968,000

図 6–47：カラースケール

カラースケールは、値を変えるごとにグラデーションが変わります。任意の値でカラースケールを変更したい場合は、ホーム・タブ▼条件付き書式▼ルールの管理▼ルールの編集　で作成することができます。

次に D3 から D10 セルを選択し、ホーム・タブ▼条件付き書式▼データバー塗りつぶし（単色）を選びます。図 6-48 のように横棒グラフが表示されます。

支店名	売上		前期比
	前期	後期	
北海道支店	4,653,000	4,332,000	-321,000
東北支店	7,863,000	8,856,000	993,000
関東支店	20,678,000	23,022,000	2,344,000
東京本店	52,878,000	67,922,000	15,044,000
東海支店	45,763,000	46,521,000	758,000
関西支店	44,329,000	44,478,000	149,000
四国支店	10,786,000	12,789,000	2,003,000
九州支店	11,213,000	10,245,000	-968,000

図 6–48：データバー

次に D3 から D10 セルを選択し、ホーム・タブ▼条件付き書式▼アイコンセット▼その他のルールを選びます。図 6-49 のようにアイコン スタイルをスマホのアンテナ様のシンボルにし、アイコンのルールをそれぞれ 50%、15%、5%にして、OK します。

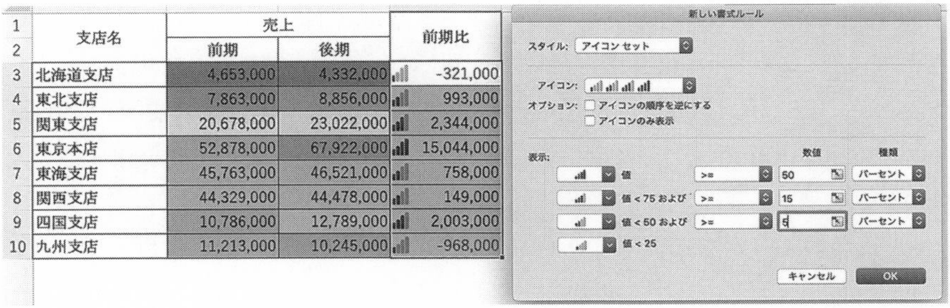

	支店名	売上		前期比
1				
2		前期	後期	
3	北海道支店	4,653,000	4,332,000	-321,000
4	東北支店	7,863,000	8,856,000	993,000
5	関東支店	20,678,000	23,022,000	2,344,000
6	東京本店	52,878,000	67,922,000	15,044,000
7	東海支店	45,763,000	46,521,000	758,000
8	関西支店	44,329,000	44,478,000	149,000
9	四国支店	10,786,000	12,789,000	2,003,000
10	九州支店	11,213,000	10,245,000	-968,000

新しい書式ルール
スタイル: アイコン セット
アイコン:
オプション: アイコンの順序を逆にする
アイコンのみ表示
表示:　数値　種類
値　>=　50　パーセント
値 < 75 および　>=　15　パーセント
値 < 50 および　>=　5　パーセント
値 < 25
キャンセル　OK

図 6–49：アイコンセットの新しい書式ルール設定

⑻ 練習問題 6

※ Excel を立ち上げ､新規文書を作成し､ドキュメントに自分の氏名＋日付(例：大妻花子 20210610.xlsx）で保存しましょう。同じ日付で複数のファイルを保存する場合は「-」（ハイフン）と 1 から始まる連番を日付の後につけましょう（例：大妻花子 20210610-1.xlsx)。

①　並べ替え・抽出・自動集計・ピボットテーブル

a）政府統計の総合窓口（e-Stat）の「賃金構造基本統計調査」Web サイト（http://www.e-stat.go.jp/SG1/estat/NewList.do？tid＝000001011429）から最新の「賃金構造基本統計調査　新規学卒者（初任給）」の Excel 表をダウンロードし、表を作成し、指示に従って並べ替え・抽出・自動集計を行いましょう。

b）指示 1：都道府県別大卒初任給一覧表を作成しましょう。

c）指示 2：男女計、男性、女性の 3 つの都道府県別大卒初任給ランキング表（上位 10 都道府県）を作成しましょう。

d）指示 3：都道府県別大卒初任給一覧表にフィルタを設定し、地方（北海道、東北、関東、中部、近畿、中国、四国、九州、但し三重県は中部とする）ごとに小計を作成しましょう。（集計値は平均値）

e）指示 4：ピボットテーブルを作成し、行ラベルに地方、列ラベルに男女計、男性、女性、値にそれぞれの平均を設定しましょう。

②　ビッグデータの加工

※実施に先立って、講師から コンピュータ基礎と応用ダミーデータ .xlsx を入手してください。（例：public$\齊藤豊\配布\コンピュータ基礎と応用ダミーデータ .xlsx）もし、なければ、インターネットで「なんちゃって個人情報」（http://kazina.com/dummy/）を検索し、CSV 形式で 5,000 件のデータを作成してください。

a）氏名のふりがなを使ってあいうえお順に並べ替え、1,000 番目にくる人の氏名とメアド、性別、年齢、生年月日を書きましょう。

b）男女別氏名あいうえお順に並べ替えて、男性の最後にくる人、女性の最初にくる人の氏名とメアド、性別、年齢、生年月日を書きましょう。

c）男性と女性の人数と全体を 100％としたときの割合を書きなさい。

d）生年月日の新しい順番で並べ替えをし、4,000 番目にくる人の氏名とメアド、性別、年齢、生年月日を書きましょう。

e）血液型を A、B、AB、O 型でそれぞれ抜き出して、それぞれの血液型の人数と全体を 100％としたときの割合を書きましょう。

f）既婚者と未婚者の人数と全体を 100％としたときの割合を書きましょう。

g) 東京都、大阪府、鳥取県のそれぞれの居住者を抜き出して、その人数を書きましょう。

h) 東京都でキャリアがドコモの人の人数を書きましょう。

i) カレーの食べ方で一番多い食べ方は何かを調べて、その人数と全体を100%としたときの割合を書きましょう。

j) ピボットテーブルを作成しましょう。レポートフィルター：婚姻、行ラベル：都道府県と性別、列ラベル：血液型、値：データの個数。作成できたら、神奈川県在住の未婚男性でB型の人数を書きましょう。

③ 人口ピラミッド・グラフ

総務省『世界の統計』を検索し、日本の人口ピラミッド・グラフを作成した同じ手順で、アメリカ、イギリス、中国、インドについて、それぞれ人口ピラミッド・グラフを作成しましょう。なお、世界の統計では、0歳児が1歳児以上に含まれる（↓で表されている）場合と高齢者の年齢の上限が異なる（↑で表されている）場合があります。それぞれの場合は表を作成するときに表の年齢区分を変更すること。たとえば、0歳児が1～5歳児に含まれる場合は表の最小年齢区分は0～5歳とし、81～85歳に86～90歳、91～95歳、96歳以上が含まれる場合は、表の最大年齢区分は81歳以上とします。

④ 論理関数と条件付き書式

図6-41成績表の図のI列に「落第」欄を追加し、各生徒の「国語」「数学」「英語」のいずれかの科目に「D」評価がある場合、条件付き書式の機能を使って、その生徒の落第欄（I列）に赤色で「落第」と表示するように設定しましょう。

⑤ VLOOKUP関数：商品検索

以下の商品コード表をVLOOKUP関数で参照して商品名、単価を入れ、小計、消費税額、合計を計算して、注文伝票を完成させましょう。消費税は10%とします。

	A	B	C	D	E	F
1	商品マスタ					
2		商品コード	商品名	単価		
3		CK1001	伊太利栗モンブラン	850		
4		CK1002	エクストラスーパーメロンショートケーキ	3,800		
5		CK1003	クリームブリュレ	350		
6		CK1004	ストロベリーショートケーキ	400		
7		CK1005	フォンダンショコラ	450		
8		CK1006	ベイクドチーズケーキ	450		
9		CK1007	マカロン（アソート）	900		
10		CK1008	レアチーズケーキ	500		
11		CK1009	和栗モンブラン	800		
12						
13	売り上げ伝票				2021/10/1	№11201
14	○○商事　様					
15	Seq.	商品コード	商品名	個数	単価	小計
16	1	CK1001		2		0
17	2	CK1005		2		0
18	3	CK1003		3		0
19	4	CK1007		1		0
20	5	CK1008		2		0
21	6	CK1006		4		0
22	7	CK1009		6		0
23	8	CK1002		1		0
24	9					
25	10					
26			消費税率	10%	消費税額	0
27					合計	0

⑥　利益計算

以下の表を作成し、※欄を指示に従って作成しましょう。

	A	B	C	D	E	F	G	H	I
1	品名	仕入単価	販売単価	仕入個数	販売個数	仕入金額	販売金額	利益	備考
2	ホットコーヒー	20	300	500	205	※1	※2	※3	※4
3	アイスコーヒー	23	300	500	200	※1	※2	※3	※4
4	カフェラテ	35	350	500	476	※1	※2	※3	※4
5	アイスカフェラテ	38	350	500	339	※1	※2	※3	※4
6	モカジャバ	40	400	500	45	※1	※2	※3	※4
7	カプチーノ	40	400	500	98	※1	※2	※3	※4
8	エスプレッソ	20	300	500	234	※1	※2	※3	※4
9	ティー	25	300	500	97	※1	※2	※3	※4
10	ソーダ	90	350	500	80	※1	※2	※3	※4
11					合計	※5	※5	※5	

※１は、仕入単価×仕入個数で計算します。

※２は、販売単価×販売個数で計算します。

※３は、販売金額−仕入金額で計算します。

※４は、利益が５万円以上なら「売れ筋」を表示し、利益が０未満なら「赤字」を表示します。

※５は、仕入金額、販売金額、利益のそれぞれの合計です。関数を使って求めます。

⑦　スパークラインを使った表

校内模試の個人結果票を作成しましょう。

	A	B	C	D	E	F	G
1	個人成績票						
2		第1回	第2回	第3回	第4回	第5回	傾向
3	国語	65	68	72	78	80	※3
4	数学	76	87	64	55	67	※3
5	英語	45	78	70	65	44	※3
6	理科	78	77	89	98	65	※3
7	社会	55	78	43	89	98	※3
8	3教科平均	※1	※1	※1	※1	※1	※3
9	5教科平均	※2	※2	※2	※2	※2	※3

※１は、国語・数学・英語の平均点を求めます。

※２は、国語・数学・英語・理科・社会の平均点を求めます。

※３は、各科目の第１回から第５回までのスパークラインを折れ線で表示します。

⑧　グラフの作成

コーヒー銘柄別売上表を作成し、銘柄別売上縦棒グラフと銘柄別売上割合円グラフを作成しましょう。

	A	B	C	D	E	F	G	H	I
1	コーヒー銘柄別売上								
2	コード	銘柄	青山支店	赤坂支店	六本木支店	溜池支店	日比谷支店	支店合計	支店平均
3	201	ジャマイカ	65,000	70,000	80,000	75,000	55,000	※3	※4
4	202	コロンビア	35,000	50,000	40,000	37,000	45,000	※3	※4
5	203	ブラジル	77,000	66,000	55,000	45,000	40,000	※3	※4
6	204	モカ	86,000	76,000	56,000	46,000	70,000	※3	※4
7	205	マンデリン	50,000	55,000	45,000	75,000	70,000	※3	※4
8	206	キリマンジャロ	90,000	95,000	100,000	105,000	85,000	※3	※4
9		平均	※1	※1	※1	※1	※1	※1	
10		合計	※2	※2	※2	※2	※2	※2	

※１は、各支店での銘柄の平均を求めます。（支店別売上平均）

※２は、各支店での銘柄の合計を求めます。（支店別売上合計）

※３は、各銘柄の全支店合計を求めます。

※４は、各銘柄の全支店平均を求めます。

グラフは、以下の２つを作成します。

・銘柄別売上合計：縦軸に支店別売上で横軸に銘柄の縦積み上げ棒グラフ

・銘柄別売上割合：支店合計の銘柄を円グラフにします。銘柄の合計＝100％

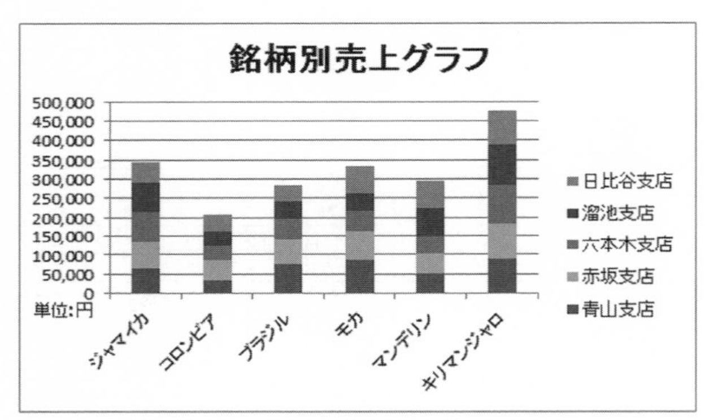

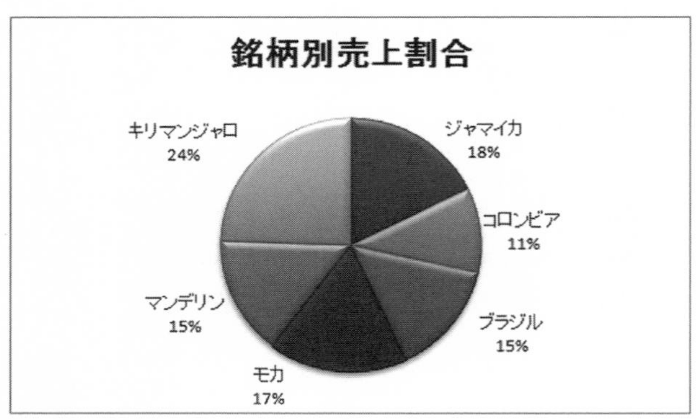

⑨　複合グラフ

最新の多摩市の気象データから月別の最高気温、最低気温、平均気温、平均降水量の表を作成し、折れ線と縦棒グラフの複合グラフを作成しましょう。

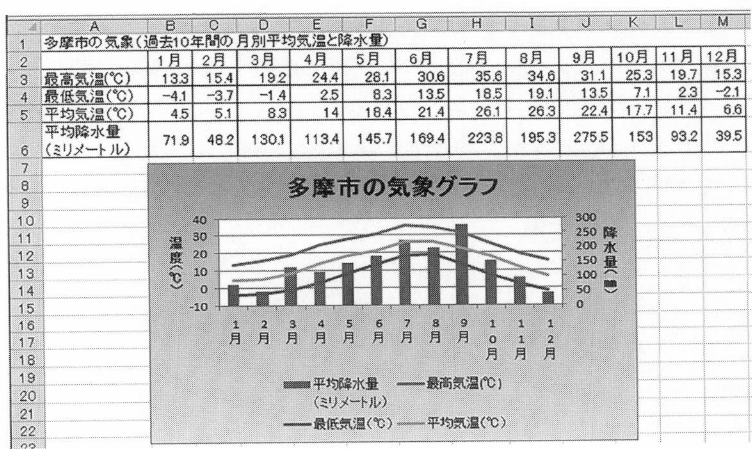

	A	B	C	D	E	F	G	H	I	J	K	L	M
1	多摩市の気象（過去10年間の月別平均気温と降水量）												
2		1月	2月	3月	4月	5月	6月	7月	8月	9月	10月	11月	12月
3	最高気温(℃)	13.3	15.4	19.2	24.4	28.1	30.6	35.6	34.6	31.1	25.3	19.7	15.3
4	最低気温(℃)	−4.1	−3.7	−1.4	2.5	8.3	13.5	18.5	19.1	13.5	7.1	2.3	−2.1
5	平均気温(℃)	4.5	5.1	8.3	14	18.4	21.4	26.1	26.3	22.4	17.7	11.4	6.6
6	平均降水量（ミリメートル）	71.9	48.2	130.1	113.4	145.7	169.4	223.8	195.3	275.5	153	93.2	39.5

(出典：多摩市 Web サイト：

http://www.city.tama.lg.jp/seikatsu/14/doushokubutsuchosa/1056/001238.html)

⑩ 高度な VLOOKUP 関数

以下の表を作成し、課題を行いましょう。

K28 　fx 木下　郁夫

	A	B	C	D	E	F	G	H
1	3か国陸上対抗戦							
2	ゼッケン	氏名	ふりがな	性別	所属国	種目	記録	単位
3	101	赤坂　雄太	あかさか　ゆうた	男	日本	100m	9.9	秒
4	102	井上　涼子	いのうえ　りょうこ	女	日本	400m	48.3	秒
5	103	木下　郁夫	きのした　いくお	男	日本	110ハードル	12.8	秒
6	302	高木　美優	たかぎ　みゆ	女	日本	砲丸投げ	21.7	m
7	303	山下　仁	やました　じん	男	日本	走高跳	2.2	m
8	304	大倉　丈二	おおくら　じょうじ	男	日本	走幅跳	8.1	m
9	305	キム・ジョンウォン	きむ　じょんうぉん	男	韓国	100m	9.7	秒
10	206	キム・ソイ	きむ　そい	女	韓国	400m	49.8	秒
11	204	イム・ジュファン	いむ　じゅふぁん	男	韓国	110ハードル	12.9	秒
12	205	イ・ヨンエ	い　よんえ	女	韓国	砲丸投げ	20.8	m
13	312	リュウ・ヒジュン	りゅう　ひじゅん	男	韓国	走高跳	2.1	m
14	308	ハン・ソッキュ	はん　そっきゅ	男	韓国	走幅跳	7.8	m
15	107	トニー・チェン	とにー　ちぇん	男	中国	100m	10.2	秒
16	207	リン・リュウ	りん　りゅう	女	中国	400m	50.2	秒
17	307	チョウ・レオン	ちょう　れおん	男	中国	110ハードル	12.7	秒
18	407	メイ・チーリン	めい　ちーりん	女	中国	砲丸投げ	21.1	m
19	507	テイ・リュウシン	てい　りゅうしん	男	中国	走高跳	2.3	m
20	607	ヤン・セン	やん　せん	男	中国	走幅跳	7.9	m
21								
22	出場確認							
23	ゼッケン	氏名	ふりがな	性別	所属国	種目	記録	単位
24	※1	※2	※2	※2	※2	※2	※2	※2

※１：任意のゼッケン番号を入れるセルです。

※２：※１に入れたゼッケン番号に基づいて氏名、ふりがな、性別、所属国、種目、記録、単位を自動入力するようにします。VLOOKUP関数を使用しますが、ゼッケン番号が昇順（小さいほうから大きいほうへ順番に並ぶ）ではないので、オプションの指定を変更する必要があります。

上記ができたら、以下の作業を行いましょう。

・表をゼッケン番号の小さい順に並べ替え、出場確認にゼッケン番号入れて正しく動くことを確認する

・表をふりがなの昇順で並べ替え、出場確認にゼッケン番号入れて正しく動くことを確認する

・表を男女別に並べ替え、出場確認にゼッケン番号入れて正しく動くことを確認

・表を種目別に並べ、出場確認にゼッケン番号入れて正しく動くことを確認

⑪　さまざまな関数を使ってみる

以下の表を入力し、課題を解きましょう。

	A	B	C	D	E	F	G	H	I	J	K
1	選手別得点一覧表										
2	背番号	選手名	ポジション	第1戦	第2戦	第3戦	合計	出場数	平均得点	得点力	ランク
3	1	赤坂　花子	PG	6	9	10	※1	※2	※3	※4	※5
4	2	青山　みゆき	PG	8	4	11	※1	※2	※3	※4	※5
5	3	六本木　玲	PG	欠場	2	12	※1	※2	※3	※4	※5
6	4	市川　萌	SG	6	2	4	※1	※2	※3	※4	※5
7	5	目黒　麻美	SG	2	欠場	8	※1	※2	※3	※4	※5
8	6	蒲田　凛	SF	8	12	16	※1	※2	※3	※4	※5
9	7	齊藤　文	SF	12	11	欠場	※1	※2	※3	※4	※5
10	8	飯倉　菜々美	SF	14	9	12	※1	※2	※3	※4	※5
11	9	三田　優	PF	10	18	2	※1	※2	※3	※4	※5
12	10	田町　純	PF	3	5	欠場	※1	※2	※3	※4	※5
13	11	新橋　美優	C	12	12	9	※1	※2	※3	※4	※5
14	12	築地　清美	C	18	7	12	※1	※2	※3	※4	※5
15	最高			※6	※6	※6	※6	※2	※3		
16	最低			※7	※7	※7	※7	※2	※3		
17	合計			※8	※8	※8	※8				
18											
19	ポジション別得点集計									得点力基準表	
20	ポジション			第1戦	第2戦	第3戦	合計			下限値	評価
21	PG(ポイントガード)			※9	※9	※9	※9			0	D
22	SG(シューティングガード)			※10	※10	※10	※10			3	C
23	SF(スモールフォワード)			※11	※11	※11	※11			6	B
24	PF(パワーフォワード)			※12	※12	※12	※12			8	A
25	C(センター)			※13	※13	※13	※13			12	S

※1は、各選手の得点合計です。

※2は、各選手の出場数です。D列からF列までに欠場と記されていなければ、その選手は出場しています。

※3は、各選手の出場試合の平均得点です。

※4は、得点力基準表を参照して各選手の平均得点を評価したものです。

※5は、各選手の得点合計のランキングです。得点合計が最も多い選手が1です。

※6は、試合ごとの選手別最高得点（その試合で一番得点をとった選手の得点）です。

※7は、試合ごとの選手別最低得点（その試合で一番得点をとれなかった選手の得点、ただし、欠場者は除く）です。

※8は、試合ごとのチーム得点合計です。

※9～※13は、試合ごとのポジション別得点集計です。SUMIF関数を使います。

⑫　食品成分表（出典：五訂増補日本食品標準成分表）

以下の表を作成し、その後で、あんパン、クリームパン、プレッツェル、デニッシュペイストリーのレーダーチャートを作成しましょう。項目は、水分、タンパク質、脂質、炭水化物とし、カロリーはタイトルに含めること。

	A	B	C	D	E	F	G
1	食品番号	食品名	Kcal	水分	タンパク質	脂質	炭水化物
2	15069	あんパン	280	35.5	7.9	5.3	50.2
3	15070	クリームパン	305	36.0	10.3	10.9	41.4
4	15071	ジャムパン	297	32.0	6.6	5.8	54.5
5	15072	チョココロネ	308	37.0	5.0	11.9	45.1
6	15073	シュークリーム	245	55.0	8.4	13.6	22.3
7	15075	ショートケーキ	344	31.0	7.4	14.0	47.1
8	15076	デニッシュペストリー	396	25.5	7.2	20.7	45.1
9	15086	カスタードプディング	126	74.1	5.5	5.0	14.7
10	15095	サブレ	465	3.7	6.0	16.6	73.0
11	15099	プレッツェル	480	1.0	9.9	18.6	68.2

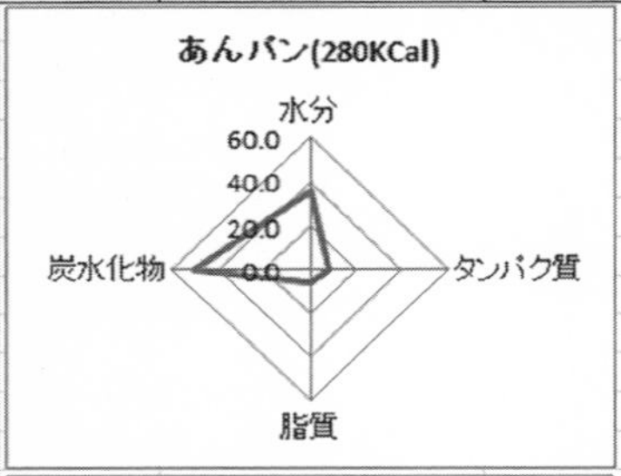

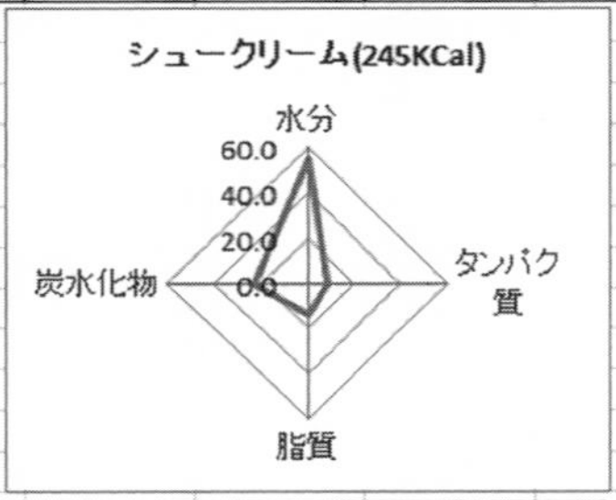

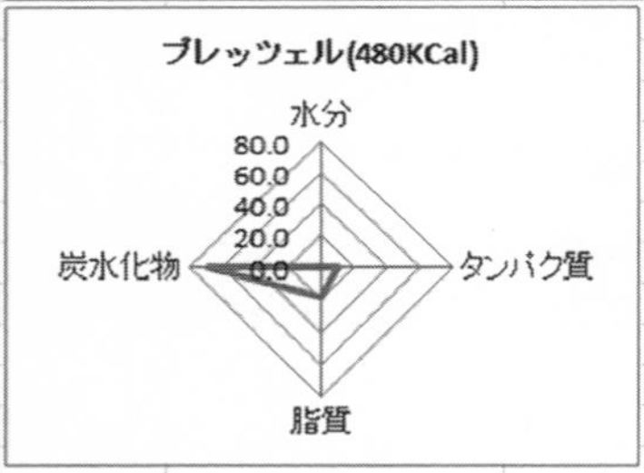

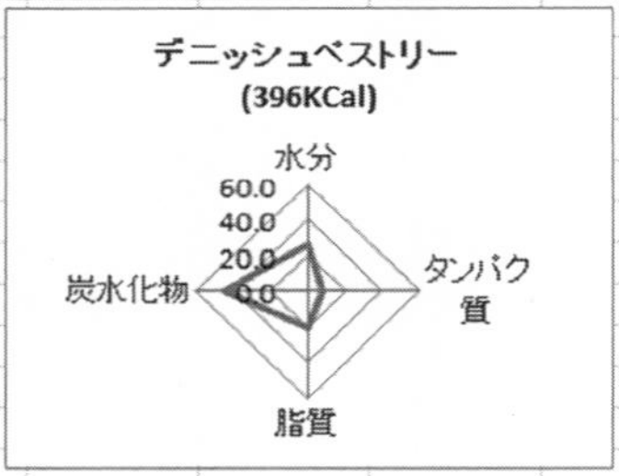

あんパン(280KCal)
水分 / タンパク質 / 脂質 / 炭水化物

シュークリーム(245KCal)
水分 / タンパク質 / 脂質 / 炭水化物

プレッツェル(480KCal)
水分 / タンパク質 / 脂質 / 炭水化物

デニッシュペストリー(396KCal)
水分 / タンパク質 / 脂質 / 炭水化物

⑬　外食代（総世帯、年間収入五分位階級別）グラフの作成

総務省家計調査年報（家計収支編）平成 25 年（2013 年）詳細結果表、総世帯、<品目分類> 1 世帯当たり品目別支出金額、年間収入五分位階級別、もしくは、最新のデータをインターネット上からダウンロードします。

URL：http://www.e-stat.go.jp/SG1/estat/List.do？lid ＝ 000001117249

（品目分類）第 10 表　年間収入五分位階級別 1 世帯当たり品目別支出金額及び購入頻度（総世帯）表の一般外食の食事代の行、総世帯の年間収入五分位階級の列を抜き出して表を作成し、この表のデータを用いて、以下に掲げるグラフ「外食代（総世帯、年間収入五分位階級別）グラフ」を作成しましょう。

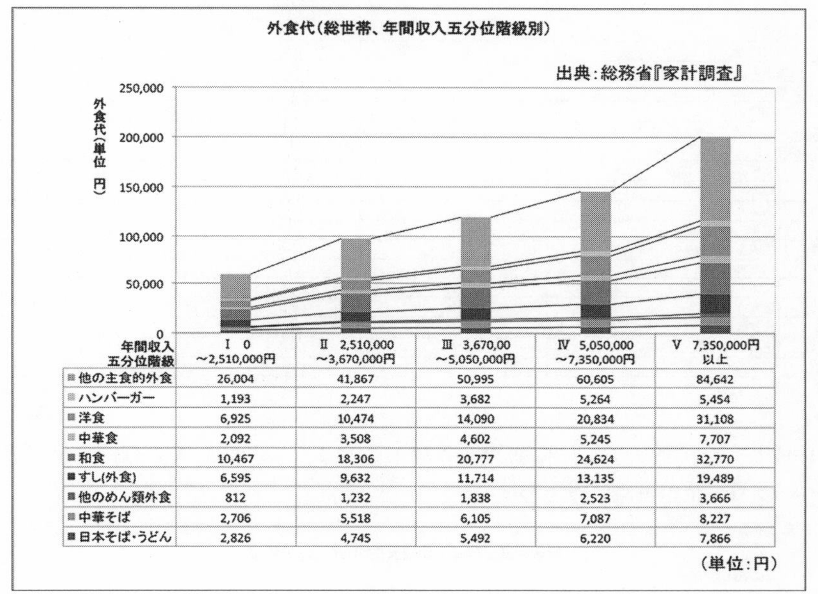

年間収入五分位階級	Ⅰ 0 ~2,510,000円	Ⅱ 2,510,000 ~3,670,000円	Ⅲ 3,670,00 ~5,050,000円	Ⅳ 5,050,000 ~7,350,000円	Ⅴ 7,350,000円 以上
他の主食的外食	26,004	41,867	50,995	60,605	84,642
ハンバーガー	1,193	2,247	3,682	5,264	5,454
洋食	6,925	10,474	14,090	20,834	31,108
中華食	2,092	3,508	4,602	5,245	7,707
和食	10,467	18,306	20,777	24,624	32,770
すし(外食)	6,595	9,632	11,714	13,135	19,489
他のめん類外食	812	1,232	1,838	2,523	3,666
中華そば	2,706	5,518	6,105	7,087	8,227
日本そば・うどん	2,826	4,745	5,492	6,220	7,866

(単位:円)

⑭ 年間収入五分位階級表（総世帯）とグラフの作成

最新の総務省家計調査年報（家計収支編）詳細結果表、総世帯、年間収入五分位・十分位階級別データをインターネット上からダウンロードします。

例 URL：http://www.e-stat.go.jp/SG1/estat/List.do？lid ＝ 000001117249

第3表　年間収入五分位・十分位階級別1世帯からデータを抜き出して、以下の表（年間収入五分位階級表）を参考にして作成しましょう。年間収入五分位階級は調査年によって異なるので注意すること。ただし、以下の2つは計算して出します。

・消費支出は、食料、住居、光熱・水道、家具・家事用品、被服および履物、保健医療、交通・通信、教育、教養娯楽、その他の消費支出を合計した値

・エンゲル係数は、食料を消費支出で割って百分率で表す（小数点以下第1位まで）

	A	B	F	G	H	I	J	K
1	項目		平均	年間収入五分位階級				
2				Ⅰ 0 ～2, 510, 000円	Ⅱ 2, 510, 000 ～3, 670, 000円	Ⅲ 3,670,00 ～5,050,000円	Ⅳ 5,050,000 ～7,350,000円	Ⅴ 7,350,000 円以上
3	集計世帯数							
4	世帯人員(人)							
5	有業人員(人)							
6	世帯主の年齢(歳)							
7	持家率(%)							
8	家賃・地代を支払っている世帯の割合(%)							
9	消費支出							
10		食料						
11		住居						
12		光熱・水道						
13		家具・家事用品						
14		被服及び履物						
15		保健医療						
16		交通・通信						
17		教育						
18		教養娯楽						
19		その他の消費支出						
20	エンゲル係数(%)							
21								

作成した年間収入五分位階級表から以下のグラフ「年間収入五分位階級別消費支出（2013 年総世帯）グラフ」を作成しましょう。

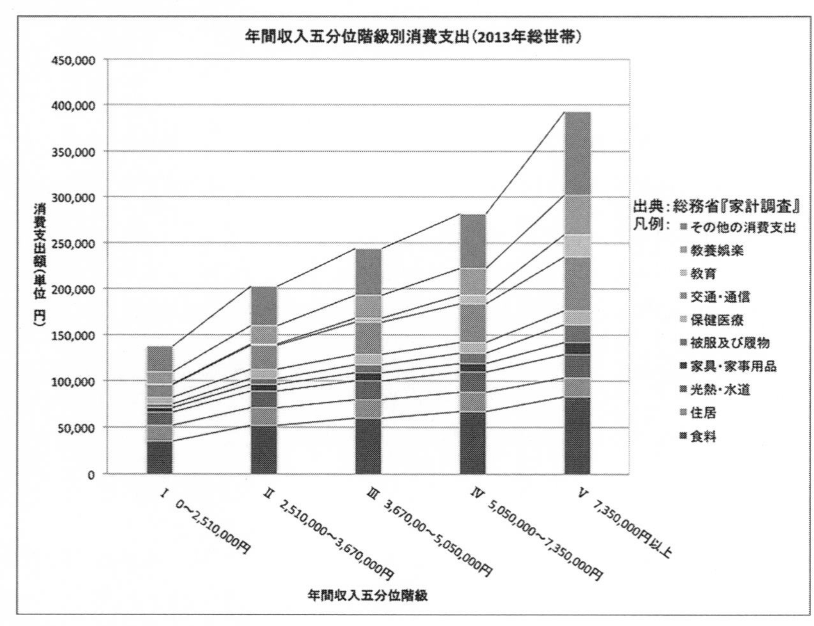

⑮ 動的な集計表の作成

以下の入出金明細表からサマリ表と費目別合算表を作成しましょう。(6)⑤のINDIRECT関数を使って動的にデータを把握する方法と同様のやり方で、サマリ表の＊1、＊2、＊3、＊4、＊5を求め、費目別合算表の＊6、＊7をそれぞれ求めましょう。

	A	B	C	D	E	F
1	取引日	お引出金額	お預入金額	残高	お取引内容	
2	2015/9/1		155,000	693,744	振込 YYY	
3	2015/9/2	164,400		529,344	送金 BBB	
4	2015/9/2	100		529,244	手数料	
5	2015/9/4		110,000	639,244	振込 ZZZ	
6	2015/9/5		35,000	674,244	振込 KKK	
7	2015/9/6	20,000		654,244	キャッシュカード	
8	2015/9/7	108		654,136	手数料	
9	2015/9/8	267,160		386,976	振替 SSS	
10	2015/9/8	430		386,546	振替 VVV	
11	2015/9/10	3,400		383,146	振替 PPP	
12	2015/9/10	59,050		324,096	振替 SMB	
13	2015/9/12	2,000		322,096	キャッシュカード	
14	2015/9/12	108		321,988	手数料	
15	2015/9/14		20,000	341,988	振込 TTT	
16	2015/9/15	4,660		337,328	公共料金 電話	
17	2015/9/16	13,103		324,225	公共料金 電気	
18	2015/9/17		35,000	359,225	振込 WAW	
19	2015/9/20		465,180	824,405	給与 QQQ	
20	2015/9/22	60,187		764,218	振替 SSS	
21	2015/9/23	33,000		731,218	キャッシュカード	
22	2015/9/23	216		731,002	手数料	
23	2015/9/24	4,644		726,358	振替 FFF	
24	2015/9/24	36,900		689,458	振替 DFD	
25	2015/9/24	69,120		620,338	振替 DFD	
26	2015/9/25	24,000		596,338	キャッシュカード	
27	2014/8/25	216		596,122	手数料	
28						

G	H	I	J
サマリ表	お引出金額	お預入金額	残高
期初			＊1
合算	＊2	＊3	
期末			＊4
期初ー期末差異			＊5
費目別合算表	お取引内容	件数	金額
お預入金額	給与	＊6	＊7
	振込	＊6	＊7
お引出金額	キャッシュカード	＊6	＊7
	振替	＊6	＊7
	送金	＊6	＊7
	公共料金	＊6	＊7
	手数料	＊6	＊7

第７章

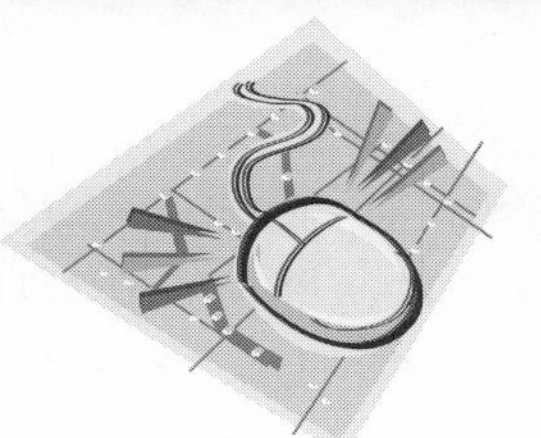

Microsoft Office Power Point の応用

※本章は、第４章 Microsoft Office PowerPoint の基礎の続編です。第４章を学習してからこの章を学んでください。

(1) プレゼンテーションとは

プレゼンテーションとは、PowerPoint で作成したスライドを見せることではなく、発表者の主張を聴衆に理解させ、アクションを起こさせるために行う行為です。たとえば、営業が見込み客に製品を説明して売買契約を結ぶことや教師が学生にレジメを説明し、学生がそれをノートに書き留めて学習すること、ある企業で総務部長が新しい社用車購入を取締役会で説明して承認を得ることやマーケッターが新しい企画をマーケティング部長に説明し、企画実施の承認を得る、など多岐にわたります。

プレゼンテーションの主役はプレゼンター（発表者）で、スライドは補助的な役割をします。過度にスライドに頼ってはいけません。たとえば、プレゼンターが話す内容をスライドにすべて記述してしまうのはいけません。それはプレゼンテーションではなく、読み物として聴衆に渡すものです。

プレゼンテーションはコミュニケーション力の応用とも言えるでしょう。社員は自分の業務などに関して、社内外でプレゼンテーションを行って、業績（成績）をあげます。現代の企業においては多くの社員が顧客向け、あるいは、社内向けにプレゼンテーションを行います。つまり、プレゼンテーション力の養成は、コミュニケーション能力の養成です。コミュニケーションの基礎的な能力を応用して、多数の聴衆と同時にコミュニケーションをとるのがプレゼンテーションなのです。

ビジネスシーンにおけるコミュニケーション能力には、プレゼンテーションを行う能力も含まれており、それは、コミュニケーションをするスライドの作成能力と多くの聴衆の一人ひとりと同時にコミュニケーションをとるプレゼンテーション実施能力に分けられます。

コミュニケーション能力とは、対人的なやり取りにおいて、お互いの意思疎通をスムーズにするための能力のことです。自己・チームの目的達成のために周囲と協調したり変容させていったりする能力であり、家庭、学校、職場、社会といったあらゆるシーンで、他人との人間関係を円滑に構築するために非常に重要な能力です。企業が新卒採用の際に選考で重視する点として「コミュニケーション能力」が16年連続で1位に挙げられています（日本経済団体連合会が2018年に実施した「新卒採用に関するアンケート調査結果」)。この結果から、企業活動においてコミュニケーション能力が重要度の高い能力と捉えられていることがわかります。

ビジネスシーンにおいて「コミュニケーション能力」という場合は以下の3つの力を指します。

・他者を巻き込む力
・理解させる・説得する力
・論理的に伝える力

これらの3つをまとめると調整力といえるでしょう。コミュニケーション能力は、他者を巻き込む力、信頼を他者から得る力です。これらは他者に理解させ、他者を説得する力とも言えますが、相手がこちらの望んだ行動をとる（たとえば、販促イベントに参加する）モチベーションを養成させることができれば、それはプレゼンテーション力と言えます。そのために熱意をもって語りかけることや冷静に論理的に伝えるなどの方法があります。理解と説得に用いる説明には、抜けやダブりがなく、一貫性が保たれている文章である必要があります。

企業の業務はさまざまな人に分担され、分業体制で行いますが、この分業体制を維持して最高の生産性を出させる力が調整力であり、この調整力のことを企業ではコミュニケーション能力と言うのです。

コミュニケーション能力を構成するこれら3つの力の基礎となる技術があります。それは、伝える技術、受け取る技術、非言語コミュニケーション技術の3

つです。

伝える技術は、「書く」「話す」などの手段を用いて、自分の伝えたいことを相手に「正確に」「効果的に」伝える技術です。単に用件を相手に伝えればいいというわけではなく伝えたい内容に応じて適切な方法を取ることから、正確に伝わったことで生じる効果までを含みます。

受け取る技術は、「読む」「書く」などの手段を用いて、相手が伝えたいことや相手の意図を理解する技術です。自発的に質問を行って、正確でより詳細な情報を受け取ることができます。

非言語コミュニケーション技術は、「空気を読む」（周りの雰囲気を感じる、物事を見る）技術です。相手の表情や身振り手振り、声のトーン、コンテキスト（文脈）、背景状況などから相手の言いたいことを察知することです。非言語コミュニケーション技術は、教養や雑学といった知識やさまざまな行動によって身についてきます。あれこれ考える前にともかくやってみる。やってみて失敗したら、やり方を変える。どのようにやり方を変えるかは、達人のやり方を観察して真似てみる、もしくは、ネットで探してみるなどの行動をとります。多くの試行錯誤をすることで、成功する方法だけでなく、失敗する方法もわかるようになります。

⑵ スライドでコミュニケーション

① 表現力

表現力は、自分の考えや意見、経験をわかりやすく説明する能力です。プレゼンテーションにおいては、スライド１枚１枚で聴衆と会話する意識を持つことが重要です。

表現力は、以下の３点を意識しましょう。

- 何を伝えるのか
  –自分の中で明確にする・材料・資料を集める。事実と意見を分けます
- どうやって伝えるのか
  –面談、電話、メール、プレゼンテーション等、いろいろな伝達方法があります
- 誰に伝えるのか
  –相手によって伝え方が違います。会場の規模・集客数、特定・不特定、肯定派・否定派などを考慮しましょう

②　訴求力

訴求力は、プレゼンテーションを行う上でとても重要です。プレゼンテーションとは、PowerPoint で作成したスライドを見せることではなく、発表者の主張を聴衆に理解させ、アクションを起こさせるために行うのです。

プレゼンテーションで訴求力をあげるには、聴衆の印象に残るスライドを作成することも重要です。写真やイラスト、図、グラフを効果的に使うのです。そのためには、背景と配色、プレゼンごとに異なるイメージカラーなどに気を配ります。そして、聴衆の目線は左から右、上から下に動くことを理解し、この視線移動に逆らった矢印等は使わないようにするなど、この動線と違う動きをさせないようにスライドを作ります。

１枚のスライドを縦と横にそれぞれ３分割する３分割法による図や写真の配置はとても重要です。スライドを見つめる聴衆の視点は、スライドを縦に３分割、横に３分割した交点に集まることがわかっています。みなさんのプレゼンテーションで重要なものをこの交点に配置するようにしましょう。図 7-1 を見てください。リード文を上 1/3 のライン上に配置し、鷹の目を左下 1/3 付近に持ってきて、鷹の視線の先にメッセージを書きました。この配置にすることで聴衆の視線をメッセージに自然に誘導し、印象に残すことができます。

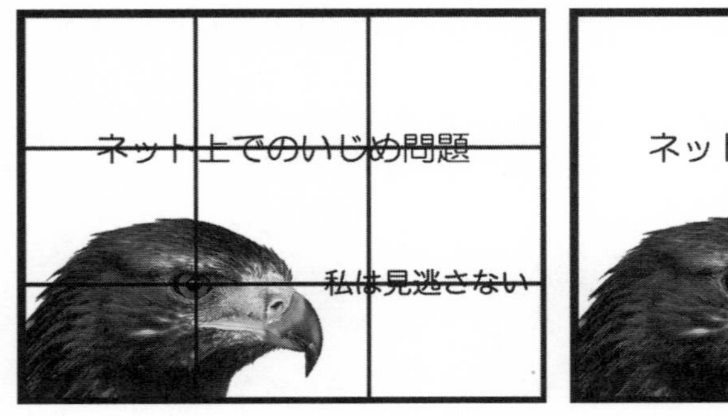

図 7–1：3 分割法

③　シナリオ

プレゼンテーションのシナリオを考えましょう。シナリオには型があります。

淡々と事実を羅列したもの、事実を時系列で並べたもの、聴衆の興味順やベーシックな起承転結などがあります。学生時代にゼミなどで発表する場合は、序論・本論・結論形式が適しています。自分が行うプレゼンテーションでどの型が適しているかを見極めましょう。これはプレゼンテーションごとに異なるのが普通ですので、毎回考えましょう。

シナリオを作成するうえで重要な事項のひとつにプレゼンテーション時間を考慮する、というものがあります。発表時間は絶対に守らなければいけないものです。プレゼンテーションの本番を行う前にリハーサルを何回も行い、制限時間内にプレゼンテーションが終わるようにしましょう。

シナリオでは、6W2H（When いつ、Where どこで、Who だれが、Whom だれに、What なにを、Why なぜ、How Much いくらで、How どうしたのか）を考慮しましょう。これは最も基本的なことですが、この 6W2H のどれかが抜けているプレゼンテーションが非常に多いです。学生のときは費用（How much）はあまり気にしないかもしれませんが、社会に出ると費用はとても重要になります。

プレゼンテーションでは、主張の一貫性がとても重要です。アウトライン表示などを使ってシナリオにぶれがないか、を常に検証しましょう。

口頭発表であるプレゼンテーションで特に気をつけなくてはいけないのが、事実と意見を混ぜない、ということです。聴衆が誤解しないように事実と意見を分けることが重要です。「論じる」とは、客観的な事実を述べてから自分の意見を述べることですが、事実と意見を明確に分けて説明しないと聴衆が混同し、思わぬ誤解を生じさせることがありますので、気をつけましょう。自分の意見を聴衆に納得させる方法として、第三者の意見、先行研究等の客観的事実を入れることがあげられますが、くれぐれもこれらを自分の意見として述べないようにしましょう。

④ スライド

具体的なスライドの作成方法を見ていきましょう。ひとつのプレゼンテーションの中では、スライド・フォーマットを統一しましょう。PowerPoint には、そのためにスライド・テンプレート機能やマスタースライドの編集機能があります。これらの機能を使って、背景や配色などをプレゼンテーションのテーマに合わせましょう。たとえば、エコをテーマにしたプレゼンテーションなら緑色を背景に使う、ということが考えられます。

スライドの作成には、まず、アウトライン機能を使い、すべてのスライドのタイトルだけを列挙していき、一貫性を保つようにします。スライド編集時や完成時にもアウトライン機能による一貫性の確認を怠らないようにしましょう。

一度作ったスライドは、プレゼンテーションの中で使わないと決めた後も削除せず､非表示スライドの設定をして､プレゼンテーションの中に残しておきましょう。スライドショーを実行したときにはこの非表示スライドは投影されません。リハーサルをしている際に、いったんいらないと思ったスライドを復活させたくなることはよくあることです。非表示スライドにして再利用できるようにしておきましょう。

美しい表紙と裏表紙（最後のスライド）を作成しましょう。聴衆の印象を良くするには最初と最後が肝心です。

全てのスライドに共通して表示するものがある場合は、ヘッダー・フッターを利用しましょう。たとえば、コピーライト（著作権）表示をする場合などはフッターに入れます。

スライドに表示する文字の大きさですが、プレゼンテーション最後列の聴衆が見える大きさにしましょう。事前に会場の大きさとプロジェクター投影サイズの把握が必要です。プレゼンテーション当日になる前にきちんと把握しておきましょう。

プレゼンテーションではスライドを読まないでください。これほど退屈なプレゼンテーションはありません。しゃべりたいことをすべてスライドに書くのであれば、聴衆は発表者からプレゼンテーションを受けないで、読めばよいことになります。スライドにはキーワードやキーフレーズのみを書き、プレゼンテーションで話すナレーション原稿はノートに書きましょう。

スライドで使うフォントの特徴を活かしましょう。プレゼンテーションの内容にあったかっこいいフォントを選びましょう。

表による表現を工夫しましょう。時系列、順位などを考えます。訴求したい行や列の文字の大きさを変えるのも良いでしょう。

国名	男性	女性
日本	43.3%	10.2%
ドイツ	39.0%	31.0%
フランス	38.6%	30.3%
オランダ	37.0%	29.0%

図 7–2：デフォルト作成の表

国名	男性	女性
日本	43.3%	10.2%
ドイツ	39.0%	31.0%
フランス	38.6%	30.3%
オランダ	37.0%	29.0%

図 7–3：主張したいことを強調した表

グラフによる表現では、文字の大きさに注意します。Excel で作成しただけでは、プレゼンテーションで使うには文字が小さすぎることが多いです。グラフは正確性よりも 3D 等の効果などを使って、自分の主張にあうグラフを作成しましょう。縦軸や横軸の目盛のとり方で印象を変えることができます。嘘にならない程度に強調しましょう。

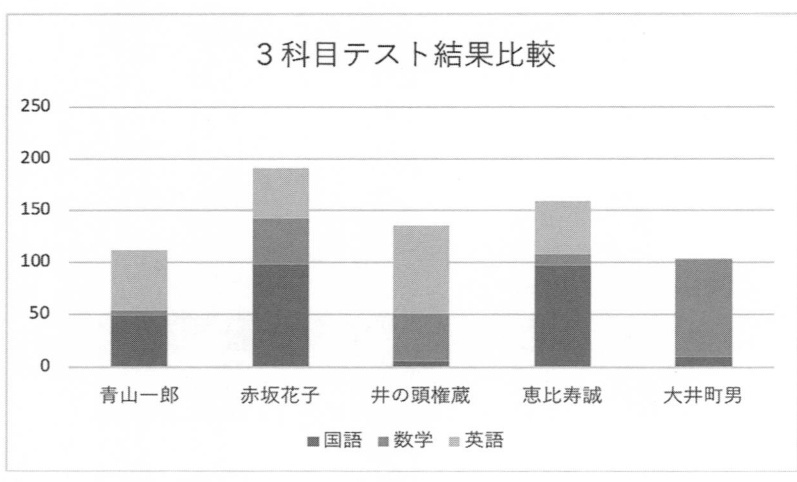

図 7–4：Excel でデフォルト作成したグラフ

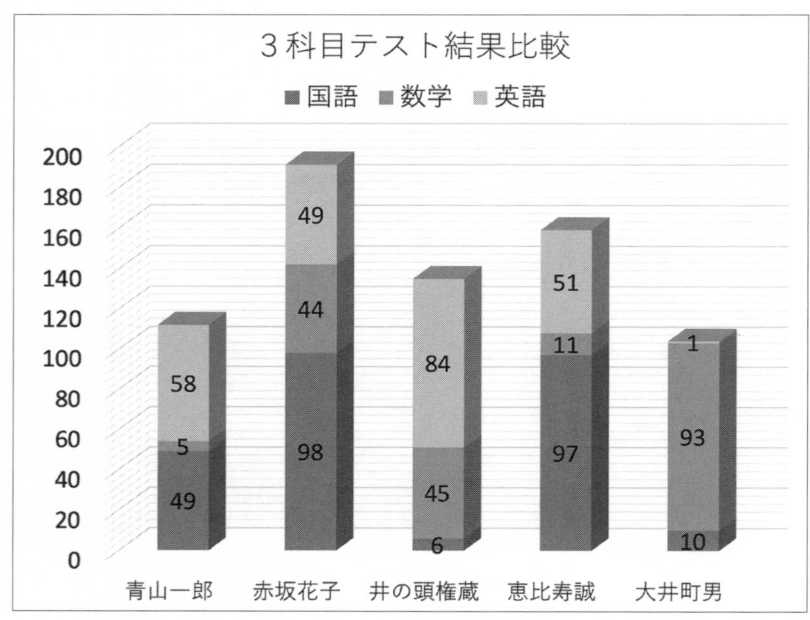

図 7–5：3D にした Excel グラフ

写真などの画像を使う場合は、背景の削除やトリミングによって魅力的なものに変化させましょう。図 7-1 の鷹のように、はみ出る写真の効果を考えましょう。スライドのエッジをうまく使って、聴衆に見えないものを想像させることで訴求力を高めることができます。

スライドでは文字そのものを書くよりも、その内容を図解することで聴衆が理解しやすくなります。図解とは、伝えたいメッセージを説明するための図であり、プレゼンターが聴衆に理解させたい内容が伝わりやすくなります。その時々でトレンド（流行）がありますので、ネット検索などでトレンドを掴みましょう。

図解では、図形のフォーム（形）、カラー、ポジションを考えます。フォームは、線と面によってわかりやすくし、線を消すことでキーワードに集中させ、白線枠で目立たず控えめに区分することで理解しやすくします。カラーは、色によってわかりやすくすることです。図形に使う色は最低限に絞りましょう。無彩色、ベースカラー、濃淡をうまく使い、一番伝えたいポイントに色合いが強くて白文字が目立つ色を 1 つだけ組み込むことで印象深い図形にすることができます。ポジションは、キーワードや図形の配置によってわかりやすくすることです。図形の配置に意味を持たせ、同じ意味を持つ図形の位置を集め、読み取る順が左上から右下に流れるように、何段階かのグループにまとめましょう。大きさの異なる図形を並べると美しくないので、気をつけましょう。サイズが揃うと見た目の安定感が増し、図に対する信頼感がアップします。

図 7–6 は、○○県における一人当たり年間教育費を小学生、中学生、高校生で比較し、○○県では百万円を超えないようになっていることを表しています。

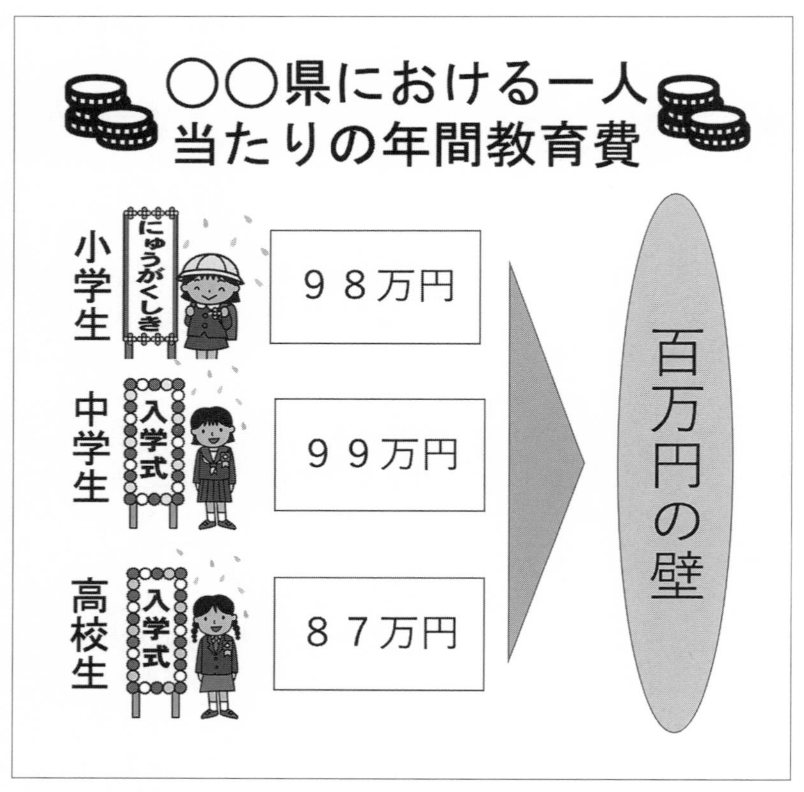

図 7–6：図解の例

⑤　プレゼンテーション

スライドが完成したらプレゼンテーションのリハーサルを行います。ここでは、間違いのない事実、納得できる意見、魅力的な表現方法を意識します。

顧客視点の話法を心がけましょう。英語の You Attitude です。発表者は「私が行います」ではなく「あなたが体験するのです」と聴衆の立場に立った話し方にします。

発表者の表情も重要です。笑顔と真剣な顔を使い分けましょう。発表者の動きと視線も聴衆への訴求力をあげるポイントです。発表者は、予想以上に動きましょう。スライドをプロジェクトに投影しているときにキーボードの B キーを押すと画面をブラックアウトすることができます。そうすると聴衆の視線を自分に向けることができます。

発表者にとって言葉は声だけではありません。身振り・手振り、ボディーランゲージが重要な役目を担っています。これらもあなたの声なのです。

訴求力のある語尾を使いましょう。「ついにその時がきました」

体言止めを効果的に使いましょう。体言止めは、簡潔な表現ができ、余韻を残すことができ、イメージの広がりを演出でき、軽妙なリズムを生み出せます。多用すると軽い感じになってしまいます。「ついにその時がきました。そう、明日への一歩」

自問自答形式も訴求力があります。「ついにやってきたのは？　そう、明日への第一歩を踏み出す日です」

また、魅力を最後に話すことでも聴衆を引きつけることができます。「あなた方は明日への第一歩を踏み出すために常に気をつけてきました。注意深く、そして、完璧に」

プレゼンテーションの直前は、落ち着きましょう。緊張したら「聴衆はジャガイモ」と３回唱えましょう。そして、深呼吸をし、トイレに必ず行きましょう。

会場には早めに到着しましょう。少なくとも登壇する１時間前には会場に入り、会場とプレゼンのチェックをしましょう。チェックのポイントは、最後列の聴衆にスライドの文字が見えるかどうかまで確認しましょう。

自分について、覚えておいてもらいたいことを、１つ決めておいてください。プレゼンで売り込むのはあなた自身です。決して PowerPoint のスライドではありません。人は魅力的な人から買いたいし、協力したいと考えています。

失敗しないように適度なリハーサルをします。丸暗記はいけません。一言一句覚えると一度詰まってしまうともうその先は出てこなくなります。役者でない限り不自然になるのは当たり前です。代わりにキーワードを忘れないようにし、姿勢に注意しましょう。姿勢が悪いと印象が悪くなります。鏡を見ましょう。冷静になりましょう。笑顔でいるために楽しいことを考えましょう。

図 7–7：訴求力の高いスライド

⑶　アニメーション

PowerPoint のアニメーション機能は、図や画像などのイメージ、図形の組み合わせをマンガのアニメーションのように動かすことのできる機能です。アニメーション機能は、アニメーション・タブのアニメーション・グループから設定することができます。スライド上に図や画像などのイメージ、図形を配置し、動かしたいオブジェクトを選択してアニメーションの設定を押して現れるアニメーション・ダイアログボックスで設定します。さまざまな設定ができますので、この機能のみを使って 1 時間くらい遊んでみましょう。1 枚のスライドの中にアニメーションで物語を作ってみましょう。

アニメーション・タブにアニメーションの設定ツールがあります。まず、アニメーションで使う図や文言をスライドに挿入します。その後、アクションを付けたい図形や文言をマウスで選択し、アニメーション・タブを押し、開始などの動作を付けます。図 7-8 の例では、ハネムーン用の飛行機が画面に現れ、「Honeymoon へ Goooooooooooo ！」の文字が浮かび上がり、飛行機が文字の周りを飛びます。

図 7-8 の画面右のアニメーション ウィンドウに追加した動作が表示されます。動作を開始するタイミングは初期値では「クリック時」になっています。これを「直前の動作の後」などに変更して連続した動作を作っていきます。

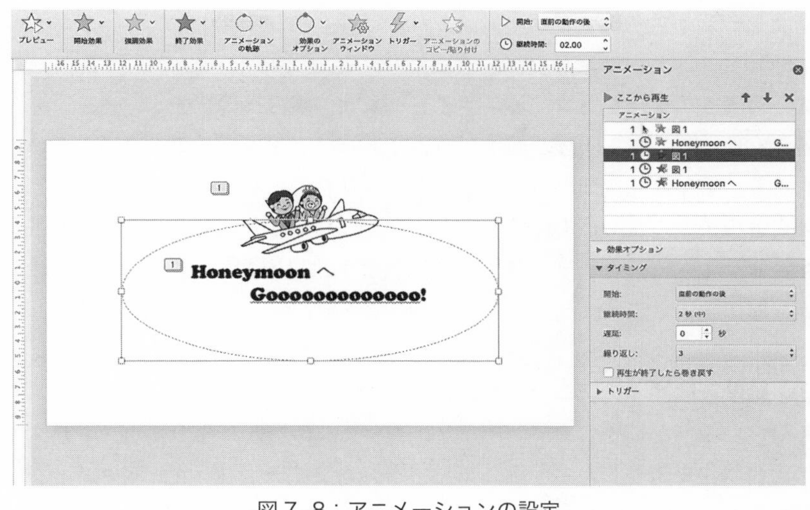

図 7–8：アニメーションの設定

動作の継続時間を変更することで、飛行機の動きを遅くしたり、速くしたりできます。画面切り替えタブで画面切り替えのタイミングをアニメーションで動作する時間の合計時間で自動的に切り替える設定にすることで、複数枚のスライドを使ってアニメーションが作れます。画面切り替えでは、サウンド・ファイルの再生をすることもできるので、別録音したナレーションなどを再生することで、プロモーション・ビデオなどを作ることも可能です。

(4) 練習問題 7

※ PowerPoint を立ち上げ、新規文書を作成し、ドキュメントに自分の漢字氏名＋日付（例：大妻花子 20210610.pptx）で保存しましょう。同じ日付で複数のファイルを保存する場合は「-」（ハイフン）と 1 から始まる連番を日付の後につけましょう。

① コミュニケーションするスライド：自己紹介

自己紹介のスライドを作成しましょう。生まれてから現在までの人生を振り返り、初めて会うクラスメート 40 人に対して 90 秒程度で自己紹介をするためのスライドを作りましょう。スライド枚数は表紙を含めて 7 枚上とし、ノート部分にナレーション原稿を書きます。

②　コミュニケーションするスライド：女性の喫煙への警告

若年女性に対して、喫煙が健康に有害であることを啓発するスライドを作成しましょう。若年女性を怖がらせ、喫煙がいかに有害であり、自分のためにも、将来の自分の子供のためにも煙草を吸うべきではない、と理解させるスライドにします。スライド枚数は表紙を含めて４枚以上７枚以内とし、ノート部分にナレーション原稿を書きます。

③　結婚披露宴オープニング・アニメーション

あなたの親友が結婚することになり、あなたに結婚披露宴のオープニングで流す映像の制作を依頼したと仮定して、結婚披露宴オープニング・アニメーションを作成しましょう。素材は、イメージ検索もしくは図形の組み合わせに限定します。アニメーションは全体で３～５分程度にします。スライドは何枚でも構いません。

④　動く誕生日祝いカード

動く誕生日祝いカードを作成しましょう。素材は、イメージ検索もしくは図形の組み合わせに限定します。

アニメーション機能を活かして、あなたの個性を発揮したオリジナリティあふれる動く誕生日祝いカードにしましょう。アニメーションは全体で３～５分程度にします。スライドは５枚以内とします。

⑤　地球温暖化に関するプレゼンテーション

あなたは、地球温暖化をどう考えますか？　インターネットを検索し、さまざまな意見を集めて、地球温暖化に関するプレゼンテーションを作成しましょう。

ただし、作成するスライドは、本章の内容に合ったシンプルなものにしましょう。そして、各スライドのノート部分にそのスライドを表示しているときに話す内容を記載しましょう。

スライドの枚数は、表紙合わせて10枚以内とし、表紙にはタイトル、学籍番号、氏名を入れてください。

第8章

デジタル写真の撮影と加工

スマホやデジタルカメラを使って綺麗な写真を撮影し、その写真を加工して、SNSで共有するのは、現在ではコミュニケーションの一手段として重要になっていますので、写真撮影・加工についての基本的なことを学びましょう。

(1) デジタルカメラ

デジタルカメラはデジタル写真を撮影するカメラのことです。デジタル写真は世の中に存在するモノをデジタル信号に変換して、特定のファイル形式で記録します。特定の形式に対応したビューワー・アプリケーションによって撮影したモノを見ることができます。デジタル写真は0か1かの電気信号で写真データを構成しています。世の中に存在するモノの見てくれをデジタルデータで保存する機械がデジタルカメラです。

写真はその昔、世の中のモノをフイルムに記録するための機械であるフイルムカメラで撮影されました。フイルムを装填したカメラで撮影対象を撮影し、その撮影した情報はネガフイルムに記録され、現像液で現像して、印画紙に焼きつけることで写真ができました。デジタルに対してアナログ写真やアナログカメラと言われることもあります。

デジタルカメラは、フイルムも現像液も印画紙もいりません。

レンズと撮像素子（センサー）と記憶媒体（メモリ）を組み合わせ、コンピュータで動作を制御するとデジタルカメラができます。昔ながらのカメラの形をしていないデジタルカメラが多く存在します。スマートフォンなどの電話に高性能のデジタルカメラが搭載されるようになりました。現在ではカメラメーカーが製造する高級なデジタルカメラとスマートフォンに搭載されたデジタルカメラが主流になり、比較的安価なコンパクトデジタルカメラ（略してコンデジ）は売れなくなりました。

現在主流のデジタルカメラは、デジタル一眼レフカメラ（略してデジイチ）、ミラーレス一眼カメラ（略してミラーレス）になります。フイルムカメラが全てなくなったわけではなく、インスタント写真と呼ばれるカメラで撮影したモノが紙に印刷されるチェキと呼ばれるアナログ写真は人気があります。

一眼レフカメラは、レンズから入った光をミラーに反射させ、ペンタプリズムを通ってファインダーで被写体を確認し、シャッターを押す構造のカメラです。光学ファインダーを通して実際に見ているモノを撮影できます。この一眼レフカメラのミラーをなくしたのがミラーレス一眼カメラです。デジタルカメラはレンズの奥にあるセンサーでモノを見ることになります。センサーが見た映像を電子ビューファインダーや液晶ディスプレイなどの小さなモニターで人間が見ます。デジタル一眼レフとミラーレスのどちらがいいかは、現在では決められません。それぞれにいい面、悪い面があります。しかし、機械の構造からミラーレスの方が小さく作ることができます。手が小さく、重たいものが持てない女性でもミラーレスなら簡単にプロ並みの写真を撮ることができます。昔ながらのカメラファンは重く大きなデジイチにこだわる人が多いです。

スマホのカメラはアプリケーションが自動的に色々なことをやってくれるので、撮影者はシャッターボタンを押すだけで綺麗なデジタル写真を撮影することができます。プロの写真家でも日常的なスナップ写真はスマホで撮る人が多いのも事実です。簡単に写真が撮れ、撮影した写真をアプリで加工することも簡単で、さらにSNSにアップロードすることもスマホではすぐにできるので、若い女性を中心にデジタル写真を撮影することが日常的な作業になっています。自分を撮影する自撮りや美味しそうなスイーツを撮影して、SNSにアップすることをしたことない若い女性を探すのが難しいくらい、多くの人がデジタル写真に親しんでいます。

そして、スマホでの写真撮影に満足できなくなった人がミラーレスなどを購入しています。ミラーレスはレンズを交換できるカメラです。レンズには、幅広い領域を撮影できる広角レンズ、人が見ている領域と同じような領域を撮影できる標準レンズ、遠くのモノを引き寄せて撮影できる望遠レンズという3つのカテゴリーがあります。ミラーレスの初心者はレンズキットつきのカメラを買うことが多く、レンズキットは大抵ズームレンズと呼ばれる広角から標準、標準から望遠など、レンズを操作することで写せる領域を変更できるレンズが１本か２本ついてきます。別々に買うよりもお得です。ミラーレスでの撮影に惹き込まれると次々にレンズを購入するようになります。カメラマンの間では、この状況を「レンズ沼にはまる」と言います。

写真を習いに行くと「ズームレンズを使うな」という写真家の先生が多いです。撮影技術を上達させたいなら単焦点レンズを使うように指導されます。色々な意見があるとは思いますが、単焦点の標準レンズ１本のみを使って撮影技術を習得するのが上手くなる早道かもしれません。ズームレンズは撮影できる領域を手で変えているのですが、単焦点の標準レンズのみの場合は、自分が前後に動いて撮影できる領域を変えます。撮影対象との最適な距離を体で覚えるのです。

(2)　写真撮影の基礎

①　絞り・シャッタースピード・ISO 感度

写真撮影で最も基本的なことであり、撮影がどんなに上手くなっても常に最初に設定しなくてはいけないのが、絞り・シャッタースピード・ISO 感度の３つです。写真は光を撮影するのですが、光が入りすぎると真っ白な写真になり、光が少ないと真っ黒な写真になります。撮影したい被写体を適切な光の量で撮影できると綺麗な写真になります。

絞りは、カメラに入る光の量をカメラレンズ内の開口部で制御することで設定します。開口部が広く開いていると、レンズに多くの光が入ることになり、小さくなると光はほとんど入りません。絞りは f 値という単位で表します。数字が小さければ開口部が大きく開いて光をたくさん入れることができ、数字が大きくなると開口部が小さく閉まって光が少ししか入らなくなります。光の量を絞るイメージです。定義や計算方法は難しいのでカメラに書かれた f 値、たとえば、f2 から f2.8 にすると入ってくる光の量は半分になり、これを１段といいます。

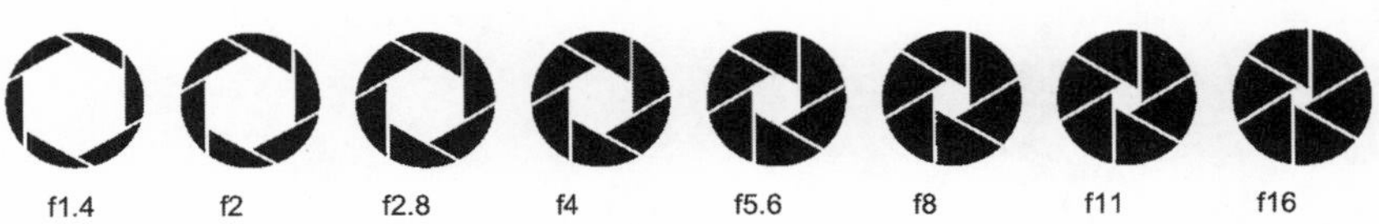

図 8-1：カメラの絞り値

次は、シャッタースピードです。シャッタースピードは、文字通り、シャッターのスピードのことです。写真を撮る際にシャッターボタンを押して「カシャ」という音がすると思いますが、これはシャッターという暗幕が開いて光を通しているのです。この光を通す時間がシャッタースピード（S.S）です。シャッタースピードは数字が小さいほどシャッターが開いている時間が短く、数字が大きいほどシャッターが開いている時間が長いです。シャッタースピードの単位は秒です。1/4000 秒、1/250 秒などと表します。また、1/250 と 1/125 のように光の量が半分もしくは倍になる量を 1 段と言います。

1/4000	1/2000	1/1000	1/500	1/250	1/125	1/60	1/30	1/15	1/8	1/4	1/2	1"	2"	4"

図 8-2：シャッタースピード

絞りを最大値まで開いて（これを開放値という）シャッタースピードを遅くすると光がドバーッと入った写真になります。撮影者が絞りとシャッタースピードの両方を自分でコントロールするのをマニュアル（M）モード、絞りを自分で設定してシャッタースピードをカメラに任せるのが絞り優先（A）モードで、シャッタースピードを自分で設定して絞りをカメラに任せるのがシャッタースピード優先（S）モードで、絞りもシャッタースピードもカメラに任せるのがプログラムオート（P）モードです。

この絞りとシャッタースピードで光をコントロールすることを露出といいます。絞りもシャッタースピードもどちらも光を半分にする、もしくは、2 倍にすることを便宜的に 1 段としています。たとえば、絞り f2 でシャッタースピードを 1/250 とした場合と絞り f2.8 でシャッタースピード 1/125 とした場合の光の量は同じになります。絞りを f2 から f2.8 に 1 段絞り、シャッタースピードを 1/250 から 1/125 に 1 段速くしたので、結果として同じ光の量がシャッターを通過することになります。しかし、この 2 つの条件で撮影した写真には違いがでます。光の量は同じなのですが、ピントの合う範囲が後者の方が広くなるのです。これを被写界深度の違いといいます。

被写界深度は絞りと関係しています。たとえば、人の顔を撮影したときに f1.4 で瞳にピントを合わせて撮影すると、鼻の頭は若干ボケます。人の顔は 3 次元なので、カメラから瞳までの距離とカメラから鼻の頭までの距離は異なります。

f1.4の絞りではピントの合う範囲が狭いのです。そこで、1段絞ってf2.0にして鼻の頭がボケないようにするのですが、1段絞ると光の量が減るので代わりにシャッタースピードを1段あげて光の量を同じにするのです。

さて、光の量は絞りとシャッタースピード以外にもコントロールすることができます。それがISO（イソ）感度です。昔のフイルムカメラではフイルムの感度、今のデジカメでは撮像素子（画像センサー）の感度のことです。ISO感度が高いほど光の量が少なくても撮影できます。しかし、カメラの性能に依存するのですが、ISO感度が高いほど写真がざらついた感じになります。そこでなるべく低いISO感度で撮影するほうが綺麗な写真を撮影することができます。ISO感度は200～3200程度が常用となっているデジタルカメラが多いですが、ポートレート撮影の場合、晴天の屋外でISO200、昼間の室内でISO400程度にすることがセオリーとなっています。

このように写真を撮るときには、まず、絞り、シャッタースピード、ISO感度の3つを設定します。多用されることの多い絞り優先の設定の仕方はまず、ISO感度を決め、シャッタースピードをオートにして、絞りを決めます。試し撮りをして、撮影した写真が実物より暗ければ絞りを開け、実物より暗ければさらに絞ります。多くのデジタル一眼カメラでは絞りは1/3段ずつ設定することができます。デジカメはその場で写真の出来上がりを確認できますので、適切な露出になっているかどうかを実物と撮影した写真の明るさの違いで確認し、同じ明るさになるように調整します。

② ホワイトバランス

カメラでの撮影の場合、色の基準は白色になります。撮影した写真に写っている白色が実物の白色と同じ色にするのがホワイトバランスの基本です。最近のデジタル一眼カメラのホワイトバランスのオートモードは優秀なので、通常はオートモードで良いですが、光源によってホワイトバランス設定を変えるのも面白いです。ホワイトバランスのカスタム設定には、晴れ、日陰、蛍光灯、電球などのプリ設定がありますので、通常はこちらを使います。

カメラはホワイトバランスの設定にケルビン（K）で表される色温度を使っています。ダイレクトに色温度を設定できるモードもあります。色温度は暖色（赤っぽい色）と青白色の間で設定します。たとえば、電球の場合、電球の色温度が暖色なので、そのまま撮影すると赤っぽい感じに仕上がります。これを白くするために色温度を青白色に設定します。市販されている蛍光灯は、電球色（暖色）だと色温度 3000K、温白色だと 3500K、昼白色だと 4200K、昼光色（青白色）だと 6500K などとなっていますので、そのまま撮影すると実物とは色味が異なってしまいますので、ホワイトバランスで反対側の色の設定をして補正することになります。撮影に慣れてくるとわざとホワイトバランスを崩して温かみのある写真を撮影することもできます。

③　レンズの焦点距離

レンズの焦点距離とは、ピントを合わせたときのレンズから撮像素子までの距離です。焦点距離は一般的に 35mm や 50mm、100mm などといった数値で表されます。初心者向けのカメラキットには焦点距離を変えられるズームレンズがついています。ズームレンズの場合は、18 〜 55mm というように焦点距離の両端の数字で表します。

幅広い範囲を写すことができるレンズを広角レンズといいます。空間を広く写す、遠近感を出す、ローアングルで迫力ある写真を撮りたいときに使います。左右にゆくほど大きく写りますので、集合写真ではなるべく真ん中に立った方が顔が小さく写ります。遠くのものを大きく撮影できるレンズが望遠レンズです。望遠レンズは、引き寄せ効果、圧縮効果、ボケ感（被写体の前後をぼかす）を出したいときに使用します。そのほか、広角と望遠の真ん中が標準レンズで見た目と同じような写真が撮影できます。標準レンズは背景の整理、歪みのない正しい形、ボケ感、上品な雰囲気を出したいときに使います。近くのものを大きく写すマクロレンズもあります。マクロレンズは花や昆虫などのアップを撮影する際や中望遠レンズとして使用します。iPhone11 では 26mm の広角レンズと 13mm の超広角レンズが搭載され、iPhone11Pro ではさらに 52mm の望遠レンズが搭載されています。

写真を手軽に楽しみたいのであれば広角から標準までのズームレンズが１本あればよいのですが、より美しい写真を撮影するなら単焦点レンズを使いこなせるようになりましょう。ズームレンズと単焦点レンズではレンズの性能が大きく違うのが普通です。カメラが上手くなりたかったら焦点距離 50mm（35mm 換算）で開放 f 値が 1.4 くらいの標準レンズ１本で撮影するとよいかもしれません。

35mm換算というのは、カメラに入っている撮像素子の大きさの違いで同じ焦点距離のレンズでも画角（写真に写る範囲）が異なるので、それを考慮した方法になります。撮像素子にはフルサイズ、APS-C、フォーサーズなどのサイズがあり、フルサイズは別名35mmといいます。APS-Cのカメラで35mmのレンズを使う場合、フルサイズでは52mm程度の画角と同じになります。カメラマン同士でレンズの話をする際に誤解が生じないようにするためにレンズについては35mm換算で会話を行います。

④　光の方向

写真撮影は光を撮影することなのですが、光の方向が重要になります。写真を撮るときは、被写体に対してどの方向から光が来ているのかを考えます。そして、光の強さなどを考えて露出を決めます。

日中の屋外で撮影する場合は太陽光や月光などの自然光がメインの光（メイン光）となります。屋内で撮影する場合、窓の外から自然光、屋内の蛍光灯や電灯などの人工的な光が混じり合って複雑な光になっています。窓からの光のみで撮影できるレベルであれば、屋内の明かりは消しましょう。さまざまな角度から光が来ている場合は、それらの光を消して光を整理し、綺麗に写る方向に光をセットしましょう。必要なら撮影用のライト（定常光）やストロボを使います。

人物を撮影するときに、順光で撮影するのは証明写真くらいだということを肝に命じてください。順光は前からの光で、顔に前からの光が当たるとのっぺりとした印象になります。顔が明るいことは重要なのですが、光の方向としては、逆光や半逆光、斜光がメリハリのある印象を出します。柔らかい光であれば、ほんのりとした影が出て、鼻筋や輪郭が綺麗に写ります。強い側光だと顔半分が明るく、残り半分が暗くなります。どのように影が出ると綺麗に見えるかを考えて撮影しましょう。

より本格的な撮影では、レフ板やストロボなどを使ってメイン光とは違う方向から光を入れることで、余分な影を消したり、鼻筋や瞳などにハイライトを入れたりします。

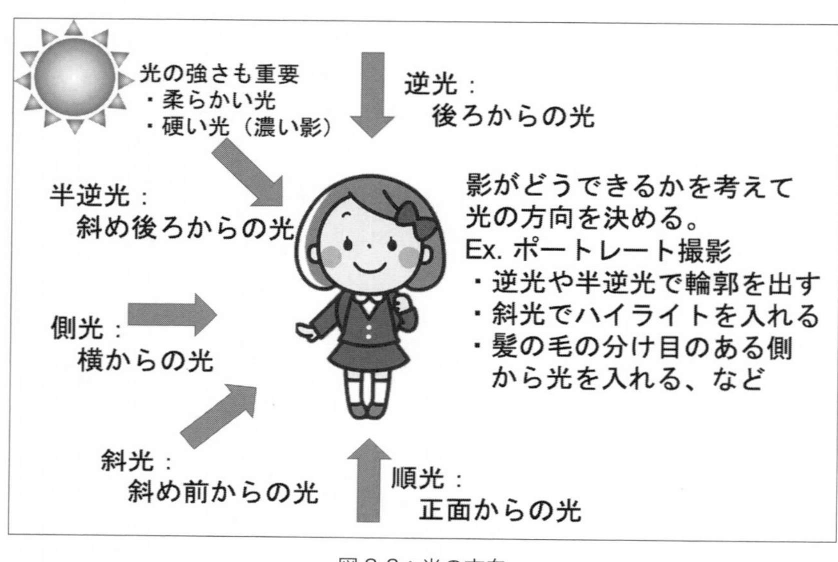

図8-3：光の方向

⑤　構　図

構図とは、絵画・写真などで仕上がりの効果を配慮した画面の構成のことです。いわゆる「収まりの良い写真」は基本的な構図で構成されていることが多いです。基本的な構図を覚えて、撮影する前に被写体をどのような構図で撮影するかを考えることは大切です。

三分割構図は最も基本的な構図です。画面を上下左右にそれぞれ三分割し、縦線と横線の交点に印象的なものを配置することで収まりの良い写真が撮れます。二分割構図は中心から上下、もしくは左右に分割してそれぞれに配置する構図でメリハリが出ますが、単調になりやすい構図でもあります。対角線構図やS字構図は動きやアンバランンスを表現することができます。反対に動きがないのが日の丸構図です。安定した感じを出したい写真に使うことが多いです。初心者がポートレート撮影をすると人物を中心に配置しがちで、意図せずに日の丸構図になってしまいます。

三角構図は、遠近感を生かした写真を撮影する際に使うことが多いです。額縁構図は被写体の手前に門や窓を配置することで、閉じ込められた感じを出すことができます。お寺の中から庭を撮影するイメージで凛とした感じを表現できます。

シンメトリー構図は、縦、もしくは、横の中心で左右もしくは上下対称の被写体を撮影します。波のない湖面が鏡のように湖の上の鳥、船、樹木などを反射させている写真が多いです。鉄道や飛行機の撮影に多いのが放射構図です。画面上のある１点から放射状に広がる写真になります。ホームに止まっている新幹線の後ろを中心にして、車両、ホームの蛍光灯、人々の列などが放射状に広がっているイメージの写真です。黄金分割構図は、対角線を黄金比で分割して被写体を配置する構図です。

これらの構図は基本形というだけで、必ず守らなくてはいけないものではありません。写真撮影の感性のある人は、構図の基本形を知らなくても自然と構図の基本形になっていることが多いです。自分の感性で構図を考えるのも写真が上手くなる上では重要です。

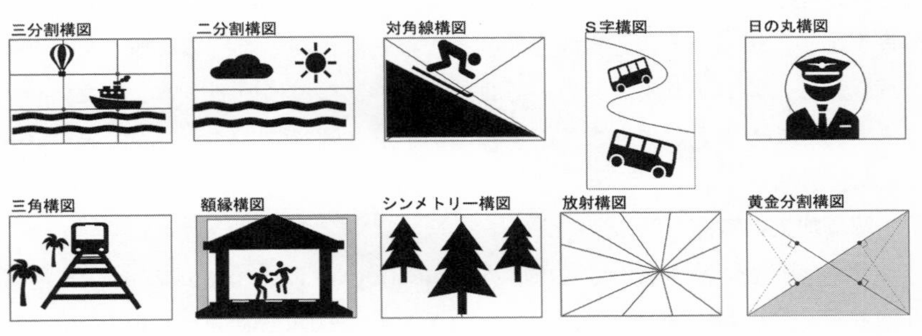

図 8-4：基本的な構図

⑥ 黒つぶれ・白飛び・色かぶり

写真撮影の基礎の最後は、NG 集です。写真は光を撮影するのですが、光がない場合や光が強すぎる場合に全く何も映らない黒つぶれや白飛びが起こります。黒つぶれは、写真の影の部分に階調がなくなることです。画面の中の明るさの差が大きいコントラストの高い風景写真等を撮影して、明るい部分（ハイライトという）に露出を合わせたり、逆光や斜光時の花の撮影時にスポットライトの当たった花に露出を合わせたりすると、黒つぶれができてしまいます。

白飛びは、黒つぶれの反対で、明るい部分の階調の情報が得られず、白一色に塗りつぶされた状態となることで、カメラの階調が再現できる範囲を超えると発生します。白飛びは黒つぶれよりも簡単に起きます。黒つぶれや白飛びは後から修正加工できないので、撮影するときに気をつけましょう。

色かぶりは、緑の多い公園で人物を撮影したときに肌色が緑っぽくなってしまうとか、赤い背景の中にあるものが赤っぽくなってしまうことを指します。撮影時に把握できれば、ホワイトバランスの微調整やハイライトやシャドーの調整などで修正することができ、撮影後は写真加工アプリケーションでRGBに分けたヒストグラムを見ることで色かぶりを把握でき、修正することができます。黒つぶれや白飛びに比べると撮影後の対処法があるので、色かぶりは撮影時に見逃されがちです。

⑶　写真加工の基礎

最近はスマホにもたくさんの写真加工アプリがあります。プロの撮影する写真も撮影後の加工をしない「撮って出し」の写真はとても少ないです。反対に「就活の写真は○○デパートの写真館で撮れ」など就活に向いた自然な加工をしてくれる写真館は人気があります。今の写真加工アプリはほぼ原型をとどめないレベルにまで加工することができます。一種のアートと呼べるレベルにまで昇華させることもできます。

①　写真加工の実際

学校の情報処理教室には、Adobe PhotoshopとLightroomという２種類の写真加工アプリケーションが入っています。Adobe社は、PhototshopとLightroomのチュートリアル（自己学習アプリ）を用意していますので、それを使いましょう。チュートリアルは色々と用意されており、すべて行うとプロ並みの技術が身につきます。

ここでは、人物写真のレタッチについて自己学習する方法を解説します。

まず、インターネットでAdobePhotoshopチュートリアルのWebサイトにアクセスします。

URL: https://helpx.adobe.com/jp/photoshop/tutorials.html

「人物写真のレタッチ方法」を選びます。練習用の元画像と完成見本ファイルをダウンロードします。このチュートリアルでは、まず、Lightroomで基本的な補正を行い、Photoshopで美肌加工を行います。以下のレタッチ概要を見てください。

レタッチ概要：

・Lightroom での作業

-「基本補正」と「周辺光量補正」で色味を調整する

Lightroom でサンプルファイル（retouch-photo-techniques.dng）を読み込みます。

「現像モジュール」の「基本補正パネル」で色調の微調整を行います。撮影時にやや露光が高いためにはっきりしていない色味を、しっかりと出すことを心掛けて調整します。「ヒストグラム」が綺麗な山形になると理想的です。

次に、「効果パネル」にある「切り抜き後の周辺光量補正」で「適用量」をマイナスにします。こうすることで、周辺光量が落ちてビネット効果を与えることができ、雰囲気のあるポートレート写真に仕上がります。

調整後、写真を Photoshop で開きます。

・Photoshop での作業

Photoshop では、美しく見せるための加工を行います。スマホの美肌加工アプリの詳細版だと考えてもいいでしょう。

-「スポット修復ブラシツール」で不要な部分を除去する

-「コピースタンプツール」でシワや目の下の影を目立たなくする

-「ゆがみフィルター」で顔の輪郭を調整する

-「ぼかしフィルター」で肌をなめらかにする

-「トーンカーブ」でハイライトを入れる

-「色相・彩度」で歯を白くする

-「トーンカーブ」で目の光を強調する

-「選択とマスク」で人物を切り抜く

どうですか、うまくできましたか？　うまくできるようになるまで何回も行いましょう。レタッチの先生は「お化粧の要領で行いましょう」と女性にはアドバイスするそうです。

この他にも Photoshop のチュートリアルはたくさんありますので、色々と写真技術を身につけてください。Photoshop で写真加工ができるようになるとレタッチャーという職業に就くことができますし、レタッチャーとして独立してビジネスを行っている女性もたくさんいます。写真業界はフリーランスが多い業界でもあります。レタッチが上手くなると SNS で「映える」写真を作ることができます。

第9章

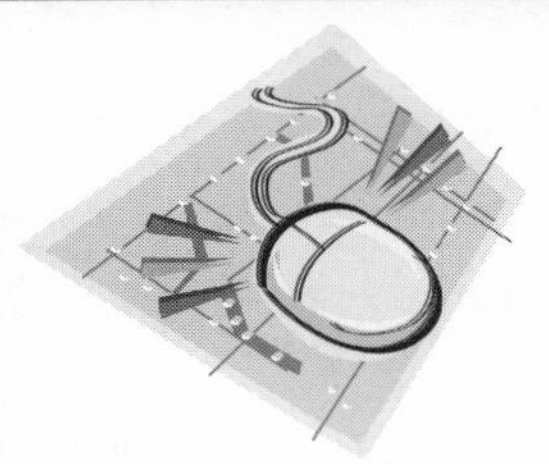

総合演習

⑴　総合演習１　報告書作成（平均作業時間：180 ～ 270 分）

以下の内容に関してインターネットを使って調べ、報告書を作成しましょう。報告書の中には、表や図、グラフを挿入し、読み手にわかりやすくします。

A）テーマ：子育ての費用

B）序論・本論・結論の構成をとり、序論に子育て（出産・育児・養育）にかかる費用とは何か（問題設定）、この問題を調査することにより個々の家庭の費用負担と出産・育児の意義や国の少子化対策など（問題意識）を論じ、本論では序論を受けてさまざまな例をあげて（例証）論じましょう。結論では、各自、子育てにかかる費用に関する考え方（費用が高いので子供は産まない・もしくはひとりっ子にする、とか、少子化を鑑みて費用に関係なく子供は２～３人育てるべきだ、など）を記し、子育てに関する費用負担と意義について結論を述べましょう。

C）妊娠確認時から出産した子供が 20 歳になるまでに行うこと（儀式、イベントや入学・卒業といった節目など）を SmartArt や図形の組み合わせで時系列に並べて表現し、説明しましょう。

D）出産費用：出産にかかわる費用項目（妊娠発覚から出産までの通院費用、分娩費用など）に分けて出産費用の平均額を調査し、出典をつけて記述しましょう。（表形式で作成すること）

E）育児・養育費：出産後から出産した子供が 6 歳になるまでの期間について育児および養育に関わる費用とその項目を列挙し、平均費用を調査し、出典をつけて記述しましょう。（SmartArt を用いて表現すること）

F）教育費：小中高校と大学の教育費用および、その期間に必要な子育て費用を調査し、出典をつけて引用し、Excel の機能を使って円グラフ（合計金額を 100％として小学校、中学校、高校、大学で区分する）で表しましょう。

G）子育て総費用：妊娠時から誕生した子供が大学卒業までに掛かる費用（上記 D)、E)、F) で調べた費用を合算する）を出して、Excel のグラフをオブジェクトの挿入機能を使用し、縦軸を費用（円）、横軸を出産、幼年期、小学校、中学校、高校、大学と区分した縦棒グラフを作成しましょう。

H）報告書は Word を用いて、A4 縦サイズ、1 枚当たりの文字数 1,200 字で 2 ページ以上 5 ページ以内に作成しましょう。

I）文体は「である」調にし、章や項目の構成を考え、論理的な報告書にしましょう。

J）調べたことや他人の意見には引用や脚注を使い、出典をつけ、自分の意見と区別しましょう。

K）文末に参考文献リストをつけましょう。（Web サイトの参照・引用箇所を参考文献リストに入れること）

L）報告書の読み手は 20 代から 30 代の女性と設定し、これらの読み手にとって理解しやすい報告書にしましょう。

M）Wiki やウィキペディアなど検証不能なデータを用いてはいけません。

完成した報告書は、ファイル名を指定された形式で作成（例えば、自分の漢字氏名＋ 20 ◯◯基礎 A　例：大妻花子 2021 基礎 A.pdf とした PDF ファイル）して提出します。

⑵　総合演習 2　学部案内作成（平均作業時間：90 ～ 180 分）

以下の内容に関してインターネットや学内資料を使って調べ、学部案内を Word で作成しましょう。学部案内は、高校生向けとし、イラストや表、図、グラフなどを挿入し、読み手に親しみを持たせて、入学志望につながるような内容にしましょう。

A）テーマ：学部案内（高校生を対象にした自分の所属する学部の案内書。人間関係学部の学生は、学科案内、もしくは、専攻案内でも可）

B）学部案内書は Word で作成し、A4 縦サイズで 4 ページ分を作成すること。

（文字数・余白・段組みなどは各自が決定すること）

C）必ず掲載する項目は、学部の概要、進路、入試概要。その他の項目についても各自で必要性を考えて掲載しましょう。

D）イメージ検索で探した画像や写真、イラストを多用し、高校生にとって親しみのもてる内容にしましょう。（著作権に注意すること）

E）他大学との差別化を考えて、内容に反映しましょう。

F）文体は「です・ます」調にしましょう。

G）内容に関しては、大妻女子大学 Web サイトに掲載されている内容を基本にし、大妻女子大学が発行した書籍、雑誌記事などを用いて、公的に発信できる内容にしましょう。

H）Wiki やウィキペディアなど検証不能なデータを用いてはいけません。

I）完成した案内書は、紙に印刷、もしくは、PDF ファイルを作成して提出します。

⑶　総合演習３　レポート作成（表・グラフ）（平均作業時間：90 ～ 120 分）

以下の内容に関してインターネットを使って調べ、レポートを作成しましょう。レポートは、表やグラフを中心にし、客観的に説得力のあるものにしましょう。

A）テーマ：新規学卒者の初任給の推移

B）厚生労働省賃金構造基本統計調査の新規学卒者の初任給の推移の統計を用いて以下の表とグラフを作成しましょう。データはインターネットを検索してダウンロードします。

C）企業規模別新規学卒者の初任給の推移のデータから直近 30 年間の男女別企業規模計大学卒者のデータを表にして、男女の初任給の差がよくわかるグラフを作成しましょう。グラフは目盛の最大値、最小値、間隔を調整して男女格差を強調してください。

D）C)で作成した表を複製して新たな表を作り、その表の最新年のデータの翌年度データを回帰直線の関数を利用して予測し、表に追加しましょう。

E）D)で作成した表を男女の初任給の差がよくわかる折れ線グラフを作成し、既存のデータ部分は実線で、予測したデータ部分は点線で示しましょう。グラフは目盛の最大値、最小値、間隔を調整して男女格差を強調してください。

F）大学卒者の初任給の男女格差に関する自分の考えをまとめて、E)で作成したグラフの下に記述しましょう。(400 文字程度)

G）企業規模別新規学卒者の初任給の推移のデータから直近 10 年間の男女企業規模別大学卒者のデータを表にして、大卒の企業規模別の初任給の差の推移がよくわかるグラフを作成しましょう。グラフは目盛の最大値、最小値、間隔を調整して企業規模格差を強調してください。

H）大学卒者の初任給の企業規模格差に関する自分の考えをまとめて、グラフの下に記述しましょう。(400 文字程度)

I）レポートは Excel で作成し、A4 縦サイズで印刷したときに適切なレポートとなるようにレイアウトしましょう。レポートタイトル：新規大学卒者の初任給比較、学籍番号、氏名、表、グラフ、文章などを読み手にとって理解しやすいレポートにしましょう。

J）文体は「である」調にしましょう。

K）完成したレポートは、.xlsx 形式や PDF 形式のファイル、もしくは、紙に印刷して提出します。

⑷　総合演習４　プレゼンテーション作成（平均作業時間：90 ～ 180 分）

PowerPoint を用いてハネムーン案内用のプレゼンテーションを作成しましょう。新婚旅行を予定しているカップルに任意の場所へのハネムーンを勧めるスライドです。任意の場所はハワイ、熱海など各自が決めて良いです。幸せな２人の気分を害さず、素敵なハネムーンを提案してください。

A）プレゼンテーション時間は５分と想定し、５分以内で説明できる枚数のプレゼンテーション・スライドを作成します。(表紙含め８枚以上 16 枚以下)

B）プレゼンテーションには、旅行先の魅力、旅行先でできること、ハネムーンに適していることや費用などを含めます。使用するデータは、インターネットなどを使って入手しましょう。

C）スライドに文字を書きすぎないように注意しましょう。

D）ナレーション原稿をノートに記述します。

E）図・表・グラフに用いる文字は小さくなりすぎないように注意しましょう。

F）論理的なスライド構成にしましょう（序論・本論・結論）

G）Word や Excel と PowerPoint のデータ連携（オブジェクトの挿入）を用いましょう。

H）完成した発表資料は .pptx ファイル形式、紙に印刷、PDF ファイルのいずれかの形式で提出します。（場合によっては実際に発表してもらいます）

⑸　総合演習５　家計調査プレゼンテーション作成（平均作業時間：90〜180分）

総務省統計の家計調査を用いて最近の外食の傾向を解説するプレゼンテーションを作成しましょう。

A）テーマ：家計調査における外食の傾向

B）発表時間は５分と仮定し、外食の定義、外食の種類、外食の月別支出額、世帯種別による違いなどを用いて、外食の現状について解説するスライドを作成します。（スライド枚数は５枚以上10枚以内）

C）使用するデータは、総務省統計の家計調査を使い、その他のデータは使用してはいけません（URL: http://www.stat.go.jp/data/kakei/index.htm）

D）クリップアートは、イメージ検索を利用し、著作権に気を配ること。

E）表やグラフは Web サイトにあるものを使わずに自分で作成します。

F）完成した発表資料は　.pptx ファイル形式、紙に印刷、PDF ファイルのいずれかの形式で提出します。

G）作成にあたっての注意点。

- ひと目で内容が理解できるようなスライドをめざす
- 見せる努力をする（紙芝居，カラー化などの工夫をする．スライドが見にくいのをソフトウェアのせいにしない）

⑹　総合演習６　マイナンバーカード普及企画の立案（平均作業時間：180〜270分）

普及率の低いマイナンバーカードを普及させる普及企画（キャンペーン）を立案する。マイナンバーカードについては各自、検索すること

A）タイトル：マイナンバーカード普及企画の立案

B）企画書の構成：パワーポイントを使って以下の構成をとる。総ページ数は12ページ以内とする。各ページのノート欄に普及企画（キャンペーン）をクライアントに説明する際のナレーション原稿をいれること。

C）表紙

タイトル、立案者（学部、学科、専攻もしくはコース、学籍番号、氏名）を含める

D）要件整理

- 以下の要件を分かりやすく表現する。（SmartArt、図形、グラフなどを用いる）
- 普及企画（キャンペーン）の全体図：SmartArtや図形、グラフ等を使って全体の構成をひと目で分かるようにする。ノート欄に詳しく説明を記述すること
- 普及企画（キャンペーン）の具体案：新聞広告、雑誌広告、チラシ、ポスターなどに分けてそれぞれの具体案を作成しましょう。それぞれの具体案では、図、グラフなどを用いること著作権などに注意すること。他社が保持している著作物を利用してはいけません。ただし、著作権フリーなどで適切に使用できる図や絵柄は使用してよい
- スケジュール：以下の要件に含まれるスケジュールを使用する。キャンペーンごとに細分化すること
- 予算：以下の要件に含まれる予算を使用する。キャンペーン毎に細分化すること
- クライアント（この企画を実行する顧客）は総務省と東京都として、都民に対しての普及活動が今回の企画になる

E）クライアントが要求している要件は以下のとおり。

- マイナンバーカードを分かりやすく説明。対象者は日本国民全員になるが、特に世帯主に同居家族全員分のマイナンバーカードを作成させることが重要と考えている
- キャンペーンを立案する。キャンペーンは、新聞広告、雑誌広告、チラシ配布、ポスター配布とする。これらすべてを企画してもよいし、この中からひとつ、もしくは複数を選択してもよい。たとえば、新聞広告キャンペーンの実施など。それぞれのキャンペーンの掲載先・配布先も検討すること

- スケジュールは、XX年4月1日キャンペーン準備開始、6月1日キャンペーン開始、7月31日キャンペーン終了を原則とする。キャンペーンの具体案をきちんとスケジュール化すること。キャンペーン内容によっては開始期日、終了期日を変更してもよいが、全体の期間が9ヶ月を超えてはいけない
- キャンペーンでは、対象者がマイナンバーカードを作成するインセンティブとして、プレゼント企画や金銭的なポイント制度実施企画などを用いてはいけない
- 予算：総額10億円（新聞広告、雑誌広告、チラシ作成、ポスター作成、運送費用などの項目に分けて予算をたてること。予算の目安はインターネットの広告料金などを参照すること）
- キャンペーン企画書のノート欄にそれぞれのスライドの説明を入れること

おわりに

これまで学んできたMicrosoft Office Word、Excel、PowerPointは、主に事務作業をスムーズに行うためのツールです。みなさんが大学卒業後、企業に就職した場合、企業内でどんな作業を任されても事務作業が全くないということはありません。幸か不幸か、みなさんが企業勤めをする限り、これらのソフトウェアを使いこなさなくてはいけないのです。そして、これらのソフトウェアを自由自在に使いこなすことができるようになれば、みなさんが企業で仕事をしていくうえで強力な武器を手に入れたことになります。

企業に勤めると仕事に必要な技量は自分で身に付けなくてはいけません。Microsoft Office Word、Excel、PowerPointに関する技量は「習うより慣れろ」で身に付きます。学校にいるときに空いた時間ができたら、積極的にPCを触りましょう。インターネットを閲覧して、その内容をWordでメモしたり、Excelで表にしたりしましょう。恒常的にPCに触れていることでPCスキルは向上していきます。

PCの操作方法がわからないときは、この教科書を読み直してください。それでもわからないときは、オフィス・アワーを活用しましょう。

以下の3冊はPowerPointやWordの技術を直接向上させるものではありませんが「プレゼンテーションとは何か」「日本語の文章力をあげたい」という問いに応えるものです。本書での学習以前、もしくは、並列的に学んでください。

- 西脇資哲『プレゼンドリル 伝えかた・話しかた』翔泳社、2019年
- 戸山田和久『新版 論文の教室 レポートから卒論まで』NHK出版、2012年
- 本多 勝一『日本語の作文技術』朝日新聞社出版局、1982年

索　引

記号

数字

A

C

D

E

F

G

I

M

N

O

P

R

S

T

U

V

W

Y

あ

い

う

え

お

か

き

く

け

こ

さ

し

す

せ

そ

―― 著 者 略 歴 ――

齊藤 豊（さいとう ゆたか）

大学卒業後、日本テキサス・インスツルメンツ、日本オラクルなど約20年の外資系ICT企業勤務を経て、立教大学大学院経済学研究科博士課程後期課程単位取得満期退学。

その後、LEC大学専任講師、立教大学助教を経て、2010年4月より大妻女子大学人間関係学部人間関係学科社会学専攻准教授。2014年4月から同教授（現職）

女子大生のためのコンピュータ教科書
―学生生活と就職活動のためのICT能力育成―

2020年 4月10日　第1版第1刷発行
2022年 9月 6日　第1版第3刷発行

著 者　齊(さい) 藤(とう) 豊(ゆたか)
発行者　田 中 聡

発 行 所
株式会社 電 気 書 院
ホームページ https://www.denkishoin.co.jp
（振替口座 00190-5-18837）
〒101-0051 東京都千代田区神田神保町1-3ミヤタビル2F
電話(03)5259-9160／FAX(03)5259-9162

印刷 株式会社シナノ パブリッシング プレス
Printed in Japan／ISBN 978-4-485-30261-3